高等院校公共课系列精品教材

大学生劳动教育教程

魏　磊　李家恩　李贵邦　主　编

陈博闻　浦　萄　副主编

陈　林　余　柔　参　编

電子工業出版社
Publishing House of Electronics Industry
北京 · BEIJING

内 容 简 介

本书以《大中小学劳动教育指导纲要（试行）》与《关于全面加强新时代大中小学劳动教育的意见》为指导，紧扣时代旋律，注重引起学生对劳动教育的情感认同、理性认知与实践自觉，突出劳动技能锻炼，着力提升学生的劳动综合素养与劳动能力，以培养德智体美劳全面发展的社会主义建设者和接班人。

本书理论结合实际，具有时代性与实用性等特点，可作为学校开展劳动教育的参考用书。

图书在版编目（CIP）数据

大学生劳动教育教程 / 魏磊，李家恩，李贵邦主编. —北京：电子工业出版社，2022.9

ISBN 978-7-121-44279-7

Ⅰ. ①大… Ⅱ. ①魏…②李…③李… Ⅲ. ①劳动教育－高等学校－教材 Ⅳ. ①G40-015

中国版本图书馆 CIP 数据核字（2022）第 164874 号

责任编辑：胡辛征　　　特约编辑：李　红
印　　刷：三河市鑫金马印装有限公司
装　　订：三河市鑫金马印装有限公司
出版发行：电子工业出版社
　　　　　北京市海淀区万寿路 173 信箱　　　邮编：100036
开　　本：787×1092　1/16　印张：13.5　字数：345.6 千字
版　　次：2022 年 9 月第 1 版
印　　次：2023 年 9 月第 7 次印刷
定　　价：59.80 元

凡所购买电子工业出版社图书有缺损问题，请向购买书店调换。若书店售缺，请与本社发行部联系，联系及邮购电话：（010）88254888，88258888。

质量投诉请发邮件至 zlts@phei.com.cn，盗版侵权举报请发邮件至 dbqq@phei.com.cn。

本书咨询联系方式：（010）88254361，hxz@phei.com.cn，（010）88254569，xuehq@phei.com.cn。

前　言

劳动创造了人类，同时也创造了世界，它是我们美好生活的来源。人类从刀耕火种的农业时代，经历了数次工业革命，到现在的信息时代，劳动创造美好生活的实质从来没有改变过，改变的只是劳动形式。然而，近年来大学生对于劳动的认知趋于薄弱，甚至出现了一些想不劳而获的学生，他们意识不到劳动的意义，这对他们的成长与生活非常不利，因此劳动教育迫在眉睫。

2020 年 3 月 20 日，《中共中央国务院关于全面加强新时代大中小学劳动教育的意见》（以下简称《意见》）发布。《意见》指出，劳动教育是国民教育体系的重要内容，是学生成长的必要途径，具有树德、增智、强体、育美的综合育人价值。实施劳动教育重点是在系统的文化知识教授之外，有目的、有计划地组织学生参加日常生活劳动、生产劳动和服务性劳动，让学生动手实践、出力流汗，接受锻炼、磨炼意志，培养学生正确的劳动价值观和良好的劳动品质。

为贯彻落实新时代党对劳动教育的新要求，配合各高校开展劳动教育，充分发挥劳动独特的育人价值，我们编写了《大学生劳动教育教程》一书。

本书共分为九章，立足时代，从当代大学生的年龄、认知特点出发，运用大量的优秀案例来弘扬新时代主流劳动价值观，帮助学生理解相关概念，强化情感认同，提升育人效果。希望学生可以切实提高劳动能力以适应社会，创造美好生活。

本书由魏磊、李家恩、李贵邦担任主编，陈博闻、浦萄担任副主编，陈林、余柔参与了本书的编写。

由于编者水平有限，书中难免有疏漏之处，敬请广大读者批评指正，并提出宝贵意见和建议。

编　者

目　　录

第一章　劳动教育总论 …… 1

第一节　劳动概述 …… 1

一、劳动的概念与分类 …… 1

二、劳动的内涵和外延 …… 7

三、劳动的意义和价值 …… 10

四、劳动者和劳动力 …… 16

第二节　劳动教育的意义 …… 19

一、坚持和发展马克思主义唯物史观的客观需要 …… 19

二、构建全面培养教育体系的必然要求 …… 19

三、建设高素质劳动者大军的重要举措 …… 20

四、新时代应加强大学生的思想政治教育 …… 21

第三节　劳动教育的目标 …… 22

一、劳动教育的总体目标 …… 22

二、大学生劳动教育的目标 …… 23

劳动实践活动 …… 23

一、活动目的 …… 23

二、活动主题 …… 23

三、活动时间 …… 24

四、活动地点 …… 24

五、活动优势 …… 24

六、活动亮点 …… 24

七、活动准备 …… 24

八、活动流程 …… 24

九、活动要求 …… 25

十、有关制度 …… 25

思考与讨论 …… 26

第二章　马克思主义劳动观 …… 27

第一节　马克思主义劳动观的内涵 …… 27

一、劳动与人类历史 …… 27

二、劳动与社会发展……28
三、劳动与人的发展……28
第二节 马克思主义劳动观的基础与核心……31
一、马克思主义劳动观的基础……31
二、马克思主义劳动观的核心……33
第三节 马克思主义劳动观的实践价值……34
一、传承“工匠精神”，发挥榜样作用……34
二、合理分配社会财富，实现社会公平……34
三、明确培养目标，指明教育方向……35
思考与讨论……35

第三章 新时代的劳动教育……37

第一节 新时代高校劳动教育的内涵与外延……37
一、劳动教育概念的内涵……37
二、新时代高校劳动教育的内涵……39
三、新时代高校劳动教育的外延……41
第二节 新时代劳动教育的现状与加强劳动教育的价值……44
一、学校劳动教育的现状……44
二、加强劳动教育的时代价值……45
第三节 新时代高校劳动教育的原则……47
一、思想性原则……47
二、时代性原则……48
三、体系化原则……48
四、创新性原则……49
五、协同化原则……49
第四节 新时代高校劳动教育的实施体系……50
一、新时代高校劳动教育的实施体系概述……50
二、新时代高校劳动教育课程的必要性……54
三、新时代劳动教育课程的基本要求……55
思考与讨论……56

第四章 工匠精神……57

第一节 工匠精神概述……57
一、工匠精神的形成背景……57
二、工匠精神的意义……59
第二节 工匠精神的内涵……60
一、敬业——职业精神……60

二、协作——团队精神……62
三、精益——品质精神……62
四、专注——坚持精神……63
五、创新——革新精神……64
第三节　工匠精神的当代价值……66
一、衡量社会文明进步的重要尺度……66
二、激励中国制造前行的精神源泉……66
三、引领员工个人成长的道德指南……67
四、实现劳动者自我价值的重要途径……67
第四节　践行工匠精神……68
一、工匠精神之敬业……68
二、工匠精神之协作……71
三、工匠精神之精益……71
四、工匠精神之专注……71
五、工匠精神之创新……73
六、培育工匠精神的路径……75
劳动实践活动……78
一、教学目标……78
二、基础知识……78
三、基本技能……78
四、参加人员……78
五、活动设计……79
六、安全保护……79
七、考核评价……80
思考与讨论……80
第五章　劳动实践……81
第一节　校园劳动实践……81
一、校园公共卫生……81
二、营造无烟校园环境……83
第二节　勤工助学……85
一、勤工助学概述……85
二、勤工助学的意义……85
第三节　践行垃圾分类……88
一、垃圾分类的定义……88
二、垃圾分类的标准……88

三、高校垃圾分类……90
四、参与垃圾分类的途径……91
劳动实践活动……92
一、教学目标……92
二、基础知识……92
三、工具使用……93
四、参加人员……93
五、活动设计……93
六、安全保护……94
七、考核评价……94
思考与讨论……94

第六章　创新精神……95

第一节　创新精神概述……95
一、创新精神的内涵……95
二、新时代创新精神的特征……97
三、新时代创新精神的培养途径……102
第二节　创新意识……112
一、创新意识的内涵……112
二、创新意识的作用……112
三、创新意识的特征……114
四、创新意识的养成……115
第三节　创新能力……116
一、创新能力的含义……116
二、创新能力的特征……117
三、创新能力的构成……118
四、创新能力的形成……120
第四节　创新思维……120
一、创新思维的内涵……121
二、创新思维的特征……121
三、创新思维的基本形态……122
四、创新思维障碍的排除……124
思考与讨论……125

第七章　志愿服务……127

第一节　志愿服务概况……127
一、志愿服务概述……127

二、志愿服务的兴起……129
第二节　志愿服务精神的内涵与原则……132
一、志愿服务精神的内涵……132
二、志愿服务精神的原则……134
第三节　志愿服务的时代特征……136
一、志愿服务制度化和规范化……136
二、志愿服务群众化和广泛化……137
三、志愿服务时代化和主题化……138
四、志愿服务专业化和多样化……139
五、志愿工作全球化和国际化……141
第四节　践行志愿服务精神……142
一、志愿者注册流程与方法……142
二、志愿服务组织活动的规范……143
三、志愿者志愿活动的规范……145
四、志愿者志愿服务的领域与类别……145
思考与讨论……146

第八章　职业道德……147

第一节　职业道德概述……147
一、职业道德的概念……147
二、职业道德的原则……149
三、职业道德的特征……151
四、职业道德的作用……153
五、加强职业道德建设的意义……153
六、从业人员职业道德标准……155
第二节　职业道德规范要求……160
一、爱岗敬业……160
二、诚实守信……164
三、办事公道……164
四、服务群众……166
五、奉献社会……167
第三节　职业道德培养方法……168
一、自我修养……168
二、职业道德理论与社会实践活动相结合……168
三、自觉地进行内省和慎独……169
四、积极投身实践……169

五、从我做起，从小事做起，循序渐进……170
思考与讨论……171

第九章 劳动安全……173

第一节 顶岗实习安全……173
一、顶岗实习安全事故原因……173
二、常见岗位操作安全事故……175
三、岗位操作安全事故的预防及处理……177
第二节 勤工助学……180
一、勤工助学岗位……180
二、勤工助学安全保护……181
三、勤工助学侵权应对……181
第三节 社会实践安全……182
一、社会实践中的人身安全……182
二、社会实践中的交通安全……182
三、社会实践中的饮食安全……183
四、社会实践中的财产安全……183
五、社会实践中的人际交往安全……186
第四节 实验室安全……186
一、实验室安全事故的发生原因……186
二、实验室安全事故的预防措施……187
三、实验操作的基本常识……188
四、实验事故的应对方法……188
思考与讨论……190

附录……191

附录一 大中小学劳动教育指导纲要（试行）……191
附录二 中共中央 国务院 关于全面加强新时代大中小学劳动教育的意见（2020 年 3 月 20 日）……201

参考文献……206

第一章

劳动教育总论

劳动精神是学生脱离校园进入社会后，对劳动的态度、理念以及精神风貌。人只有在劳动中才能实现自我，如果没有一种积极向上的劳动精神作为指导，就会出现方向错误，造成前功尽弃。因此，积极向上的劳动精神对于当代大学生来说至关重要。

第一节　劳 动 概 述

对于“劳动”，人类的认识历史已经相当长了。在很早以前，古人便领悟到了“劳动”的真谛，如“日出而作，日入而息”中的“作”便是对劳动的一种解释，有“从事某种活动”之意。而“春种一粒粟，秋收万颗子”就是对“农作”的直观解释。

劳动精神是一种对待劳动的态度，是每一位劳动者为创造美好生活而在劳动过程中秉持的劳动态度、劳动理念及其展现出的劳动精神风貌。作为当代大学生，我们更要大力弘扬劳动精神，努力通过诚实劳动来实现人生的梦想。

一、劳动的概念与分类

劳动是指人在意识支配下，有目的地通过自身活动来调整和控制自然界，使之发生物质变换的过程。劳动包括脑力劳动和体力劳动。劳动的质量受到劳动者的劳动技能、受教育程度和经验积累程度等因素的影响，而劳动量受劳动时间长短和劳动效率高低等因素的影响。劳动是创造价值的手段之一，是人们为了创造使用价值以满足物质和精神需要而对体力与脑力的耗费。人的辛勤劳动能产生巨大的社会财富，是社会安定幸福的前提。

（一）劳动的概念

劳动是人类社会生存和发展的前提和基础。

马克思将劳动定义为“劳动首先是人和自然之间的过程，是人以自身的活动来引起、调整和控制人和自然之间的物质交换的过程”。

有些学者认为，“劳动是指人们使用一定的劳动工具作用于一定的劳动对象，创造某种使用价值或效用以满足人类自身需要的有目的的活动”。还有些学者将劳动阐释为，“劳动是人们为了满足物质、精神文化的需要，以及实现自身全面发展所进行的有目的的活动，是人能动地、创造性地利用自然资源、社会资源和人类自身潜能与客观世界进行物质交换并创造精神文化产品的过程”。

总的来说，劳动的目的是创造使用价值以满足人们日常生活中对物质和精神的需要。

拓展阅读

开展劳动教育有三重意义

在教育家苏霍姆林斯基眼中，劳动教育及劳动素养的培养都具有重大意义。苏霍姆林斯基认为：“劳动素养包括劳动创造活动的智力充实性和完满性、道德丰富性和公民目的性。”劳动教育在小学阶段的意义，也可以从以下三个方面着手进行分析。

第一，劳动帮助儿童智力得到发展。首先，可以通过学习与劳动相结合，使儿童更好地掌握事物之间的联系。其次，可以利用劳动发展儿童的才能和爱好。对某一种劳动的共同热爱有利于把学生聚集到这个或那个集体中。在整个过程当中，要着重培养那些天赋还没有显著表现出来的学生的才能和爱好。

第二，劳动教育也是人格教育。学校是育人的场所，教师在学校的所有行为对学生都是教育，其中也包括必要的体力劳动。学校应当教会学生懂得敬重劳动和劳动者，而不是鄙视劳动。引导学生意识到每一个劳动者都值得尊敬，并且任何一种劳动都值得尊重。

第三，生活的真正幸福来源于劳动。没有劳动就谈不上真正的幸福。幸福来源于劳动，学校教育的重要使命之一就是要使学生理解和领悟到一个人获得的物质和精神的财富是与他参加的劳动有直接联系的。好逸恶劳、贪图享受，期盼不劳而获、少劳多得都是病态的劳动价值观，需要全社会确立正确的劳动价值观。

为了在校内有效地开展劳动教育，培养学生的劳动素养，学校就应该致力于形成有效的综合性学习课程，因势利导地开展家务劳动、校园劳动、校外劳动、志愿服务等形式多样的劳动，让劳动教育成为激发孩子学习动机、巩固学习成果的重要渠道。

（二）劳动的分类

按照不同的标准、从不同的角度，可以将劳动分成不同的种类。

1. 具体劳动和抽象劳动

马克思在剖析商品的价值和使用价值时指出：生产商品的劳动有着两个方面，即生产使用价值的具体劳动和生产价值的抽象劳动。

具体劳动也称作有用劳动，是指在一定的具体形式下进行的劳动。具体劳动包括人们的劳动目的、劳动工具、劳动对象、劳动手段和劳动结果五个要素。由于劳动的目的、使用的工具、加工的物质对象和采用的操作方法不同，人们通过劳动可以生产出具有不同使用价值的物品。例如，木匠制造家具的具体劳动，是用斧子锯、刨、凿等劳动工具对木材等劳动对象进行加工，结果生产出桌、椅、立柜、床等产品。而农民种地的具体劳动则是用拖拉机、收割机、犁、耙等劳动工具，进行翻地、播种、收割等活动，从而收获了农产品。我们可以看到，由于产品的使用价值各有不同，相应的具体劳动手段也有很多种。具体劳动体现着人和自然的关系。

生产商品的劳动尽管具体形式千差万别，但都是人类劳动力的耗费，这是无差别的。不论是种地，还是织布，都是人类劳动力的支出，即人的脑、肌肉、神经、手等的生产耗费。从这个意义上说，种地和织布的劳动，不过是耗费人类劳动力的两种不同的形式。这种抽去了具体形式的一般人类劳动，就是抽象劳动，它形成商品的价值。

当然，不论什么社会形态，也不管从事什么形式的劳动，只要是劳动，总要付出人类的脑力和体力。单就这方面来看，抽象劳动似乎是个永恒范畴，适用于一切时代。但是，作为价值实体的抽象劳动决不单纯是个生理概念，而是个经济范畴，反映的是商品生产者相互交换劳动的自然关系。只有在商品生产的条件下，当人们的经济联系通过劳动产品的相互交换来实现的时候，消耗在这些劳动产品上的人类的脑力和体力，才能当作形成价值的一般人类劳动而被社会“抽象”出来。因此，抽象劳动是一种社会关系，是商品经济所特有的。

2. *技术性劳动与非技术性劳动*

运用技术作为劳动的分类标准，我们遇到的首要难题是对技术本身的界定，即什么是技术。

关于技术的含义，现在还没有一个公认的确切的说法，在社会经济发展的不同时期，所表述的定义也不相同。从广义上说，技术是人类在利用和改造自然的劳动过程中积累和体现出来的知识、经验和技能，也包含人类在劳动中所创造的工具、机器和设备等生产资料。

然而，在实际社会活动中，人们运用“技术”标准对劳动进行分类，往往出于社会对技术的“公认”的理解，没有过多的理由可以解释。例如，在我国的工人中，车工、钳工、木工等工种被列为技术工种，而清洁工、门卫等工种被列为非技术工种。这里，社会民众常将需要使用复杂工具来完成的工作以及需要较高的文化知识来进行的工作，视为技术性劳动；而将体力劳动为主的工作，视为非技术性劳动。

人们在运用技术标准时，还习惯将技术分为“硬技术”和“软技术”。人们通常将物质技术手段，即劳动资料，称为硬技术；而将与物质技术手段相适应的操作、控制和运用的方法、技巧和技术管理组合形式称为“软技术”。从硬技术来看，物质技术手段大体可以分为手工工具、机器（包括劳动力装置、传动装置和工作装置）、自动机等，与此对应的劳动为手工劳动、机械化劳动和自动化劳动。从软技术来看，手工劳动只是一种朴素意义上的技术，还谈不上真正意义上的技术，只有近现代的复杂的劳动才能称得上软技术。从以上分析不难看出，“硬技术”和“软技术”是不能绝对分开的，其联系越来越紧密。因此，硬技术和软技术的标准也是相对的。

在执行技术标准时，我们应该注意到有关技术水平的评价是随国家、地域的不同以及某一时期的科学、经济、社会的发展变化而变动的。如在20世纪60年代，半导体技术属高新技术，但到了今天，这种技术已成为普通技术了。

3. 简单劳动和复杂劳动

获得人类需要的各种劳动在技术复杂程度上是不同的，如制造原子弹比烧煮茶叶蛋的劳动要复杂得多。简单劳动是指不必经过特别训练，技术含量相对较低，每个身体健康与身体功能健全的劳动者都能从事的劳动。复杂劳动是需要经过一定时期的专门训练、具有一定技术专长的劳动者才能从事的劳动，虽然它包含较多的技巧和知识的运用，但它并不是加倍的简单劳动。马克思指出："比社会平均劳动较高级、较复杂的劳动，是这样一种劳动力表现，这种劳动力比普通劳动力需要较高的教育费用，它的生产要花费较多的劳动时间，因此它具有较高的价值。"

4. 脑力劳动、体力劳动和生理力劳动

人类的劳动，不仅有体能消耗，而且有脑力支出。也就是说，在劳动中脑力劳动和体力劳动是人类共有的。但是，对于某项或某类具体劳动来说，从计划到完成的过程中，其脑力活动的复杂程度以及体力消耗的强度常常是不均衡的。

通常来说，人们将脑力占优势的活动称为脑力劳动，而将体力占优势的活动称为体力劳动。古人所讲的"劳心"与"劳力"就是指脑力劳动与体力劳动。

根据传统的劳动分类理论，劳动可分为脑力劳动和体力劳动两大类。因为人的内在存在主要矛盾即人的意识主体与生命本体间的矛盾，人的任何行为都是这对矛盾的外在表现，都是它们综合作用的结果。即在人的实践活动中，没有完全分割体力或者脑力劳动，恰恰是两者在实践上的统一，这源于概念与实践本身的关系。

根据参与劳动的人体主流系统进行分类，一般的人类劳动由脑力劳动、体力劳动与生理力劳动按照不同的比例关系组合而成。但人的劳动具有复合性，例如，人口的生产过程虽然以生理力劳动为主，但也伴随着一定的体力劳动和脑力劳动。通常意义上的脑力劳动是指那些脑力劳动占主要比例的复合劳动，体力劳动是指那些体力劳动占主要比例的复合劳动，生理力劳动是指那些生理力劳动占主要比例的复合劳动。

（1）体力劳动

体力劳动是指以人体肌肉与骨骼的劳动为主，以大脑和其他生理系统的劳动为辅的人类劳动。

（2）脑力劳动

脑力劳动是指以大脑神经系统的劳动为主，以其他生理系统的劳动为辅的人类劳动。脑力劳动作为一种生产劳动，很早就已发生。但是，当社会生产是以手工劳动为基础的小规模生产、生产过程依然服从于劳动者的直接技巧时，科学也没有发展成为同劳动相分离的独立力量，因此脑力劳动与体力劳动没有明显的分野。但随着科技与经济的发展，社会分工与社会协作开始出现，体力劳动与脑力劳动也逐渐分开。

（3）生理力劳动

生理力劳动是指除了体力劳动和脑力劳动以外的其他形式的人类劳动。生理力劳动的具体形式包括以下三种。

① 恢复性生理力劳动

恢复性生理力劳动是指用以恢复和补偿原有的生理性组织、器官和体液等功能特性的生理力劳动。例如，当人的大脑受到轻微损伤时，其机体通过吸收适当的营养物质并进行良好的精神调养后，会逐步恢复大脑的健康；当产妇体质虚弱时，其机体通过吸收营养物质并将其转化为适当的化学物输送到相应的组织、器官和体液之中，用以恢复和补偿其功能特性；当皮肤擦破时，机体就自动地修补好皮肤；当机体的血液损失时（如献血），机体将通过肝脏等器官来制造新的血液。

② 加强性生理力劳动

加强性生理力劳动是指用以改善和加强原有生理性组织、器官和体液等功能特性的生理力劳动。当人的某些生理组织、器官和体液的功能处于正常状态时，其机体通过某种生理力劳动来不断地积累生理信息，以改善和加强这些组织或器官的功能特性。例如，对人的某些组织或器官进行适当的、损伤性的物理或化学刺激后，这些组织或器官的功能特性不仅能很快地恢复，而且还能得到改善和加强。

③ 生育性生理力劳动

生育性生理力劳动是指用以生产新生儿的生理力劳动。妇女在怀孕过程中，一方面，通过生理力劳动将各种营养物质和食物能量进行消化和吸收，并转送到胎盘里，同时又把胎盘所排泄的废物排出体外；另一方面，孕妇体内的生理、心理和精神状态是胎儿生长发育的外环境，孕妇必须付出一定的生理力劳动来形成、维持和改善这种环境。

当然，依据其他的分类标准，还可以将劳动分为必要劳动和剩余劳动、生产性劳动和劳务性劳动、物质生产劳动和精神生产劳动、私人劳动和社会劳动等。

拓展阅读

树立尊重劳动的思想观念

劳动是一个基本的经济范畴，在现实生活中表现为各种不同的形式，如脑力劳动和体力劳动、简单劳动和复杂劳动、个体劳动和协作劳动、私人劳动和社会劳动等。不同的劳动形式在社会生产发展的不同阶段，具有不同的地位和作用。但无论哪种形式的劳动，都是人类历史发展中不可缺少的内容和推动力量，都应该被承认、保护和尊重。这看起来似乎是一个常识，但在实践中，在一些人的思想观念中，却往往发生各种偏差。

例如，有的时候，有些人片面地重视体力劳动，轻视脑力劳动，说什么脑力劳动是对体力劳动的剥削，认为只有体力劳动才能创造商品价值，脑力劳动不能创造商品价值。实际上，马克思早就指出，创造商品价值的“都是人的脑、肌肉、神经、手等的生产耗费……都是人类劳动”。而有的时候，有些人又反过来片面地重视脑力劳动，轻视体力劳动。其实，对脑力劳动和体力劳动都不能孤立地、片面地去理解。

人类最初的劳动都是脑力和体力的结合，只是发展到一定的历史阶段，二者才相对分开，有的人专门从事脑力劳动，有的人专门从事体力劳动。但从某一项目的整个生产过程来看，二者又必须紧密结合。例如，盖一幢高楼，就既有脑力的支出，又有体力的耗费。如果只有脑力劳动者提供图纸，那只是纸上的房屋；如果只有体力劳动者添砖加瓦，高层建筑也盖不起来，即使勉强盖起来，也是会倾覆的。

公有制为主体、多种所有制经济共同发展是我国社会主义初级阶段的基本经济制度。多种所有制经济在社会主义市场经济体制中共同发展，需要各种所有制经济中的劳动者贡献自己的劳动和聪明才智。只有全体人民都以各自的劳动尽力为社会做贡献，社会主义市场经济才能繁荣昌盛并不断发展完善，社会主义现代化的目标才能顺利实现。

因此，不论国有企业职工还是私营企业职工，不论外资企业职工还是个体劳动者，都是中国特色社会主义事业的建设者，对他们的劳动必须承认，必须尊重，必须鼓励支持。

既然不论简单劳动还是复杂劳动，都应该被承认和尊重，那么为什么它们之间的报酬还是有所不同呢？在这里，必须把有贡献和贡献的大小区别开来。简单劳动和复杂劳动对社会主义建设都是有贡献的，但复杂劳动往往是简单劳动的多量倍加，能够比简单劳动创造更多的商品价值，创造更多的社会财富。根据按劳分配原则，复杂劳动应比简单劳动取得更多的报酬。

这种更多的报酬，既包括创造更多价值的报酬，也包括贡献较大的报酬。按贡献大小取得不同报酬，不仅是合理的，也是应该的。掌握现代科技知识的劳动者的劳动报酬，例如，企业管理者的年薪制报酬，专家、教授、工程师的报酬，当然会比普通工人的报酬高，这是由于他们的贡献较大。但无论企业管理者、专家、教授、工程师还是普通工人，他们的劳动性质都是一样的，都为社会主义现代化建设做出了贡献，都是光荣的，都应该被承认和尊重。

要通过尊重劳动，营造鼓励人们干事业、支持人们干成事业的社会氛围，放手让一切劳动、知识、技术、管理和资本的活力竞相迸发，让一切创造社会财富的源泉充分涌流，以造福于人民。当今，在价值创造与财富生产过程中，除了劳动、资本、土地以外，先进技术、科学知识、经营管理以及信息等已经成为十分重要的生产要素。

尤其是现代科学技术对生产发展和财富积累的贡献越来越大。在这些生产要素中，劳动起着十分重要的作用。不仅土地必须依靠劳动才能得到开发和种植，资本必须依靠劳动才能得到有效经营与管理，而且科学知识、先进技术、经营管理、信息等要素的作用都要通过现代科学劳动才能表现出来。尊重劳动，尊重知识，尊重人才，尊重创造，促使劳动和其他生产要素实现优化组合，才能使一切创造财富的源泉竞相迸发，才能实现全面建设小康社会的奋斗目标，不断提高人民的物质文化生活水平。

二、劳动的内涵和外延

每个概念都有其内涵和外延，劳动也不例外。劳动的内涵就是它所包含的本质属性的总和，而其外延是适合“劳动”的某些对象的范围及性质。

（一）劳动的内涵

我国宪法规定：“中华人民共和国公民有劳动的权利和义务。”这就要求每个有劳动能力的人都要将劳动看成自己的光荣职责和神圣使命，必须以主人翁的态度对待劳动。

一般来说，劳动可分为脑力劳动和体力劳动两大类。劳动成果是人类通过创造物质财富或精神财富的活动而形成的工作或事业上的收获。所以，体力劳动与脑力劳动统一在人的生产实践过程中，二者相互渗透，并没有完全的分割界限。

劳动精神作为一种意识活动，会反作用于劳动实践过程中。一方面，劳动精神会激发人们投身劳动的热情；另一方面，在劳动精神的作用下，人们将克服劳动中的困难，培养不怕辛苦、敢为人先的意志和品质。

随着时代的变迁，我们要牢牢把握劳动的内涵，因为劳动的外延是随着时代的发展而有所不同的。我们对“劳动”的认识也应该不断发展，与时俱进，随着时代变化而具有不同的时代特征。因此，我们要在当今时代背景下把握“劳动”这一概念。

（二）劳动的外延

《中国大百科全书（哲学卷）》中，将劳动定义为“人类特有的基本的社会实践活动，也是人类通过有目的的活动改造自然对象并在这一活动中改造人自身的过程”。

劳动的外延是人类实践活动的一种特殊形式，一般指创造物质财富和精神财富的活动。而“实践”一词也可指“劳动”。实践是指人类能动地改造客观世界的物质活动，是人所特有的对象性活动。人的实践活动具有自主性，人通过实践不但能够认识客观规律，而且能够利用客观规律，使客观规律为人所用。

《左传·宣公·宣公十二年》中有“民生在勤，勤则不匮”的说法。睿智的古人很早就理解了“不匮”与“勤”的因果关系。人的辛勤劳动能产生无穷的社会财富，是社会安定幸福的前提。改革开放以来，中国人民通过辛勤劳动创造了巨大的财富。

随着时代的变迁，劳动的内涵和外延发生了巨大的改变，劳动的形式更加多样，不再局限于农业劳动，办公室劳动、车间劳动、实验室研究劳动、写作等都可称为劳动。从某种程度上说，大学生在学校努力学习也是一种劳动。劳动不仅仅是一项意义重大的工作，日常清洁是劳动，制造工具也是劳动。

当今的知识经济时代与马克思所处的时代相比，无论是劳动的内容还是劳动的结构形式都发生了重大变化，劳动的各个对象的性质也会有相应改变。

1. 劳动形式的单一性和多样性

劳动不是固定不变的，而是一个充满丰富内容的可变活动，它随着社会生活实践的发展而不断丰富。必须通过有形或无形的精神产品及其服务来满足。

2. 劳动范围的区域性和全球性

随着经济全球化的发展，劳动已超出传统意义上的一个企业、行业甚至一个国家、社会的范围，而具有了世界意义。无论是劳动的创造还是劳动价值的实现，都因时代发展而具有了全球性。

3. 劳动要素的整体性和分离性

劳动是一种现实性的活动，只有各种要素在劳动过程中统一起来，才会有整体的劳动过程。在当今经济条件下，知识劳动成为重要的劳动形式，并影响整个劳动过程，劳动的主体和客体以及工具出现了分离，使创造价值的劳动过程变得有序而简化。但是需要注意，分离没有也不可能否定劳动的整体性，而是更加突出了劳动的整体性，是劳动要素整体性和分离性的统一。

4. 劳动本质的稳定性和发展性

劳动创造世界，劳动创造人本身，对劳动的这些基本认识表明，劳动的本质具有稳定性，但在不同的经济时代和资源条件下，人类劳动的内涵和外延都随之发生重大变化。人类认识自然的程度、改造自然的能力在不断提高，科学技术迅速发展，赋予了劳动本质以新的内涵，劳动的内容将会更加丰富多彩，形式也越来越多样化。

拓展阅读

经济全球化砥砺前行

当今世界正在经历新一轮大发展、大变革、大调整。随着经济全球化的深入发展，一方面，各国之间的联系从来没有像今天这样紧密，人类越来越成为你中有我、我中有你的命运共同体。另一方面，人类面临的共同挑战也从来没有像今天这样突出，经济全球化进程不时遭遇波折。特别是近年来，随着逆全球化的泛起，单边主义和保护主义不断抬头，全球经济增长的不稳定性、不确定性有增无减，经济全球化的发展走向再次成为国际社会关注的焦点。但是，经济全球化不仅成为人类社会发展的客观规律和历史进程，也已成为我们这个时代的潮流。

经济全球化是人类历史发展的必然规律

…………

无论是以蒸汽机为标志的第一次工业革命催生人类第一个全球化商品，以电气时代为标志的第二次工业革命催生第一次经济全球化浪潮，以信息技术革命为核心的第三次工业革命使人类生活在一个相互为邻的“地球村”，还是目前人工智能、大数据等新一轮科技革命推动经济全球化深入发展，都无可辩驳地表明，经济全球化并不依附于人们的主观意愿，科技进步和生产力发展才是推动经济全球化前行的真正动力。

历史车轮滚滚向前，时代潮流浩浩荡荡。任何国家、任何集团逆经济全球化潮流而动的政策和言行，都违背人类历史发展的客观规律，其结果必然会破坏全球生产和国际分工体系，必定会给全球经济贸易和政治安全带来严重危害。

经济全球化也是世界各国福祉的必由之路

尽管早期的经济全球化伴随着西方殖民主义的扩张与掠夺，但是经济全球化客观上不仅推动了全球生产体系的兴起，带来了全球经济繁荣、财富逐步增长和民众生活的普遍改善，也成为促进世界经济社会发展、实现各国人民幸福安康的全球性路径。

…………

需要注意的是，20 世纪 70 年代以来，全球范围爆发过多次逆全球化浪潮，但每次逆全球化都是全球化发展的短期挫败，并未影响全球化持续深化的宏观走势和主流方向。对此，我们要保持清醒的认识和足够的战略定力。

中国是经济全球化的推动者、受益者和贡献者

历经 40 余年改革开放，中国坚持打开国门搞建设，积极融入经济全球化进程，实现了从封闭、半封闭到全方位开放的伟大历史转折。中国不断扩大对外开放，助推全球化发展，不仅改变了自己的面貌与命运，也通过改变自身而深刻地影响和造福了世界。特别是加入世贸组织以来，中国积极参与做大全球经济贸易“蛋糕”，切实推动贸易便利化，支持完善全球自由贸易体系；坚持与全球贸易伙伴互利发展，相互成就，不仅成为“世界工厂”，更是全球最具潜力的巨大市场和全球创新合作的重要参与方，为全球经济的稳定和健康发展做出重要贡献。

…………

进入新的时代，中国旗帜鲜明地反对保护主义、单边主义，进一步提升多边和双边开放水平，不仅推动各国经济联动融通，共同建设开放型世界经济，而且将自身的市场潜力优势、产业集群优势和集成创新能力优势有效融入世界经济的发展大格局，推动高端生产要素在全球范围内优化配置和自由流动，必将为全球经济强劲、可持续、平衡和包容增长创造新的时代机遇。

中国将始终是全球共同开放的重要推动者，中国将始终是世界经济增长的稳定动力源，中国将始终是各国拓展商机的活力大市场，中国将始终是全球治理改革的积极贡献者。

三、劳动的意义和价值

马克思认为，人与动物最大的区别就是人类劳动的自觉性，“有意识的活动把人同动物的生命活动直接区别开来”。1958 年 9 月，中共中央、国务院发布《关于教育工作的指示》，其中明确地提出“教育与生产劳动相结合”。这体现出在社会主义社会中劳动具有重要的意义和价值。

（一）劳动的意义

1. 重视劳动，强调教育与劳动相结合，是马克思主义重要的主张

马克思主义哲学认为，劳动推动社会历史进步，是人作为人的最本质、最显著的特征。马克思在《1844 年经济学哲学手稿》中指出：“正是在改造对象世界中，人才能真正地证明自己是类存在物。”他强调：“对社会主义的人来说，整个所谓世界历史不外是人通过人的劳动而诞生的过程。”因此，人民创造历史，劳动开创未来。劳动是推动人类社会进步的根本力量，是人民美好生活的源泉。构建德智体美劳全面培养的教育体系，加强劳动教育，是回归人之本质、回归学生自身的主体性教育方式，能够帮助学生在自主实践中发现自我，通过双手改变和创造自己的生活。

党的十九大报告指出：“中国特色社会主义进入了新时代。”在新时代背景下，加强学生的劳动教育，努力提高学生的劳动素质，对学生的成长和国家的发展意义深远。

2. 通过辛勤劳动，培养学生的奋斗精神

《周易》中说：“天行健，君子以自强不息。”自强不息是中华民族的优良传统，是改善民生、创造人民幸福生活的重要保证。从一定意义来说，学生德行的养成、奋斗精神的培养始于劳动教育。引导学生在成长过程中能辛勤劳动并以此为荣，树立“劳动最光荣、劳动最崇高、劳动最伟大、劳动最美丽”的信念，这是教育的重点与方向。在日常生活中，鼓励学生从小主动参加劳动，践行孝敬父母、尊重老师、乐于助人等德行，通过日积月累的点滴劳动塑造学生正确的人生观、价值观。在教学中，以体验式教学使学生感悟自身的变化与成长，理解辛勤劳动对于丰富和发展自我的重要性，激发学生在未来学习生活中努力奋进、自主追求与实现梦想的勇气。

3. 通过诚实劳动，培养学生的诚信品质

所谓“诚实劳动”，在于敬业实干，热爱并踏实做好自己的工作，充分发扬工匠精神；还在于发乎本心，遵循天道。“人世间的美好梦想，只有通过诚实劳动才能实现；发展中的各种难题，只有通过诚实劳动才能破解。”“诚者，天之道也。”每个人要从集体利益出发，不弄虚作假、消极怠工，要诚实劳动，遵守职业道德，学习并遵循社会发展的规律，努力为社会经济发展做出贡献。在诚实劳动教育的实践中，重在培养学生“诚”的品质。在教材建设过程中，可设置案例式“探究与分享”栏目，塑造劳动楷模形象，用榜样力量引导学生践行以“诚”

待劳，以实干实现自身价值；设置“拓展空间”“相关链接”等栏目，将“诚实劳动”提升到劳动者的义务与使命的高度，从更深层次提高学生的劳动素质。

4. 通过创造性劳动，提高学生的创新能力

新时代，建设中国特色社会主义现代化强国，要大力实施创新驱动发展战略，将经济发展与科技创新紧密结合。这对我国教育事业的发展提出了新的更高要求。通过提倡“创造性劳动”，重点培养一支专业技能过硬、自主创新能力高的新型劳动者队伍，以适应时代发展需要，实现教育、科技与经济三者协调统一发展。在教材建设过程中，可设置“阅读感悟”等栏目讲述古代人民劳动创造改变生活的故事，激发学生创造的热情。例如，在文艺创作人才的培养中，在教育教学活动环节中创造良好的文艺创作环境和平台，重视文艺创造性劳动成果，突出培养学生体验和理解生活的能力，以此培育高水平创作人才。创造性劳动关乎未来国家技术创新能力、经济发展、人民生活等多方面的质量与水平，创造性劳动教育势在必行，也任重道远。

在新时代，我们要推动教育与劳动相结合，发挥劳动教育在人才全面发展中的重大作用，为国家人才培养、科技创新、经济发展提供强有力的保障。正如马克思所言，真正的问题“在于改变世界”，而“劳动教育”就是新时代我们砥砺前行、创造美好生活最有力的实践。

拓展阅读

更加重视劳动对于“人的全面发展”的意义

劳动是带给人们生活幸福和精神富足的源泉。应加强劳动教育，在劳动教育中赓续精神血脉，使青年们成为精神最为富足的人，也是最懂得幸福、最享受幸福的人。

劳动教育作为帮助青年人树立正确的社会主义劳动观最重要的途径，必须把赓续劳动精神作为其教育的根本目标，真正使青年认识到劳动对于人的重要作用和意义，从内心自觉地认同社会主义的劳动精神，自觉抵制西方不良劳动价值观的影响，摒弃不劳而获、不思进取及得过且过等排斥或鄙视劳动的思想倾向和具体行动，并在现实生活中崇尚劳动、热爱劳动、辛勤劳动、诚实劳动，把劳动作为一切幸福的源泉，在辛勤的劳动中实现自我、社会和国家价值的内在统一，肩负起新时代进行伟大斗争、建设伟大工程、推进伟大事业和实现伟大梦想的历史重任。

当前我国正处于百年未有之大变局之中，中华民族的伟大复兴更是到了最关键时刻。一个国家的竞争和发展能力其实质上依靠的是劳动者的素质，其“对一个国家、一个民族发展至关重要”，而大国工匠是最高素质的劳动者，其直接影响着我们国家和民族的未来发展。中华民族自古就有尊重和爱护工匠的历史传统，从古至今涌现出了无数的能工巧匠，为中华民族的璀璨文明书写了浓重的一笔，更是在长期的实践中形成了执着专注、精益求精、一丝不苟、追求卓越的工匠精神。劳动者们在工匠精神的支撑下，基于对从事职业的尊重和热爱，

形成了全身心投入、认认真真、尽职尽责的工作精神状态，对劳动过程的每个环节都凝神聚力、精益求精、追求极致的工作品质，内心笃定而着眼于细节的耐心、执着、专注的精神特质，耐心、执着、专注甚至于陶醉、痴迷或者疯狂又不失于寻求突破、追求革新的创新底蕴。这种工匠精神在中华民族的历史中发挥了极其重要的作用。中国特色社会主义进入新时代的新发展阶段，我国开启了迈向社会主义现代化建设的新征程。新发展阶段必须要一手抓传统产业转型升级，一手抓战略性新兴产业发展壮大，推动制造业加速向数字化、网络化、智能化发展，提高产业链、供应链的稳定性和现代化水平，从中国制造迈向中国创造，而这些现实目标的实现都需要具备大国工匠精神的高素质人才的支撑。高素质人才不同于普通的劳动者，对其各方面的要求更高，成长的过程更加复杂，承担的劳动也更加复杂。因此，工匠精神也必须成为当前我国劳动教育的重心。针对青年人的劳动教育要在赓续劳动精神的基础上，帮助青年人真正地理解新时代新发展阶段工匠精神的内涵和对于自身以及国家新发展阶段的重要意义与作用，从而树立终生学习的理念，增强自身的创新意识、培养自身的创新思维和展示自身锐意创新的勇气，在未来的工作中密切关注行业、产业前沿知识和技术进展，勤学苦练、深入钻研，不断提高技术技能水平，使青年人最终真正成为新时代中国特色社会主义的高技术人才和大国工匠。

劳动教育既需要赓续劳动精神，更需要将劳模精神作为劳动教育的主要内容和最高追求，用劳动模范、先进工作者和先进人物的优秀事迹作为对劳动理论教育的实践展示，让青年人在接受劳动教育的过程中了解劳动模范、先进工作者和先进人物的优秀事迹，激发情感共鸣，更加深刻地理解当前劳动教育的意义、劳模精神的真正内涵和其巨大的精神引领作用，从而从内心真正地认同劳模精神，使每一个人从内心产生成为热爱劳动、自食其力的劳动者，优秀的劳动者，甚至成为广大劳动者群体中的佼佼者和大家学习的榜样的强烈愿望，并身体力行向全社会传播劳动精神和劳动观念。让青年人熟悉我们国家最美劳动者凝心聚力、攻坚克难共建社会主义的伟大和辉煌的奋斗历程，增强他们未来建设社会主义的勇气和决心，为中华民族伟大复兴贡献自己的应有之力。

（二）劳动的价值

1. 劳动价值的概念

劳动价值就是劳动力的使用价值，即某个主体对于另一主体所具有、所释放的广义有序化能量。由此可见，劳动价值是一种特殊的使用价值，是劳动者或劳动力所具有、所释放的使用价值，而使用价值是指一般事物所具有、所释放的价值。

2. 劳动价值的表现形式

劳动的价值在于劳动创造世界，劳动创造人类，劳动创造财富。尊重劳动就是尊重人本身。当今时代，强调尊重劳动应克服片面性，既重视创造性的、复杂的智力劳动，又重视在平凡岗位上兢兢业业、默默奉献的劳动，使各种劳动有机统一于社会主义现代化建设事业中。

（1）开发和保护创造性劳动

尊重劳动，应强调开发和保护创造性劳动。这就要求，一方面要贯彻实施科教兴国战略，发展科技教育事业，提高广大劳动者的素质和创新能力；另一方面要高度重视科技人才、管理人才等在创造价值和财富中的巨大作用，以利于充分调动科技人才、管理人才和广大知识分子的劳动积极性和创造性。

在解决温饱问题的过程中，只要把劳动组织起来，投入生产，就会创造社会财富。但是，当我们开始进入全面建设小康社会新的发展阶段时，一部分落后的、低水平的、重复的劳动，不仅不能增加社会财富，反而会浪费社会资源，破坏可持续发展。当今时代，创造性劳动已成为推动经济社会发展最重要的动力。

（2）树立劳动平等、劳动光荣的观念

就业是民生之本。扩大就业，把全体社会成员的劳动积极性调动起来，是全面建设小康社会的必然要求。为此，首先要形成劳动光荣的社会风气，消除劳动有贵有贱的思想观念。劳动是创造财富的源泉，也是个人致富的重要手段，是缩小地区差别、贫富差别，走向共同富裕的先决条件。

这就要求全体社会成员积极地为参与社会劳动做准备，积极地投身于劳动，消除在劳动问题上的偏见和歧视。社会分工和社会化大生产决定了劳动的多样性，社会发展需要各方面的劳动。只要是合法的和为社会增加财富、为自己增加收入的劳动，不管是在何种所有制经济中从事劳动，不管在什么岗位上进行劳动，也不管是简单劳动还是复杂劳动，是体力劳动还是脑力劳动，是服务劳动还是生产劳动，都是平等的、光荣的，都对社会做出了贡献。

（3）形成自主择业、自谋职业、自我创业的风气

就业问题，关系到劳动者的生存发展、社会的稳定和国家的长治久安，党和政府已采取积极措施，尽可能地实现充分就业。但是，在社会主义市场经济条件下，劳动力资源的配置主要通过市场进行，需要人们自主择业、自谋职业、自我创业。市场经济的巨大商机和多层次、多样化的社会需求，开拓了广阔的劳动就业空间，为劳动者提供了众多劳动机会和劳动岗位。

先进生产力的发展、先进文化的前进、最广大人民根本利益的实现，一靠党的正确领导，二靠全体人民的辛勤劳动。人民富裕、国家富强离不开全体人民的劳动和创造。一切为我国社会主义现代化建设做出贡献的劳动，都是光荣的，都应该得到承认和尊重。在新时代，我们要推动教育与劳动相结合，发挥劳动教育在人才全面发展中的重大作用，为国家人才培养、科技创新、经济发展提供强大的力量。正如马克思所言，真正的问题“在于改变世界”，而“劳动教育”就是新时代我们砥砺前行、创造美好生活最有力的实践。

拓展阅读

寻找劳动的价值

2015 年的“五一”国际劳动节来了。

此时此刻，许多人还忙碌着，在农田里播下希望的种子，在流水线上一丝不苟地组装产

品，一车车快递包裹送向千家万户……而我们的同事，正在发生大地震的尼泊尔和西藏震区采访。

劳动，是你、我、他生命中不可或缺的一部分。在这个劳动者的节日到来之际，就让我们一起寻找劳动的价值吧。

什么是劳动？

从西南腹地成都出发，沿川藏公路西行 800 公里，世界上海拔最高的公路隧道——雀儿山隧道正在紧张施工。中铁一局的赵小冬和同事们已经在这里工作了 4 年。

在位于东北重镇长春的中国北车集团长春轨道客车股份有限公司的生产车间里，铝合金焊工丁雷站在焊接滑车上，工作服里的 T 恤衫已被汗水湿透。

而在首都北京的深夜，一家著名创业投资机构办公室里仍然灯火通明。到底投资哪个项目，人们讨论得热火朝天。

传统观念上，一说起劳动，人们往往想到种田、抡大锤、跑运输等体力活，认为炒股、投资理财算不上劳动。那么，在社会经济生活日益多元化的今天，什么是劳动？

“劳动的意义和价值在于判断标准，就是做这件事情是否属于投机行为。”知乎网 CEO 周源说，理财需要专业知识，买股票要了解金融市场行情，财务梳理也不是一件容易的事。当然，投机行为不是劳动，也不可能持久，真正的劳动应该能持续创造价值。

中国人才交流研究会副会长、人才学研究员孟庆伟认为，劳动的概念如今有了很大变化，不局限于体力劳动和脑力劳动，不局限于个人劳动和团体劳动，也不局限于以直接成果或报酬来表现。在高新技术、互联网和大数据时代，对劳动要有更加全面的认识，用更加多元、广泛、长远、深刻的视角，才能诠释劳动的真正内涵。

网络洗衣服务公司“e 袋洗”创始人张荣耀表示，如今劳动的形态多元化，开网店、做义工、编游戏软件都是劳动。劳动不仅能满足温饱，还能带来价值实现感，是人们基于“做自己”的生活方式的选择。

劳动还是最光荣吗？

曾几何时，父辈们对我们说：“劳动最光荣。”在价值观念多元化的今天，劳动还是最光荣吗？

“这句话我们从小听到大。”中国北车集团长春轨道客车股份有限公司工人刘清元说，“我刚工作时，车间里就打着‘向全国劳模学习’的条幅。劳模精神对我们影响很大，我们一直在追赶。”

这种精神至今仍然激励着一代又一代的人们。

“个人的劳动如果能给国家创造物质财富和精神财富，给个人和家庭带来经济收入，这项劳动就有价值。”赵小冬说，“无论是脑力劳动还是体力劳动，都要通过自己的努力辛勤付出。”雀儿山隧道海拔 4300 米，高寒缺氧，人们的身体和精神都承受着严峻的考验。他和同事们觉得，在这里干活更能感到劳动最光荣。

但并不是所有人都这样认为。

北京行在人间文化发展中心负责人李大君发现，在一些人心中，“劳动最光荣”的传统理念已经淡化消失，许多建筑、环卫等一线工人也不认为“劳动最光荣”。

“有这样的认识，说明确实存在普通劳动者不被尊重和理解的问题。”李大君说。

29 岁的张艺天已是资深“创客”。身为沈阳斗扑网络游戏公司总经理，他对“劳动最光荣”的理解带有鲜明的时代特征。“刚开始做游戏的时候，身边很多人都不理解，我一回老家，有邻居就说我不务正业。但我觉得每个劳动者、每种劳动都是美丽的。”他说。

有过多次创业经历，也承受过多次失败之痛，张艺天 2014 年 9 月转战手机轻型游戏。为了争分夺秒开发出新产品抢占市场，张艺天和他的年轻团队常常每天在电脑前工作 12 个小时。“这么辛苦，大家为什么还愿意干？就是因为我们都是从自己的兴趣出发，而且都怀有梦想。”

马云与快递小哥，谁的劳动更“值钱”？

劳动的形式有千万种，什么样的劳动更有价值？掌管着一个商业帝国的马云，和每天骑着电动车飞奔的快递小哥，谁的劳动更有价值？

“我觉得挣钱多的劳动更有价值。劳动的价值在于创造，为社会也为自己。”宁夏农林科学院固原分院研究员程炳文说。

而在进化资本董事总经理高文思看来，马云和快递小哥专业技能和商业能力是不一样的，不能简单地评价马云和快递小哥谁的劳动价值更高。马云承担的责任是构建维护阿里巴巴商业体系，如果因为他的失误，体系有缺损，快递小哥就不能更好地发挥价值；如果快递小哥罢工，阿里巴巴也很难运转。二者各有分工，不可或缺。

中国劳动关系学院专家闻效仪则认为，一个快递小哥的劳动价值或许比不过马云，但千千万万个快递小哥，或者说整个中国的劳动者群体，才是 30 多年来快速发展的中国经济最重要的推动力。“庞大的中国工人群体创造的发展模式，不仅是这些年中国经济的强大动力，某种程度上也在支撑着世界经济的发展。”

“劳动创造的价值体现在我的 3D 打印机能让别人的灵感付诸现实，也就是我的创造性劳动对别人有价值，并且能够获得认同感。”吉林迪斯科技有限公司董事长杨利民说。

针对这种情况，知名天使投资人徐小平说，在新时期，劳动的价值呈现出了新的特点——高素质、高附加值，为社会带来越来越多的改变。越来越多的劳动者通过创业，带着自己的才华与梦想去市场上兑现。这不仅改变自己的命运，也助推中国经济发展和社会价值的转变。点滴创新汇聚成河，带动起整个经济转型和改变。

“一个可喜的迹象是，人们对劳动价值的判断不仅体现在物质上，更多是精神上的。”徐小平说，“越来越多的精英创业，他们放弃百万年薪，开始想自己能为社会做点什么，追求的不是钱，而是一种价值，这更可贵。”

全国劳模、中航工业哈尔滨飞机工业集团高级技师秦世俊也有同样的体会：劳动不单单是创造价值的过程，它也是提升个人的存在感、荣誉感，实现自我价值的有力工具。通过劳动，我们能够体会创造的意义和快乐，以更加阳光和积极向上的心态来面对各种困难和挫折，使我们能够更好地享受生活，享受人生。

我们的工作怎样才能更体面、有尊严？

谈起体面劳动，申通快递总裁助理陈贤红颇为不平："快递员在很多人眼里，是不太受尊重的职业，往往被别人小看。希望社会能去除偏见，让每个劳动者都为自己的工作感到骄傲和光荣。"

辽宁省社科院研究员、《人力资源》杂志社社长曹晶荔说，在瑞士，清洁工人的收入相当于社会平均工资水平，而且国家出台制度和标准，对清洁工的保护细致入微。比如规定市民扔垃圾时，每个袋子装入的垃圾重量不得超过 2 公斤，以保证清洁工拾捡、搬运时腰部不受损伤。相比之下，我国对一线劳动者的重视程度仍有很大差距。

"没有体面的劳动，最主要的体现是工资收入低。"闻效仪说，"在目前仍是劳动密集型企业比重最高的情况下，没有体面的工资就没有体面的尊严，所以国家要改善就业环境，提高就业质量，不断增加劳动者特别是一线劳动者的劳动报酬。"

"社会要和谐、可持续发展，对劳动者就要特别关注两头：自由职业者和基层的体力劳动者。"孟庆伟说，"既要给处于前沿的自由职业者成长空间，也要给处于另一头的基层体力劳动者足够的尊重和关爱。国家有必要出台制度保障基层劳动者的权益，如最低工资标准、劳动保护措施、工伤保险制度等，对基层体力劳动者给予物质上的保障和精神上的安慰。"

四、劳动者和劳动力

（一）劳动者

1. 劳动者的概念

劳动者是一个含义非常广泛的概念，是对从事劳作活动一类人的统称。不同的学科对于劳动者这一概念具有不同的界定，而且在不同的社会制度和社会体制下，对劳动者概念的理解也各不相同。本书对劳动者定义为凡是具有劳动能力，以从事劳动获取合法收入作为生活资料来源的公民和群体。

2. 劳动者的分类

马克思说："我们把劳动力或劳动能力，理解为人的身体即活的人体中存在的、每当人生产某种使用价值时就运用的体力和智力的总和。"显然马克思认为使用价值的生产即具体劳动，既包括脑力劳动也包括体力劳动，而与之相对应的就是脑力劳动者与体力劳动者。

（1）脑力劳动者

脑力劳动者主要有以下三种定义：

① 脑力劳动者是指以消耗脑力劳动为主的劳动者，主要包括科学研究人员、工程技术人

员、行政和经济管理人员、医务工作人员、文艺工作者、教育工作者等。一般来说，脑力劳动是一种质量较高的复杂劳动，单凭劳动者的传统经验是无法完成的，必须具有丰富的文化科学知识才能进行。所以，这种复杂劳动能力的获得，需要较长时间的学习和积累。

② 脑力劳动者是指以智力活动为主要形式创造社会价值的劳动者，如管理人员、科研工作者、教育工作者等。（《经济日报》1988 年 4 月 13 日）

③ 脑力劳动者是指从事以脑力消耗为主的工作的劳动者，主要包括各类专业、技术人员。如科学研究人员、工程技术人员、农村技术人员、科学技术管理人员、医疗卫生技术人员、经济业务人员、教育工作人员、文化新闻工作人员、法律工作者等；国家机关、党群组织、企事业单位负责人员等；办事人员，如行政办事人员、政治保卫工作人员等。总之，脑力劳动者主要指具有一定科学文化水平、专业技术知识与技能的劳动者。

（2）体力劳动者

体力劳动者是指从事以消耗体力为主的劳动的人员。主要分布在农业、工业、建筑业等以体力劳动付出为主的行业。目前我国的体力劳动者主要包括商业、服务业的基层工作人员；直接从事农、林、牧、副、渔业的劳动者；工业、建筑业、交通运输业、邮电业等行业的生产工人等。第三产业中的服务工作也是劳动，是人以自身的活动来引起、调整和控制人与人之间的物质变换过程。因此，从事服务工作的劳动者也归类为体力劳动者。

（二）劳动力

1. 劳动力的概念

劳动力是劳动者体力和智力的总和。

2. 劳动力的价值

劳动力的价值是由生产、发展、维持和延续劳动力所必需的生活资料的价值来决定的。劳动力商品的生产过程，有其特殊性，劳动力存在于劳动者的身体之中，其生产和再生产过程也就是维持劳动者生存、繁衍后代和劳动者知识与技能不断强化的过程。劳动力的价值主要包括以下三部分：

第一，维持劳动者自身生存所需要的生活资料的价值，以满足生产和再生产劳动力的基本生活需要。

第二，维持劳动者家属所必需的生活资料的价值，用以延续后代，保持劳动力的供给。

第三，劳动者接受教育和训练所支出的费用，这是劳动者为适应机器大工业和科学技术的发展，提高劳动力的质量所必需的一定的教育和训练费用。

3. 劳动力的使用价值

劳动力的使用价值是劳动者进行生产劳动的能力，它的使用或消费过程就是工人的劳动过程。劳动力商品的使用价值就是一般商品价值的源泉。劳动力的使用不仅能够创造新价值，而且还能创造出比自身价值更大的价值。资本家购买劳动力商品，看中的正是劳动力商品的这种特殊使用价值。劳动力的使用价值的特殊性主要包括以下两个方面：

（1）劳动力的使用价值的消费过程就是新价值的形成过程，而且新形成的价值比劳动力自身的价值更大。普通商品经过消费和使用过程之后，使用价值就消失了，价值或逐渐消失，或转移到新产品的价值中，成为新产品价值的一个组成部分。而劳动力这种特殊商品的使用价值则不同，其消费或使用的过程也就是劳动过程。在这一过程中，劳动力不仅能创造产品，把生产资料价值转移到新产品中，而且在劳动力的使用价值由于被消费而逐渐丧失的同时，还能创造出新的价值。劳动力在使用过程中创造的新价值大于劳动力自身的价值，超过的部分就是剩余价值。资本家购买劳动力，就是因为它有这种特殊的使用价值。

（2）劳动力的实际使用价值只有在它消费之后才能从一个人手中转到另一个人手中，才能从卖者手中转到买者手中。在实际的劳动过程之前，劳动力只是作为一种能力而存在，作为劳动的可能性而出卖。只有当它让渡给购买者之后，在进行具体的、现实的劳动过程时，这种能力才真正地表现出来。在这里，使用价值在形式上的让渡同它的实际转让是分开进行的。

拓展阅读

坚守在航天领域的数控“巾帼英雄”

苗俭是上海市 2012 年技能大师工作室中唯一的一位女性。作为铣工和加工中心操作工双工种高级技师，经苗俭亲手生产制造出的运载火箭、战术武器和载人飞船等关键零部件达上千件。苗俭在航天世界中不断超越自我，成为航天领域里一道亮丽的风景线。

忙农耕，劳动教育促成长

2020 年 4 月，春风化雨，万物复苏，正逢春耕生产的关键时期，某高校的新疆籍学生除了在家上网课学习，还主动帮助父母搞春耕生产、抢抓农时，栽苗、培土……新疆喀什地区已春风回暖，秧苗茁壮成长。由于农耕都是使用薄膜覆盖的方法，种子在土里被薄膜覆盖，需要人工在薄膜上挖个洞，苗才能向阳而生。

梦桃精神穿越时空

岁月峥嵘，总有一种精神熠熠生辉；时光荏苒，总有一种信念生生不息。党的好女儿赵梦桃离开我们已经许多年了，咸阳纺织业也经历了翻天覆地的变化，而“高标准、严要求、行动快、工作实、抢困难、送方便”的梦桃精神却激励着无数一线工作者砥砺前行。在喧嚣嘈杂的织机轰鸣声中，在无穷无尽的纱海布浪里，吴桂贤、王西京、翟福兰、王广玲、张亚莉、韩玉梅、刘育玲、徐保凤、周惠芝、刘小萍、王晓荣、何菲，一代代梦桃传人始终把提高产品质量和挖掘生产潜力作为奋斗的方向，做表率、当先锋，带领小组成员一棒接着一棒跑，用热血和汗水谱写了感天动地的奋斗者之歌。

第二节　劳动教育的意义

一、坚持和发展马克思主义唯物史观的客观需要

强调劳动价值和劳动教育，是马克思主义一以贯之的基本观点，是马克思主义唯物史观的核心内容和本质规定。

恩格斯曾经指出："其实劳动和自然界一起才是一切财富的源泉，自然界为劳动提供材料，劳动把材料变为财富。但是劳动还远不止如此。它是整个人类生活的第一个基本条件，而且达到这样的程度，以致我们在某种意义上不得不说：劳动创造了人本身。"

马克思主义劳动观反复强调，劳动创造世界、劳动创造历史、劳动创造了人本身，劳动是人类的本质特征和存在方式，是实现人的全面发展的重要途径，教育与生产劳动相结合是社会主义教育的根本原则。

马克思曾经指出："生产劳动同智育和体育相结合，它不仅是提高社会生产的一种方法，而且是造就全面发展的人的唯一方法。"列宁也曾指出："没有年轻一代的教育和生产劳动的结合，未来社会的理想是不能想象的：无论是脱离生产劳动的教学和教育，或是没有同时进行教学和教育的生产劳动，都不能达到现代技术水平和科学知识现状所要求的高度。"

苏霍姆林斯基坚持认为，离开了劳动就没有真正的教育，"教育的任务就是让劳动渗入我们所教育的人的精神生活中去，渗入集体生活中去，使得对劳动的热爱在少年早期和青年早期就成为他的重要兴趣之一"，"如果学生只知享用由社会创造并提供给学校的那些物质和精神财富，就不可能产生真正的教育"。

中国在社会主义革命、建设和改革开放的历史进程中，正是在中国共产党领导下，依靠广大人民群众的辛勤劳动，才使久经磨难的中华民族"站起来"，让底子薄、人口多的中国人民"富起来"。

高校加强劳动教育，是新时代中国特色社会主义的要求，是在新时代的历史背景下，旗帜鲜明地坚持和发展马克思主义，坚持和发展中国特色社会主义。

二、构建全面培养教育体系的必然要求

我国高校肩负着培养社会主义事业建设者和接班人的重大任务，肩负着"为人民服务、为中国共产党治国理政服务、为巩固和发展中国特色社会主义制度服务、为改革开放和社会主义现代化建设服务"的神圣使命，其培养的人才就应该有正确的世界观、人生观、价值观，以及正确的事业观、审美观和劳动观等。新时代加强劳动教育，是构建德智体美劳全面培养的教育体系、形成更高水平的人才培养体系的必然要求。

劳动教育是构建全面教育体系不可或缺的一环，劳动可以树德、增智、强体、育美。德智体美劳既有密切联系又有各自不同的功能，就劳动教育与其他教育的联系而言，劳动精神

的培育是高校德育的重要内容，劳动科学和技能的教育是高校智育的重要内容，劳动能力的锻炼是高校体育的重要内容，劳动者对美的追求和创造是高校美育的重要内容。但五者并不能彼此替代，因为德育侧重于解决教育对象的世界观、人生观问题，体现“善”的要求；智育侧重开发智能，体现“真”的要求；体育促进身体发育和功能发展，体现“健”的要求；美育陶冶情操，塑造心灵，体现“美”的要求；而劳动教育侧重培养劳动观念，培育劳动技能，体现“实”的要求。

加强劳动教育，倡扬劳动最光荣、劳动最崇高、劳动最伟大、劳动最美丽的价值观念，必将切实加强大学生理想信念教育，使其崇尚劳动价值、追求劳动创造、尊重劳动主体，以辛勤劳动为荣、以好逸恶劳为耻，不断成长为有理想信念、有过硬本领、有责任担当的建设者和接班人，进一步营造劳动光荣的社会风尚和精益求精的敬业风气。

将劳动教育与德智体美育并列，既是对劳动教育本身的有效加强，也是对德智体美育的有力支撑。同时，德智体美劳既有密切联系又有各自不同的功能，劳动教育应该独立为完善人才培养目标、支持德智体美育的重要平台，高校劳动教育是高等教育人才培养体系的一部分。可以说，高校加强劳动教育，是中国特色高等教育的显著特点，是扎根中国大地办大学的本质要求。

三、建设高素质劳动者大军的重要举措

建成富强民主文明和谐美丽的社会主义现代化强国，在根本上要靠劳动，要靠劳动者的辛勤劳动、诚实劳动和创造性劳动。

在我国转变经济增长方式，实现《中国制造 2025》目标，做强实体经济，建设知识型、技能型、创新型劳动者大军的今天，高度重视劳动教育，是富国强民的大事，具有更加迫切的现实意义和历史意义。改革开放四十多年来，我国经济社会发展取得了巨大成就，这种成就是改革红利、自然资源红利、人口红利、国际贸易投资环境红利等综合贡献的结果。当前，我国同时面临“人口红利”逐渐消失、资源和环境约束不断强化、投资和出口增速放缓、传统的发展动力不断减弱等发展瓶颈。转变发展方式、优化经济结构、转换增长动力，是突破瓶颈、跨越“中等收入陷阱”的唯一出路，必须拥有一支爱劳动、能劳动、会劳动的劳动者大军。新时代加强劳动教育，有利于培育一支高素质的产业工人队伍和大量的“能工巧匠”“大国工匠”，为“中国速度”向“中国质量”转变、制造大国向制造强国转变、“中国制造”向“中国创造”转变提供人力支撑、智力支撑和创新支撑。

高校加强劳动教育，既能引导新时代大学生努力学习科学文化知识、练就过硬本领，又能教育大学生坚定理想信念、锤炼高尚品格、培育劳动情怀，自觉把人生理想、家庭幸福融入国家富强、民族复兴的伟业之中，建构个人与集体、个人梦与中国梦、小家与国家民族融合统一的发展共同体和命运共同体，最终推动广大青年学生在接力奋斗中实现伟大复兴中国梦。

改革开放以来，我国高等教育坚持社会主义办学方向，持续推进教育改革，全面实施素质教育工程，一定程度上增强了大学生服务国家、服务人民的社会责任感，勇于探索的创新创造精神和善于发现问题解决问题的实践能力。但现实生活中也存在劳动教育被虚化、弱化、软化、边缘化的现象。一个时期以来，由于受我国传统文化观念中“劳心者治人，劳力者治于人”“万般皆下品，唯有读书高”等观念的影响，投机主义、享乐主义、拜金主义等思潮的冲击，以及一些学生长期处于“饭来张口、衣来伸手”的成长环境，大学生中不珍惜劳动成果、不想劳动、不会劳动的现象普遍存在。有的大学生崇尚享乐安逸、渴望一夜暴富、一夜成名，有的以自我为中心、不善协作，有的劳动观念淡漠、劳动能力欠缺、动手能力不足，有的消费超前、大手大脚、攀比享乐，有的逃课睡觉、应付功课、抄袭作弊，有的吃不起苦、受不起累，不知创业艰难、缺乏创业能力，有的就业后追求不切实际的薪酬待遇，随意毁约、频繁跳槽，有的形成了脑力劳动、体力劳动和生产劳动完全不相干，甚至鄙视后者的潜意识。

在一项对内蒙古财经大学 400 名本科学生的调查中发现，大部分学生能正确认识劳动，热爱劳动，具有正确的劳动态度和劳动价值观。但是学生参与实践劳动的积极性不高，当个人愿望未能满足或遇到挫折、失败时，他们容易产生消极、否定情绪，做出抱怨、退缩、放弃等不良行为。为解决上述问题，我们应加强对大学生的劳动教育。

高校加强劳动教育，有利于大学生在课堂教学、自身学习、实验实践等教育环节中付出大量劳动，提高教育教学质量，使自己成长为优秀人才；有利于大学生在体味艰辛、挥洒汗水中塑造坚强的心理素质，在艰苦奋斗、顽强拼搏中磨炼自己的意志，由衷热爱体力劳动、尊重体力劳动者，从而获得受益终身的宝贵精神财富；有利于大学生形成积极向上的就业创业观，在国家社会需要与个人价值实现、专业学习与岗位匹配等方面找到平衡，形成自主多元的积极就业观，提升创业创新意识和能力；有利于大学生不断强化新时代的劳动责任感、使命感和荣誉感，培养和造就辛勤劳动、诚实劳动、创造性劳动的品格，激发其主动融合日常工作与理想事业，敢于担当、勇于创新、不懈奋斗、乐于奉献，收获劳动带来的尊严感、崇高感和幸福感。

四、新时代应加强大学生的思想政治教育

劳动教育有利于强化思想政治教育的实践性。劳动教育既是立德树人的基本要求，也是在个人成长成才中服务国家经济社会发展的价值引领。对于大学生而言，坚持在课堂教学、实验实践、自我学习等教育环节上付出辛勤劳动，有利于其树立正确的劳动价值观；在体味艰辛和挥洒汗水中磨炼自己，有利于其历练艰苦奋斗、顽强拼搏的意志；在劳动实践和刻苦学习中塑造自己，有利于其养成认真敬业、自信自律的心理素质。

劳动教育有利于提升思想政治教育的针对性。从实际情况来看，一些大学生从幼儿园一路读到大学，长期脱离劳动实践，对劳动教育重视不够。这就导致一些大学生对生活的认识和理解比较片面，心理素质差，不善于集体协作，单纯从“个体本位”思想的角度要求社会来满足个人需要，而从未想过自己对社会应尽的义务。对于这些问题，加强劳动教育，有利

于培养大学生的劳动态度、劳动习惯、劳动技能和劳动品德，使其树立正确的人生观、价值观、世界观，从而为将来走向工作岗位奠定坚实的基础。

劳动教育有利于拓宽思想政治教育的路径。实践出真知，高等教育不仅是黑板上的教育，而且是实践、创新、社会责任感的教育。劳动教育是联系知识与实际的纽带。单纯灌输式的专业课理论学习，容易使学生纸上谈兵，很难将知识熟练运用到实际工作中。大学生既需要在校园里勤奋学习专业知识、提升综合素质、练就过硬本领，更需要在社会实践这所大学校里感知中国大地、体察国情民情，让大学生在亲自动手、解决实际问题的过程中领悟专业知识、培育劳动情怀。

通过劳动教育和劳动实践，在手和脑的协调配合下，身和心对专业有了更深的体验领悟，才能在具体情境中创造性地分析问题、解决问题。劳动教育不仅有利于培养创新意识、创新精神和创新能力，而且能够在实践的过程中提高大学生个体的知识水平和能力素养。

劳动教育有利于增强思想政治教育的吸引力。劳动教育更容易落实“以理服人，以情感人，以行带人”的育人思路。“以理服人”，就是教师“晓之以理”，言传身教，做传道“经师”，用讲道理和摆事实的方法向学生进行劳动价值观的传递，解决受教育者的思想认识问题。“以情感人”，就是对学生“动之以情”，教育引导大学生培育劳动情怀，在勤工助学、校园绿化、图书管理，以及助教、助管、助研岗位设置上给予大学生勤工俭学的机会，让学生不仅能够养成良好的劳动习惯，而且能够实现劳有所得。“以行带人”，就是“导之以行”，是通过大学校园里艰苦奋斗的励志传奇、向上向善的动人故事、刻苦努力的勤奋模范等大学生身边的榜样进行价值引领；通过“大国工匠进校园”等活动，在高校中弘扬劳模精神、劳动精神、工匠精神，传播社会大力宣传的劳动模范和大国工匠故事，让大学生能够近距离感受榜样力量，聆听模范故事，探讨工匠情怀，弘扬工匠精神，使广大学生可知、易感、能学，从而引导青年大学生崇敬劳模、学习劳模，崇尚劳动、热爱劳动，让劳模精神成为青年大学生成长成才的精神动力。

第三节　劳动教育的目标

中共中央、国务院发布的《关于全面加强新时代大中小学劳动教育的意见》（2020 年 3 月）（以下简称《意见》）强调：“劳动教育是中国特色社会主义教育制度的重要内容，直接决定社会主义建设者和接班人的劳动精神面貌、劳动价值取向和劳动技能水平。”

一、劳动教育的总体目标

劳动教育的总体目标，是使学生能够理解和形成马克思主义劳动观，牢固树立劳动最光荣、劳动最崇高、劳动最伟大、劳动最美丽的观念；体会劳动创造美好生活，体会劳动不分贵贱，热爱劳动，尊重普通劳动者，培养勤俭、奋斗、创新、奉献的劳动精神；具备满足生存发展需要的基本劳动能力，形成良好劳动习惯。实施劳动教育重点是在系统的文化知识学习之外，有目的、有计划地组织学生参加日常生活劳动、生产劳动和服务性劳动，让学生动手实践、出力流汗，接受锻炼、磨炼意志，培养学生正确的劳动价值观和良好的劳动品质。

二、大学生劳动教育的目标

我国现代职业教育的先驱黄炎培先生在我国现代职业教育诞生之际，就提出了具有中国特色的“做学合一、手脑并用”教学原则，而这一教学原则必须在具有专业特点的职业劳动中实现。中共中央、国务院关于劳动教育的《意见》专门强调了“职业院校以实习实训课为主要载体开展劳动教育”。

本课程以高职及本、专科大学生为教育对象，以普及劳动科学理论、基本知识作为教育的主要内容，以讲清劳动道理为教育的着力点，旨在通过劳动教育弘扬劳动精神，促使学生形成良好的劳动习惯和积极的劳动态度，树立高职学生正确的劳动观和价值观，切实体会到“生活靠劳动创造，人生也靠劳动创造”的道理，培养他们的社会责任感，成为德智体美劳全面发展的社会主义事业建设者和接班人。

大学生即将完成社会角色转换，由“学校人”转换为“职业人”。“学校人”通过学习获取今后在社会中生存、发展的能力，而“职业人”通过自己的职业劳动，为他人服务，为社会做贡献，并以此谋生。大学生在校期间，要完成四类转变，即成长导向向责任导向转变、个人导向向团队导向转变、思维导向向行为导向转变、智力导向向品德导向转变。因而，在校学生必须在告别学校生活以前，形成正确的劳动观念，培养正确的劳动精神，具备必要的劳动能力，养成良好的劳动习惯。

劳动实践活动

义务支教　传递爱心

一、活动目的

把在校大学生成才报国的理想同国家经济社会发展的实际需要结合起来，让大学生在服务农村劳动实践中认识国情，了解社会，增长才干，增进与人民群众之间的感情。在开展爱心支教、素质拓展等活动的同时，针对当地村民的具体情况开展一系列关于新农村建设的爱心知识宣传活动，增强队员们的团队凝聚力，磨炼意志，增长才干。

二、活动主题

知识下乡，义务支教，帮扶留守儿童；共同劳动，传递爱心，共创和谐新农村。

三、活动时间

××××年××月××日至××月××日

四、活动地点

××小学

五、活动优势

村干部、校长、老师、村民的大力支持和期待。

六、活动亮点

1. 把知识带给身处贫困中的村民。

2. 通过这次活动，让学生和村民认识学习知识的意义，鼓励村民提高自身价值。

3. 本活动除了课堂教学，还会组织支教老师走访当地村民家庭，带给他们外面包括经济、文化、政治方面的信息，加深他们对外面世界的了解。

4. 组织支教大学生参与劳动生产活动，感悟生活。

七、活动准备

1. 实地考察，深入了解该村实际情况。

2. 做好在该村的暑期支教工作，与当地村民建立联系。

3. 解决当地的食宿等生活问题。

4. 队员合理分工，对各种素材进行收集和准备。

八、活动流程

1. 爱心支教——讲台献真情

活动概况：教授本村小学学生新学期的课内知识。

2. 综合培训——知识新接触

活动概况：以新的知识视角对同学进行多方面培训。

（1）英语课：英语口语培训，通过绕口令、英语游戏等，教会学生一些日常用语和惯用语，组织学生观看简单的英语动画短剧，教唱脍炙人口的英文儿童歌曲。根据实际情况，组织学生排练英文短剧。

（2）奥数培训班：从基础到奥数，巩固数学基础，提高数学思维能力。

（3）运动课：趣味体育运动，在学校开展拔河、接力赛等形式的趣味运动。

（4）小作家辅导班：进行小学生阅读、写作等方面的培训。

（5）挑战主持人：小主持人培训，开展朗诵、演讲技能训练。

（6）歌舞文艺班：组织小学生合唱团、舞蹈队。

（7）绘画班：进行小学生绘画方面的技能培训。

3. 文艺表演——全校大联欢

活动概况：以文艺晚会形式向师生展示此次支教实践活动的成果。通过舞蹈、歌曲独唱、诗歌朗诵、武术表演、服装展示、英语短剧、书法表演、乐器演奏等形式组织文艺汇演，在汇报实践成果的同时，为同学们提供一个展示自我的平台，繁荣该村文化建设。

4. 实践总结

活动概况：记录实践过程，留下成长点滴，更好地认识支教活动的意义，激发学生对农村建设的热情以及奉献农村的爱心。

九、活动要求

1. 保证参与社会实践的学生的人身安全，采取切实措施，确保万无一失。
2. 突出重点，引导青年学生在实践中树立吃苦耐劳，务实奉献的精神。
3. 每天总结社会实践进展情况，活动结束后，要及时写出活动总结。
4. 鼓励队员发挥所长，主动创造条件，利用各种机会进行形式多样的社会实践活动。

十、有关制度

（一）例会制度

1. 全队每天晚上 9 点准时召开例会；
2. 例会由队长召集，主要交流当天工作情况和感受，总结得失，布置下一阶段任务；
3. 队员不得无故缺席例会，有事须向队长请假。

（二）作息制度

1. 早上 6 点半起床。
2. 晚上 7 点～8 点半，队员相互交流、排练文娱节目；9 点召开例会；例会以后要求完成日记，11 点前熄灯就寝。

（三）队员守则

1. 队员须认真遵守实践队制定的有关制度和活动要求，要服从队长的领导。
2. 队员要自尊、自信、自强、自爱，无论在何时何地都要注意维护良好的形象。
3. 队员在实践过程中要不怕苦，不怕累，积极进取，脚踏实地。
4. 队员之间要团结友爱，互帮互助，体现当代大学生团结协作的精神。
5. 队员要有高度的安全防卫意识和纪律意识，要严格遵守作息制度。

思考与讨论

1. 什么是劳动？
2. 大学生有必要参加劳动锻炼吗？
3. 平时你会主动帮助父母做家务吗？
4. 如果学校组织学生参加农业劳动，你觉得有必要吗？
5. 对于劳动教育，你希望了解哪些方面的知识？
6. 参加劳动教育对大学生有哪些帮助？

第二章

马克思主义劳动观

马克思主义劳动观的形成并不是一蹴而就的，而是随着时代变迁得以完善与发展的。了解马克思主义劳动观的基础与核心，有利于全面把握劳动的丰富内涵和本质，以及它在人类社会发展中举足轻重的地位和作用。

第一节　马克思主义劳动观的内涵

在马克思主义经典著作中，关于劳动的论述很多。从某种程度上讲，马克思主义的整个思想体系是围绕着劳动问题展开的，《1844 年经济学哲学手稿》提出了“异化劳动”，《德意志意识形态》提出了“物质生产劳动”，《资本论》和很多手稿则是围绕“雇佣劳动”“剩余劳动”“自主劳动”等问题展开论述的。

一、劳动与人类历史

马克思在《1844 年经济学哲学手稿》中指出：“正是在改造对象世界中，人才真正地证明自己是类存在物。这种生产是人的能动的类生活。通过这种生产，自然界才表现为他的作品和他的现实。因此，劳动的对象是人的类生活的对象化：人不仅像在意识中那样在精神上使自己净化，而且能动地、现实地使自己净化，从而在他所创造的世界中直观自身。”正是劳动，彻底将人与猿区别开来。

恩格斯在《劳动在从猿到人转变过程中的作用》中指出，“其实劳动和自然界一起才是一切财富的源泉，自然界为劳动提供材料，劳动把材料变为财富。但是劳动还远不止如此。它是整个人类生活的第一个基本条件，而且达到这样的程度，以致我们在某种意义上不得不说：劳动创造了人本身”。

因此，劳动是人类赖以生存、发展的决定力量。在劳动的直接推动下，人类经历了从早期猿人到晚期智人的发展过程。劳动促使人类的脑量不断增大、优化，使人类体态特征越来越区别于猿而近似于现代人，而且使劳动工具日益改进和多样化，人类智力得到进化，物质生活逐渐丰富起来。

二、劳动与社会发展

马克思在《德意志意识形态》一书中指出：“我们首先应当确定一切人类生存的第一个前提，也就是一切历史的第一个前提，这个前提是：人们为了能够‘创造历史’，必须能够生活。但是为了生活，首先就需要吃喝住穿以及其他一些东西。因此第一个历史活动就是生产满足这些需要的资料，即生产物质生活本身，而且，这是人们从几千年前直到今天单是为了维持生活就必须时时刻刻从事的历史活动，是一切历史的基本条件。

在马克思看来，劳动是“一切历史的基本条件”，有了人类的劳动，有了满足人类生存必需的前提，才产生了生活和历史。马克思从唯物主义立场出发，充分肯定了劳动对于整个人类和人类历史的重要意义。他进一步强调这一简单事实：“任何一个民族，如果停止劳动，不用说一年，就是几个星期，也要灭亡，这是每一个小孩都知道的。”

三、劳动与人的发展

无论是自然界、人类社会还是人的思维都在不断地运动、变化和发展；发展的实质是事物的前进和上升；人类社会的发展是前进性与曲折性的统一。实践是指人能动地改造客观世界的物质活动，是人所特有的对象性活动。人的实践活动具有自主性，人通过实践不但能够认识客观规律，而且能够利用客观规律，使客观规律为人所用。同时，实践还具有创造性，它创造出按照自然规律本身无法产生或产生的概率几乎等于零的事物。实践的自主性和创造性一起，共同体现了人的主体性特征。

马克思以异化劳动理论为基础，尖锐批判了资本主义社会的异化扭曲人的本质。在私有制条件下，本应是“自由自觉的活动”的生产劳动却变成了异化劳动，劳动本身成为劳动者的一种异己的力量。从本质上看，劳动异化折射出的恰恰是因私有制而导致的无产阶级和资产阶级的对立。

在马克思看来，在未来的共产主义社会里旧式的社会异化劳动分工将被消灭，人的本质将被重新还给人，从而实现人的自由全面发展。正是在以上论述的基础上，马克思深刻指出，生产劳动同智育和体育相结合，它不仅是提高社会生产的一种方法，而且是造就全面发展的人的唯一方法。

拓展阅读

雪线邮路是我一生的路

我是甘孜县邮政分公司长途邮车驾驶员、驾押组组长其美多吉。

1963 年，我出生在德格县龚垭乡，家里有 8 姊妹，我是老大，那时家里十分贫困，初中没读完，我就回家干农活了。

小时候，我们那儿很少见到汽车，路过的主要是绿色的军车和邮车，每次我都会追着它跑。18 岁那年，我买了一本介绍汽车修理的书，慢慢琢磨着学会了修车和开车，在家乡还小有名气。

1989 年 10 月，德格县邮电局有了第一辆邮车，公开招聘驾驶员。我会开车，还会修车，被选中成了全县第一个邮车驾驶员，感觉特别光荣。

10 年后，单位把我调到甘孜，跑甘孜到德格的邮路，这是我们甘孜海拔最高、路况最差的邮路。这条路，大半年都被冰雪覆盖。冬天，最低气温零下 40 多摄氏度，路上的积雪有半米多深，车子一旦陷进雪里很难出来，积雪被碾压后，马上结成冰，就算挂了防滑链，车辆滑下悬崖，车毁人亡的事故也时有发生。夏天，也会经常遇到塌方和泥石流。山上的碎石路，很容易爆胎，换轮胎特别费劲，近百公斤的轮胎，换下来要一两个小时。每次轮胎换好，人已经累瘫了，嘴里一股血腥味。

…………

在邮路上，孤独是最难受的，有时可能半天遇不到一个人、一辆车，特别是临近春节，几乎看不到车，我就更加想家，想家的时候，我就唱歌，唱着唱着我就唱不下去了……别人在家跟父母、子女团圆，只有我们开着邮车，离家越来越远。30 年来，只在家里吃过 5 次团圆饭，我觉得自己不是一个称职的丈夫和父亲。但我知道，乡亲们渴望从我们送去的报纸上了解党和国家的政策，盼望亲人寄来的信件和包裹。乡亲们都说，每当看到邮车，就知道党和国家时时刻刻关心着这里。所以，再苦再难，我们的邮车都必须得走。

“别人有困难，我们一定要帮，不能把邮路的优良传统丢了。”这是一代代邮运人传下来的一句话，我从未忘记。

1999 年的冬天，我看到一辆大货车停在雀儿山的路边，我赶紧下车询问。司机拉着我的手说：“我们是去拉萨的，车子坏了，困在这儿已经两天了，求你帮帮我们。”过去，西藏地区交通很落后，货车载人是常见的事，那辆车上有 30 多个人，有老人、妇女和小孩，他们非常焦急。我一边安慰他们，一边赶紧帮他们修车。经过反复尝试，终于找到了问题，修好了车子，他们都非常高兴，围着我，用最朴实的民族方式为我祈福。

2010 年 6 月的一天，快到雀儿山垭口，我看到一个骑行的驴友，躺在路边的石头上。我马上下车查看，那个小伙子说他只是感冒，休息一会儿就好了。可在海拔 5000 多米的高原上，感冒是最要命的，我看他脸色不对，坚持把他扶到邮车上。刚上车，他就昏迷了，我赶紧开车下山，把他送到医院。医生说，如果不是及时下山，命可能就丢了。

过去，在邮路上意外和危险经常会发生。2012 年 9 月的一天，我开着邮车返回甘孜。晚上 9 点多，路边冲出一帮歹徒，拿着砍刀、铁棒、电警棍，把邮车团团围住，我冲到邮车前，还没反应过来，他们就一阵乱打乱砍，我昏了过去。

后来才知道，我被砍了 17 刀，左脚骨折，肋骨断了 4 根，胳膊和手背上的筋也被砍断，头上还被打了个大窟窿。现在，除了脸上和身上的伤疤外，我还有一块头骨是用钛合金做的，天气一凉，就像一块冰盖在头上，晚上睡觉，必须戴着棉帽，不然就疼得受不了。

我经历了大大小小6次手术，医生说，我能保住命，已经是个奇迹了。出院后，我的左手和胳膊一直动不了，就连藏袍的腰带都系不了。作为一个藏族男人，连自己的腰带都系不了，还有什么尊严。那一刻，我流泪了。

很多人觉得，我就算活下来，也是个废人，可我不想变成废人。我四处求医，就在快要绝望的时候，在成都遇到了一位老中医，他告诉我，我左手和胳膊上的肌腱严重粘连，必须先把粘连的肌腱拉开，但是这种破坏性治疗会特别痛。我说："只要能再开邮车，什么痛我都不怕。"

老中医让我抓住门框，身体使劲往下坠，每次要一两个小时。我痛得浑身是汗，死去活来。就这样，硬是把已经粘连的肌腱，活生生地拉开了。治疗两个多月后，我的手和胳膊，居然真的可以抬起来了。

受伤期间，最担心我的，是我的妻子泽仁曲西。她一直为我担惊受怕，我觉得我最亏欠的就是她。

…………

身体基本恢复后，每天看着来来回回的邮车和同事们忙忙碌碌的身影，我实在坐不住了，整天想重返邮路。领导跟我说，我的主要任务就是把身体养好。但我想，是组织的关心和同事的帮助给了我第二次生命，人要凭良心做事，我必须回报。直到第6次提出申请后，我才重新开上了邮车，带着一颗感恩的心，回到雪线邮路。

2017年9月26日，雀儿山隧道开通了。我开着邮车，作为社会车辆代表第一个通过，以前过雀儿山需要两个多小时，现在只要12分钟就过去了！这条"人间天路"让我感叹，我们的祖国太伟大了！

30年来，我从邮车和邮件上，看到了改革开放带来的巨大变化。我的邮车从最开始的4吨，换到5吨，再到8吨，到今天的12吨；邮车上装的是孩子们的教材和录取通知书、报刊和机要文件，还有堆积如山的电商包裹，我知道这些都是乡亲们的期盼和民族地区发展的希望，是伟大中国梦实实在在的成果。

2016年5月和2017年4月，我两次到首都北京，代表康定至德格邮路车队领取奖牌，受到交通运输部、国家邮政局、中国邮政集团公司领导亲切接见。那是在大山里开车的我，做梦都没想到的。回来后，我就递交了入党申请书，现在，我已经是一名共产党员了。今年，我被中央宣传部授予"时代楷模"称号，并在人民大会堂作报告，我感到无比光荣。

我知道，我所取得的这些荣誉，不仅仅属于我和我们车队，也属于坚守在雪线邮路上一代又一代的邮政人和交通人，属于广大西藏地区的各族同胞。

如今，我的小儿子扎西泽翁，也成了一名邮运人。最小的徒弟洛绒牛拥，也可以单独开车上路了。

跑了30年的邮路是寂寞和艰辛的，但这是我的选择，我从来没有后悔过。

雪线邮路是我一生的路！

第二节　马克思主义劳动观的基础与核心

马克思主义劳动价值理论是辩证唯物主义、历史唯物主义关于价值及其意识的本质、规律的学说，是马克思主义哲学基础理论的重要组成部分，与辩证唯物论、唯物辩证论、马克思主义认识论等相并列。

一、马克思主义劳动观的基础

马克思主义劳动价值理论以各门特殊的具体的人文学科中共同性的，即一般的价值问题为对象，从世界观和方法论的高度加以研究。它是马克思主义价值学最一般的基础部分。马克思的劳动价值论是马克思主义劳动观形成的成熟阶段。它是在吸收、丰富和发展了前人的成熟劳动理论基础上形成的。马克思的劳动价值论从资本主义现实出发，揭示了资本主义社会产生、发展和最终灭亡的一般规律。

（一）马克思主义劳动价值理论的产生

马克思和恩格斯的早期著作中就表现了对价值问题，特别是对人的价值问题的极大关注。马克思的博士论文《德谟克利特和伊壁鸠鲁自然哲学的差别》（1841）中，曾就人的自由与必然和反对神本主义价值观念等问题做过探讨。他在 1843—1844 年所写的《〈黑格尔法哲学批判〉导言》和《经济学－哲学手稿》中，一方面通过对旧社会进行深刻的揭露和批判，形成和表达了全新的共产主义社会理想和价值观念的核心内容；另一方面冷静地考察了价值和人的价值问题的一些深层理论基础。他肯定了“人的根本就是人本身”，揭示了人类劳动中两个尺度的意义和“人也按照美的规律建造”“人在他所创造的世界中直观自身”等本质特征，从而在实际上把价值确认为人的本质力量对象化的显现。恩格斯 1845 年所写的《英国工人阶级状况》一书，则以大量的现实材料和深入的分析，揭露和控诉了资本主义的罪恶，论证了共产主义价值观念的社会基础。

马克思和恩格斯在 1845—1846 年所做的清算费尔巴哈哲学的工作，标志着马克思主义的成熟。《关于费尔巴哈的提纲》和《德意志意识形态》等文所阐述的新唯物主义世界观和方法论，要求从实践即人的主体性活动方面理解现实世界。这一根本思想，为把价值科学地理解为人的实践活动中的内在因素和目的性内容，提供了最重要的基础。同时，他们还提出要充分地理解“批判的、革命的实践的意义”和改造现实世界使之革命化的方向，并就人的社会存在和社会意识，人的需要、利益、人的活动的历史方式及其条件等，做了丰富的具体考察，阐明了关于历史价值的基本观点。这些研究形成了以历史观为基础的共产主义价值观念，在马克思和恩格斯合作的另一部代表性著作《共产党宣言》（1848）中得到了完整的表述。共产主义价值观念的形成是科学社会主义学说成熟的显著标志。

马克思主义劳动价值理论不仅产生于马克思恩格斯在哲学上的变革和对现实社会的政治

批判，而且同马克思主义的政治经济学有密切的联系。在《资本论》《政治经济学批判》手稿和其他经济学著作中，马克思对各种不同意义的价值概念进行全面的考察和把握。他首先严格区分物品的使用价值和商品价值、交换价值，立足于对交换价值及其内在尺度的考察，提示了商品生产的秘密，从而在劳动价值论的基础上创立了剩余价值学说。在这个过程中，马克思面对利用混淆商品价值与使用价值来否定他的政治经济学理论的庸俗经济学观点，进行了坚决的、毫不妥协的斗争。他反复强调一般意义上的价值和使用价值同政治经济学意义上的价值“毫无共同之处”，甚至指出，“作为使用价值的使用价值，不属于政治经济学的研究范围”。同时，马克思并未因此将它们的差别绝对化，并未否认在一般科学的范围内研究使用价值的意义。

马克思对一般“价值”概念的词源和含义做了充分的考察和肯定，并且在他的经济学论述中，从两个方面表述了自己的价值观。一方面，他把交换价值归根到底理解为实现产品使用价值的社会历史形式。人们为了获得或让渡产品的使用价值，必须进行社会交换；交换的尺度并非由使用价值决定，而是由生产该产品的社会劳动所决定。这样，政治经济学中的交换价值和价值，作为社会关系的一种历史性的内容和尺度，它们本身就具有哲学意义上的一种特殊价值，即保证产品的使用价值得以实现。使用价值在哲学的价值概念和政治经济学的价值概念之间，表现出某种一般和个别的相互联系，不是彼此完全排斥的。另一方面，马克思也通过对经济利益、经济价值的具体分析，在广泛的意义上考察了人类社会生活中的价值现象和价值关系。他对资本主义经济实质的批判和共产主义历史必然性的经济学论证，以及对生活与消费、分配与交换、需求与供给、费用与成本；乃至经济与道德、经济与艺术、经济与政治等关系的论述，事实上构成了马克思主义劳动价值理论和价值学的丰富内容。

（二）马克思主义劳动价值理论的发展与中国化

马克思主义劳动价值理论在其发展中越来越广泛地体现在马克思主义理论的各个方面。恩格斯在他以后的著作中，曾就科学的价值、道德、艺术、宗教、政治、军事、国家与法、自由与必然等问题进行了大量考察和论述，同时批判了唯心主义和形而上学价值观的各种错误表现。

列宁和毛泽东一生的工作都在致力于实现马克思所建立的共产主义价值观念，他们也发表了许多重要的价值论见解。例如，列宁曾指出评价与决定论的一致性，真理与“对人类有用”的相互一致性。他还明确地提出了实践事物的价值，即“事物同人所需要它的那一点的联系”的“实际确定者”，必须把实践“包括到事物的完满‘定义’中去”这一极其重要的原则性结论。毛泽东则始终一贯、十分明确地坚持了人民主体论的共产主义价值观念，并得出了“真理与人民的利益一致”“从实际出发与向人民负责的一致性”这样的真理与价值辩证统一的结论。

马克思主义劳动价值理论在理论上获得相对独立的形式，并被确认为马克思主义哲学中的一个基本组成部分，是在最近二三十年中开始实现的。它同对马克思主义哲学全面深入的理解和阐述的进程有关。由于受到种种社会原因和思想原因的影响，价值论问题曾不被看作马克思主义哲学中所包含的问题。随着对马克思主义思想和实践探讨的全面和深入，同时也由于当代世界理论和实践中价值问题的日益突出，苏联、东欧、日本、西欧和中国等国的马克思主义者，自 20 世纪 60 年代以来日益重视并继续深入开展这方面的研究工作。

二、马克思主义劳动观的核心

马克思主义劳动观的核心是异化劳动理论。异化劳动理论是马克思吸收前人异化理论，结合实践经验，对资本主义异化劳动进行全面剖析所创造出的新理论。

（一）异化劳动理论的概念

异化劳动理论可以看成马克思异化劳动理论的集中阐述，对理解个人与社会的关系具有不可或缺的作用。异化劳动理论是马克思在《1844 年经济学哲学手稿》中首次提出的概念，又称劳动异化，它是马克思用来表述资本主义雇佣劳动的重要概念。异化本来含义是指人（主体）的创造物同创造者相脱离，不仅摆脱了人的控制，而且反过来变成奴役和支配人的、与人对立的异己力量。马克思认为，在资本主义社会中，工人创造了财富，而财富却为资本家所占有并使工人受其支配，因此，这种财富及财富的占有、工人的劳动本身皆异化为统治工人的、与工人敌对的、异己的力量，这就是劳动异化。

（二）异化劳动的具体表现

马克思用异化劳动来概括私有制条件下劳动者同他的劳动产品及劳动本身的关系。他认为，劳动（自由自觉的活动）是人的类本质，但在私有制条件下却发生了异化。其具体表现如下。

① 劳动者同自己的劳动产品相异化。

② 劳动者同自己的劳动活动相异化。

③ 人同自己的类本质相异化，即人同自由自觉的活动及其创造的对象世界相异化。

④ 人同人相异化。因为当人同自己的劳动产品、自己的劳动活动以及自己的类本质相对立的时候，也必然同他人相对立。

马克思借助异化劳动概念，初步探讨了人类历史发展的客观规律，揭示私有财产的本质和起源，并通过异化劳动的扬弃来说明共产主义的历史必然性，在马克思主义形成史上曾起过重要作用。在马克思成熟时期的著作中，虽然还曾讲到异化劳动，但已不再作为说明历史的理论和方法，只是作为描写资本主义社会中雇佣劳动和资本对抗关系的概念。

（三）异化劳动理论的产生与发展

马克思异化劳动理论的形成有一个发展过程。在其 1842—1843 年所写的《论犹太人问题》《黑格尔法哲学批判》等著作中，马克思尚停留在研究精神生活和政治生活中异化问题的阶段。在《1844 年经济学哲学手稿》中，马克思明确提出了异化劳动的观点，并以此作为自己异化观的出发点。在《德意志意识形态》中，马克思运用异化劳动观点，进一步揭示了作为资本主义社会和此前社会的主要异化形式“私有制异化”，即作为国家形式的政治统治的异化以及劳动作为人的自身否定的社会活动的异化。

从19世纪50年代至60年代，在《经济学手稿（1857—1858）》和《资本论》等著作中，马克思以分析资本主义生产关系为基础来阐明异化的本质。他在这些著作中扬弃了从社会契约论到黑格尔的异化理论，认为转让不过是从法律上表示简单的商品关系；外化则表示以货币形式对社会关系加以物化；异化才真正揭示了人们在资本主义制度下最一般的深刻的社会关系，其实质在于表明人所创造的整个世界都变成了异己的、与人对立的东西。马克思对异化劳动的内容做了深刻的概述。

第三节　马克思主义劳动观的实践价值

一、传承“工匠精神”，发挥榜样作用

自新中国成立以来，中国共产党治理国家所坚持的指导思想之一就是马克思主义劳动观。对新时代坚持和发展中国特色社会主义、实现中华民族伟大复兴的中国梦具有十分重要的意义。

2015年，一部央视系列教育片《大国工匠》播出，引发了广泛的社会热议，“工匠精神”被人们口口相颂。2016年3月，李克强总理在政府工作报告中首次提出“工匠精神”，自此“工匠精神”成为当年的热词，入选了2016年十大流行语。

马克思始终把解放劳动，实现自由自觉的劳动，最终实现人的自由全面发展作为其一生追求的目标。劳动和人的自我全面发展与“工匠精神”完美契合：只有实现了自由自觉的劳动，且由衷热爱并坚持自己所从事的劳动活动，作为工作、劳动的最终目标，才能真正实现人的劳动解放，实现自我的人生价值。

如今，我国提出向制造强国进军的伟大目标，这不仅需要强大的科技后盾，还需要强大的思想力量支持，而“工匠精神”无疑是这种思想支持的核心。马克思始终把解放劳动力，实现工人自由自觉地劳动，最终实现人的自由全面发展作为其一生追求的目标。

当下，随着经济的迅速发展，很多人将获取个人利益作为自己劳动的唯一目的，还有一些传统的尊卑等级观念直接导致人们在思想上对一些体力劳动和技能性劳动轻视与不屑，严重扭曲了正确的就业观与职业观。大学生应始终坚持以马克思主义劳动观为指导思想，摒弃职业偏见的错误观念，践行社会主义核心价值观中的“爱岗敬业”，尊重并热爱劳动，不忘初心，努力实现自我人生价值。

二、合理分配社会财富，实现社会公平

我国经济在改革开放后飞速发展，一跃成为世界第二大经济体，社会财富这块“蛋糕”越来越大，但社会上却出现了一些怪现象：财富的“蛋糕”越大，人们的收入差距越大。贫

富悬殊问题成为社会关注的又一焦点问题。造成贫富悬殊的原因之一就是社会中的资本回报率远远高于劳动回报率，即“人赚钱难，钱赚钱易”，因此人们越来越重视资本的作用，轻视甚至蔑视劳动的作用，从而出现了一大批投机取巧的利益者。马克思曾说“劳动是社会为之旋转的太阳”，可见劳动才是社会财富的本源。

社会财富的来源无非是大自然给予我们的馈赠，如阳光、水、土地等，还有一类社会财富是通过劳动获得的，二者相比，自然是前者更容易获得。但人的劳动必须建立在自然资源的基础上，自然资源是社会劳动的基础与来源。人们通过智慧劳动对自然进行改造，从而获取财富。

目前，针对我国出现的上述问题，必须继续坚持马克思主义劳动论，提高劳动者自身素质，进而提高社会劳动生产率，提高劳动报酬在社会财富分配中所占的比例，降低资本报酬在社会财富分配中的比例，形成社会财富公平合理分配和良性循环。

三、明确培养目标，指明教育方向

新时代马克思主义劳动观极大地丰富了马克思劳动学说中关于“劳动者”的部分。应在教育体系中加强劳动教育，坚持培养学生正确的劳动观，并在德智体美劳构成的完善的教育体系中强调劳动教育的重要性。虽然德育、智育与美育等其他方面的教育都可以为促进劳动教育发挥自己的作用，但是它们并不能代替劳动教育对学生的影响和意义。因此，要充分理解习近平总书记在全国教育大会上强调的关于培养劳动精神，以及努力构建德智体美劳全面培养的教育体系的紧迫性和针对性，切实加强劳动教育。

要坚持把新时代马克思主义劳动观作为劳动教育的重要内容，不断探索劳动教育的科学路径，培养综合素质过硬、劳动本领强的高素质劳动大军。新时代马克思主义劳动观是习近平新时代中国特色社会主义思想的一个重要组成部分，也是劳动教育的一个重要方面，为指导劳动教育体系建设提供了坚实的理论基础。一方面，德育、智育、体育与美育的体系建设应当科学对接提高劳动者综合素质所要求的品德和文化知识等培养目标；另一方面，应根据学生发展的不同特点，因材施教，有针对性地建设劳动教育的内容体系。

思考与讨论

1. 什么是马克思主义劳动观？
2. 马克思主义劳动观的基础与核心是什么？
3. 试着说一说劳动与社会发展之间的关系。

第三章

新时代的劳动教育

我国于2020年全面建成小康社会，实现了第一个百年奋斗目标，进入了新时代，新时代不仅使我们的社会基本矛盾发生了变化，同时对劳动教育也有了更高的要求。

第一节　新时代高校劳动教育的内涵与外延

新时代劳动教育需要有不同于以往的新体系、新设计。准确辨析新时代高校劳动教育的内涵与外延，是完成新时代高校劳动教育新体系设计的基础。内涵与外延是对概念指称的事物本质属性及其适应范围的概括。辨析新时代高校劳动教育概念的内涵与外延，就是在辨析其属性概念——在劳动教育的内涵实质基础上，紧扣“新时代”和“高校”两词反映的种差特点，进一步明确新时代高校劳动教育应该是什么和教什么。

一、劳动教育概念的内涵

根据以往劳动教育的有关定义，人们对劳动教育的本质属性认识大体可以分为四类。

（一）将劳动教育主要视为德育的内容

《辞海》对劳动教育的定义是：“劳动教育是德育的内容之一，对学生进行热爱劳动和劳动人民、珍惜劳动成果、树立正确的劳动观点和劳动态度、通过日常生活培养劳动习惯和技能的教育活动。”《中国大百科全书·教育》中将劳动教育定义为：“使学生树立正确的劳动观点和劳动态度，热爱劳动和劳动人民，养成劳动习惯的教育，是德育的内容之一。”这两个定义均更强调劳动教育的德育属性，直接将劳动教育定义为德育的一部分，侧重热爱劳动和劳动人民的情感、正确劳动观念和态度的培养，把劳动习惯和技能的教育看作日常生活培养的结果，并不突出劳动教育的智育价值。

（二）将劳动教育主要视为智育的内容

《教师百科辞典》对劳动的定义是：“劳动教育就是向受教育者传播现代生产的基本知识和技能，培养他们具有正确的劳动观点、劳动习惯和热爱劳动人民、劳动成果的感情。劳动教育十分重视劳动过程中的智力因素，把平凡的劳动同创造性劳动结合起来，把简单的劳动与富有知识的劳动结合起来。”成有信在其《教育学原理》一书中更是直截了当地将劳动教育定义为：“培养学生具有现代工农业生产的基本知识和基本技能的教育。”这两个定义均更强调劳动教育的智育属性，将劳动教育的主要价值定位为传播现代生产基本知识和技能，提高社会劳动生产的智力水平。

（三）将劳动教育视为德育和智育的综合体

《中国百科大辞典》在劳动技术教育词条下对劳动教育和技术教育分别做了解释：“劳动教育是以劳动实践为主，结合进行思想教育。技术教育是使学生掌握一定的生产知识及技术和劳动技能。其实施有利于培养学生的劳动观点、劳动技能和劳动习惯，为普通教育和职业教育打下基础。”也就是说，劳动教育更偏重德育，技术教育更偏重智育，二者相结合共同培养劳动观点、劳动技能和劳动习惯。黄济先生认为，劳动教育是一个涉及范围很广，不甚确定的概念，“但从其基本任务而言，不外两大方面：一是劳动技能的培养，二是思想品德的教育。在学校的劳动教育中，常常是二者兼而有之。”徐长发认为：“劳动教育是使青少年学生获得正确劳动观念、劳动习惯、劳动情感、劳动精神，了解和懂得生产技术知识，掌握生活和劳动技能，在劳动创造中追求幸福感的育人活动。它包括劳动思想观念的教育、劳动技术知识和劳动技能的教育。”这些定义均强调劳动教育的思想品德教育和知识技能教育的双重属性。

（四）将劳动教育视为促进学生全面发展的实践教育形式

劳动教育的本质含义是指通过参加劳动实践活动所进行的一种有目的、有计划、有组织地培养受教育者多种素质的教育活动，是融德育、智育、体育、美育为一体的全面提高学生素质的综合性教育。许多伟大的教育家也倾向于将劳动教育理解为结合儿童生活和社会生产实际进行的“做中学”的活动。苏霍姆林斯基认为，“劳动教育是对年轻一代参加社会生产的实际训练，同时也是德育、智育和美育的重要因素”，其劳动教育的理想追求是“使每一个人早在少年时期和青年早期就能领悟到劳动能使他的自然天赋更全面、更明显地发挥出来，劳动会带给他精神创造的幸福”。可见，苏霍姆林斯基把劳动教育视为让学生参加社会生产实际训练的形式，通过这一形式渗入德育、智育和美育，全面发挥儿童的自然天赋。陶行知也把劳动教育视为“在劳力上劳心”的实践活动。他说：“中国教育之通病是教用脑的人不用手，不教用手的人用脑，所以一无所能”，劳动教育的目的就在于“谋手脑相长，以增进自立之能力，获得事物之真知及了解劳动者之甘苦”。可见，伟大的劳动教育实践家们更倾向于把劳动教育理解为“做中学”的实践形式，在劳动教育的目的方面，他们更强调劳动教育之于个体发展的内在价值——激发劳动热情、促进认知发展、提高实践能力、养成良好个性。

从前人关于劳动教育的定义分析中可以发现，劳动教育既是一种教育内容，又是一种教育形式。作为内容，劳动教育可以理解为“关于劳动”的教育，它应该是与德、智、体、美四育并举的概念，有自身独特的教育任务——热爱劳动和劳动人民的情感的养成，正确的劳动观念和劳动态度的培养、劳动习惯和劳动技能的培养等，但由于劳动教育的这些内容被认为可以包含在广义的德育和智育范围内，所以，劳动教育一直没有取得与德、智、体、美四育并举的地位。作为形式，劳动教育可以理解为“通过劳动”的教育，就是让学生通过生产劳动的实际锻炼，全面发展德、智、体、美各方面的素质。当劳动教育被视作教育形式时，它就只是完成各育任务的载体，难以取得与其他各育平等的地位。可见，劳动教育在学校中被弱化现象的出现，与劳动教育本身的性质和在国民教育体系中的地位不明确有很大的关系。因此，落实“要努力构建德智体美劳全面培养的教育体系，形成更高水平的人才培养体系”的重大要求，首先需要着力解决的就是劳动教育在整个教育体系中的性质和地位问题。

（五）对劳动教育概念的再认识

作为全面发展的教育体系的一部分，我们既要看到劳动教育作为形式所具有的树德、增智、健体、育美的综合育人价值，更要看到劳动教育作为内容在国民素质养成中所具有的德智体美育不可替代的独特价值。因为作为合格的公民，每个人都应工作、都得劳动，所以，具备基本的劳动能力以及对劳动的正确认知、价值观和生活态度是最基本、最重要的公民素质。中共中央、国务院也于 2015 年印发了《关于构建和谐劳动关系的意见》，要求各级党委和政府从夺取中国特色社会主义新胜利的全局和战略高度，深刻认识构建和谐劳动关系的重大意义，把构建和谐劳动关系作为一项紧迫任务，采取有力措施抓实抓好。从长远看，构建和谐劳动关系，不仅需要各级党委和政府制定规范、健全机制，更需要在学校教育阶段就为学生提供相对系统而完整的劳动教育，使学生将来不仅带着胜任工作的基本劳动知识与技能，而且带着正确的劳动价值观、劳动伦理观和劳动权益意识步入职场。经过这种系统的教育后，如果学生将来在工作中，无论是作为资方还是劳方，都能在合法维护自身权益的同时积极承担自己的劳动伦理责任，都能从社会分工的角度正确认识双方的角色和相互依存关系，那么，劳动关系领域的冲突与矛盾必然会极大降低，和谐劳动关系与社会主义和谐社会的构建才会有长治久安的内在基础。因此，劳动教育理应成为国民教育体系中与德智体美育并举的一部分。

二、新时代高校劳动教育的内涵

新时代高校劳动教育是高等教育人才培养体系的重要组成部分，是顺应新时代劳动发展趋势对大学生进行系统的劳动思想教育、劳动技能培育与劳动实践锻炼，全面提高大学生劳动素养的过程，其目的是引导新时代大学生在劳动创造中追求幸福感、获得创新灵感，培养具有社会责任感、创新精神和实践能力的高级专门人才。该定义从五个方面明确了新时代高校劳动教育的本质属性。

（一）新时代高校劳动教育应被明确为人才培养体系的专门部分

劳动教育有其自身独特的育人价值，理应从促进学生全面发展的有效途径提升为与德智体美并举的、全面发展的人才培养体系的一部分。高等教育阶段是高素质劳动者大军培养的直接出口，是年轻人走向职场的最后一步训练，主要培养的是服务各行各业劳动的高级专门人才。因此，高校劳动教育在依托专业教育强化劳动知识与技能培养的同时，还需要依托专门的体系，强化大学生劳动价值观、劳动情感态度、劳动伦理责任、劳动权益意识等各方面劳动素养的培养。从实践效果看，任何教育要能有效落实必须依托于一套成熟、完善、科学的课程与教学体系。目前，高校德育有系统的思政工作体系支撑，高校智育有全方位专业教育体系支撑，高校体育有专门的体育训练课程支撑，高校美育也因为2002年《学校艺术教育工作规程》（教育部令第 13 号）的印发得到了有效支撑，各高校纷纷成立了艺术教育中心，开设了艺术类必修或选修课程。唯独高校劳动教育既没有统一的教育大纲或工作规程，更没有相应的课程要求、考核与评价要求、人财物保障要求，只把劳动教育融入各专业学习中，认为高校各专业的教育本身就是劳动教育。这种现状很容易造成劳动教育各专业都管，但都管不到位的现象。因此，正如高校思政工作需要努力建构“课程思政”与“专业思政”相结合的教育体系一样，新时代高校劳动教育也应该是“课程劳育”与“专业劳育”的有机结合，在专业教育之外，设置专门的劳动教育选修或必修课程，系统建构独立设置与有机融入相结合的高校劳动教育体系。

（二）新时代高校劳动教育应反映新时代劳动发展的趋势

劳动是一个发展性的概念，在不同的历史时期有不同的内涵。在新时代新经济条件下，人类认识自然和改造自然能力的不断提高，科学技术的迅猛发展使新时代劳动呈现出新的发展趋势：劳动的内容越来越丰富多彩、劳动的形式越来越富于变化、劳动者的流动性越来越强；劳动者的体力支出会越来越少、智力支出会越来越多；劳动生产率会越来越高，人的闲暇时间会越来越多；劳动主体的作用会越来越突出，人才的重要性也越来越突出，世界各国对人才的争夺战越来越加剧；劳动仍然是人们谋生的重要手段，但其乐生性将逐渐成为重要内容。这一系列新变化要求新时代高校劳动教育做出新的呼应、增添新的内容。

（三）表现为劳动思想教育、劳动技能培育与劳动实践锻炼三大任务领域

劳动思想教育凸显了劳动教育的德育属性，新时代大学生劳动价值观、劳动情感态度、劳动伦理责任、劳动权益意识等方面的培养均属于劳动思想教育的范畴。劳动技能培育，体现了劳动教育的智育价值，大学各专业的理论学习、实习实训、产教融合等虽不乏劳动思想教育的价值，但更偏重于劳动技能的培育；劳动实践锻炼强调了劳动教育的“体知”特点，旨在引导学生在广阔的生产劳动与社会实践中增进知识、磨炼意志、增长才干、提高素质、培养社会责任感。这三大任务领域虽各有侧重，但又“三位一体”，相互影响、相互促进，体现了新时代高校劳动教育是“关于劳动的教育”与“通过劳动的教育”相统一、理论学习与实践训练相结合的知行相须的过程。

（四）以全面提升大学生劳动素养为主要关注点

劳动教育一直被视为促进人的全面发展的重要途径，新时代高校劳动教育也应更充分地发挥好劳动教育树德、增智、健体、育美、创新的综合育人价值。但同时也要意识到，劳动教育之所以要取得与德智体美育并举的地位，根本原因在于其有自身独特的育人任务——提升学生的劳动素养。高校劳动教育的三大任务领域——劳动思想教育、劳动技能培育、劳动实践锻炼的根本着眼点正是大学生劳动素养的全面提升。换言之，大学育人的各主要环节——思想政治教育、专业教育、实习实训、创新创业教育、就业指导、社会实践、志愿服务、产教融合等本身都含有劳动教育的基因，但如果这些育人环节的关注点主要是知识技能本身的学习、巩固和运用或一般意义上的道德养成，而非劳动素养提升的话，严格地说，不能视为真正的劳动教育。从这个意义上讲，有学者提出“一般意义上的知识学习、科学实验、研学旅行和社会实践等，主要解决认识深化、知行统一问题，单纯的职业技术教育侧重技能培养，都不属于劳动教育的范畴。应当明确劳动教育的概念，避免造成实践上的泛化、窄化”是有一定道理的。

（五）追求内在价值与外在价值的和谐统一

新时代高校劳动教育的目的首先是引导大学生在劳动创造中追求幸福感、获得创新灵感，在此基础上为国家建设培养具有社会责任感、创新精神和实践能力的高级专门人才。这一目标定位体现了新时代劳动教育内在价值与外在价值的统一。1949 年以来，我国劳动教育表现出明显的服务社会发展的外在目的取向，每一次都是来自教育系统之外的需要左右着劳动教育的走向。20 世纪五六十年代，推进劳动教育是为了解决中小学生的就业问题、缓解国家的经济压力；六七十年代，推行劳动教育是为了服务阶级斗争、政治改造；八九十年代，推行劳动教育是为了服务经济建设，加强现代化建设所需的劳动技术教育；21 世纪以来，劳动教育受到重视，是为了推动国家创新、实现民族复兴。可以说，未能由衷地认识到并在全社会充分彰显劳动之于人的身心健康和谐全面发展的重要意义，是我国以往劳动教育缺乏内在生命力的重要原因。因此，我们要基于历史的反思，学习伟大教育家们的成功实践。

三、新时代高校劳动教育的外延

对新时代高校劳动教育的外延分析应从劳动教育的独特育人价值——全面提升学生的劳动素养入手。一般认为，素养是个体在长期教育和环境影响下形成的某一方面的稳定修养，包含能力、知识、态度、价值观等内容。分析新时代高校劳动教育的外延，就是要在深刻理解习近平新时代中国特色社会主义思想的前提下，从新时代对劳动者在思想、心理、伦理、行为、能力五个方面提出的新要求入手，系统设计由劳动价值观、劳动情感态度、劳动品德、劳动习惯、劳动知识与技能有机组成的劳动教育内容体系，全面提升新时代大学生的劳动素养。

（一）让劳动价值观内化于心、外化于行

劳动价值观是劳动者对劳动的思想认识、根本看法，它直接决定着劳动者的价值判断、情感取向与行为选择，是劳动素养的核心内容。“劳动最光荣、劳动最崇高、劳动最伟大、劳动最美丽”，这是对新时代劳动价值观的明确定位。落实这一定位，需结合唯物史观教育和劳动科学知识的学习，引导大学生充分认识“人民创造历史，劳动开创未来。劳动是推动人类社会进步的根本力量”的真理性意义；真正明白“劳动是财富的源泉，也是幸福的源泉”的道理，真切体验在劳动创造中“把自己的理想同祖国的前途、把自己的人生同民族的命运紧密联系在一起，扎根人民，奉献国家”的幸福感；深刻理解按劳分配是实现社会正义的基本原则，“全社会都要以辛勤劳动为荣、以好逸恶劳为耻”，鄙视“不劳而获”“少劳多获”的投机思想；正确认识新时代劳动的复杂性与多样性，由衷地认同“劳动没有高低贵贱之分，任何一份职业都很光荣”“一切劳动，无论是体力劳动还是脑力劳动，都值得尊重和鼓励”的道理，切实改变轻视体力劳动和体力劳动者的错误心态；深入理解为什么“尊重劳动”为“四个尊重”之首，不能离开“尊重劳动”去谈时代精神。

（二）培植热爱劳动、热爱创造的劳动情感态度

劳动情感态度是劳动者的个性心理特征的反映，是个体在一定劳动价值观支配下、在长期劳动情感体验基础上形成的一种相对稳定的对待劳动的心理倾向。“爱劳动”一直是我国劳动教育特别重视培养的基本劳动情感态度。新时代劳动情感态度教育既要强调热爱劳动、勤于劳动，又要强调热爱创造、善于劳动。因为热爱劳动、热爱创造是立业为人的根本，是实干兴邦的基石，更是富民强国的动力。培育大学生热爱劳动、热爱创造的情感态度，要在培养热爱劳动者的真挚情感上下功夫，教育引导大学生真正做到“任何时候任何人都不能看不起普通劳动者，都不能贪图不劳而获的生活”，认识到尊重普通劳动者、珍惜他们的劳动成果是人的基本修养；要在科学构建劳动实践训练体系上下功夫，着力优化大学生专业实习实训、精心组织社会实践与志愿服务、全面推进创新创业教育、不断深化产教融合，引导大学生在广阔的生产劳动与实践中加强磨炼、增长本领，教育大学生“要敢于做先锋，而不做过客、当看客，让创新成为青春远航的动力，让创业成为青春搏击的能量”；要在培养大学生勤奋学习、刻苦钻研上下功夫，狠抓学风建设，教育大学生由衷认识到认真学习、刻苦钻研，不仅是增进知识的过程，更是磨炼意志、锤炼品行、提升能力的辛勤劳动过程，让勤奋学习成为青春飞扬的动力。

（三）在诚实劳动基础上，强调创造性劳动、体面劳动的劳动品德

劳动品德体现了劳动的伦理要求，是指人们在劳动过程中所表现出来的对他人和社会的稳定的心理特征或倾向。辛勤劳动、诚实劳动、创造性劳动，是新时代劳动的基本要求。辛勤劳动、诚实劳动和创造性劳动是统一的。辛勤劳动是诚实劳动、创造性劳动的前提和基础。“一勤天下无难事”，“民生在勤，勤则不匮”，这些中国人自古秉承的劳动信念在新时代依然

熠熠生辉，“坚持艰苦奋斗，不贪图安逸，不惧怕困难，不怨天尤人，依靠勤劳和汗水开辟人生和事业前程”依然是新时代大学生需要发扬的美德。诚实劳动是辛勤劳动的表现，也是创造性劳动的前提。

诚实劳动是实现人世间的美好梦想、破解发展中的各种难题、创造生命里的一切辉煌的必由之路。创造性劳动是辛勤劳动、诚实劳动的发展，也是劳动的核心和本质要求。新时代是创新发展的时代，大学生是新时代创新发展的重要新生力量，因此，新时代高校劳动教育要在辛勤劳动、诚实劳动的基础上强调创造性劳动。要让大学生深刻理解新时代的劳动者“不仅要有力量，还要有智慧、有技术，能发明、会创新”的道理，教育引导大学生以科学家、大国工匠和劳动模范为榜样，胸怀理想、脚踏实地、勤奋学习、锐意进取、敢为先锋、勇于创造，不断谱写新时代的劳动创造之歌。

体面劳动彰显了新时代劳动发展的人本趋向。新时代劳动发展为大学生创造了更多体面劳动的机会，也对大学生劳动素质提出了更高的要求。要加强职业生涯规划教育，引导大学生充分考虑自己的个性、能力、禀赋和爱好进行择业就业；要加强劳动法与社会保障法教育，帮助大学生树立合法维权的意识；要强化劳动教育的人本理念，引导大学生为建立一个“排除阻碍劳动者参与发展、分享发展成果的障碍，努力让劳动者实现体面劳动、全面发展”的公平正义的社会而奋斗。

（四）要让真抓实干、埋头苦干的劳动习惯成为基本的生活方式

劳动习惯是个体在长期劳动实践训练中形成的稳定的行为模式。新时代互联网的飞速发展、数字经济的到来、人工智能的崛起，在带给人类生活极大便利的同时，也在无形中滋长了年轻一代企图不劳而获、渴望一夜暴富、追求一夜成名的不良心理。

新时代高校劳动教育要回到全面的、本原的劳动观上，把劳动看成人类创造世界、改造世界的一切实践活动，是劳动、工作、做事、干事、奋斗的统称，让“真抓实干、埋头苦干”成为新时代大学生学习、工作、做人、做事的基本行为方式。

（五）形成系统劳动知识与技能教育教学

劳动知识技能是个体从事一定劳动所必须具备的知识、技术、技巧及综合运用这些知识、技术、技巧的能力，是大学生劳动素养全面提升的必备基础。

大学各专业知识的学习本身就是一种劳动知识学习，大学生的专业实习、毕业实习也都是明确被列入教学计划的劳动技能训练，这正是大学劳动教育区别于中小学的重要一维，必须抓紧抓好，为建设宏大的知识型、技术型、创新型劳动者大军奠定基础。除了各门专业课程中的劳动知识技能教育，新时代高校劳动教育还应加强劳动科学的教学。人类在总结规律、创新知识的过程中形成了劳动哲学、劳动伦理学、劳动文化学、劳动社会学、劳动教育学等一系列“劳动+”学科。这些学科深化了人们对劳动问题的研究，提升了高等教育水平和劳动人才培养质量，同时，也提高了学生对劳动多学科多维度的认识，使学生学到分析解决劳动

问题的本领，增强劳动观念、提升劳动技能。可结合大学生未来的劳动、工作、职业发展需要，通过开设专门的劳动教育课程、完善大学生职业生涯规划和就业指导教育，加强劳动人权、劳动伦理、劳动关系、劳动条件、社会保障、职工福利、职业安全与卫生、劳动法与社会保障法等相关知识与技能的学习。

第二节　新时代劳动教育的现状与加强劳动教育的价值

一、学校劳动教育的现状

在国家、社会和学校的共同关注下，当前学校劳动教育得到了一定程度的发展并取得了一定的成效，但学生劳动教育培训工作相对滞后，仍然是学校教育的薄弱环节，存在的问题不容忽视。当前我国学校劳动教育存在的问题主要表现在以下几个方面。

（一）劳动教育的观念相对淡薄

学校教育以学生学习科学文化知识为主，注重学生专业知识的传授，而忽视了学生劳动价值的引导、劳动精神的培养、劳动习惯的养成及劳动时间锻炼等方面的教育。在实践教学中以理论教学为主，主要是以培养学生的文化素养与应试能力为主，对于学生劳动价值观与劳动精神教育的内容则甚少，同时教育效果与老师的劳动价值观与教育素养有很大的关系，劳动教育无专门的课程。其次，在劳动实践方面，各学校的专业实习时间相对较晚，导致实习与专业理论学习难以紧密衔接。

（二）劳动教育缺乏科学系统管理

劳动教育能取得良好的效果离不开科学设计和有效管理，而当前我国多数学校对劳动教育缺乏科学的系统的管理，主要表现在以下几方面。

1. 劳动教育的物质投入和保障不到位

学生劳动教育开展需要人力资源、物质资源的投入，而目前多数学校对劳动教育的资金支持和物质保障都很有限，因此学生劳动教育的顺利开展受到很大的限制，劳动教育的积极性很难得到充分的物质保障。

2. 劳动教育的制度保障不充分

劳动教育受到多种因素的制约，缺乏科学系统的管理制度是导致目前学生劳动教育存在诸多问题的关键所在。没有专门的组织机构和有效的管理机制来保障劳动教育的顺利实施，同时也缺乏相关部门来落实这一工作。

（三）劳动教育的内容和形式缺乏时代性

随着时代的发展，当今学生主体的个性特征在不断变化，但学校劳动教育的内容和形式却长期不变。缺乏时代性，难以吸引学生，难以适应新时代的教学要求。因此，在日新月异的时代，学生劳动教育的内容和形式需要与时俱进，不断发展和创新。

（四）劳动教育的普及程度不高

由于学校对学生劳动教育的重视程度不够，相当一部分学生在劳动价值观方面出现了偏差，缺乏必要的劳动精神和劳动品质，劳动习惯较差。学校在推进劳动教育的过程中存在诸多问题，没能及时有效地解决学生存在的问题。比如，学校提供的劳动岗位数量有限，只有一小部分学生能获得锻炼机会。在学校组织的公益劳动、志愿服务等劳动实践活动中学生主动参与的自觉性较差，活动容纳的人数有限。学校之外的以工助学、社会实践等活动形式也由于信息通道不畅、信息的可靠性和安全性不够等问题极大地限制了学生参加劳动实践的积极性。

二、加强劳动教育的时代价值

“劳动”一直是一个时代话题，热度经久不衰，在当代仍显示出极大的时代价值。

（一）有助于完善德智体美劳全面发展的教育体系，助力全能人才的培养

学校教育的主要任务是为祖国培养德智体美劳全面发展的社会主义建设者和接班人，培养具有正确世界观、人生观、价值观、劳动观及事业观的人；学校肩负着“为人民服务、为中国共产党治国理政服务、为巩固和发展中国特色社会主义制度服务、为改革开放和社会主义现代化建设服务”的神圣使命。为完成伟大的使命，国家大力推展德智体美劳全面发展的教育方针。新时代加强劳动教育，是学校立德树人的重要组成部分，是对新时代教育方针的丰富和贯彻落实，是形成高质量人才培养体系的必然要求。

根据新时代马克思主义劳动观以及新时代劳动者素质培养目标，劳动教育要正确处理各种劳动范畴的关系，正确处理学习与其他劳动的关系，让受教育者明确认识到学习科学文化、参与科研也是脑力劳动的一种，是受教育者的主要劳动形式和内容。投身科研就是参加脑力劳动，热爱学习、热爱科研也是热爱劳动的一个重要表现。在知识不断更新的时代，在个人职业不得不发生转换的现代社会经济发展中，学会自主学习以及正确的脑力劳动方法和技能，培养热爱劳动的习惯有利于培养高素质劳动力，维持和提高劳动力的价值，更有利于提高受教育者的职业适应度，减少职业转换率及时间，进而提高整个社会的经济效益。就此而言，学会学习就是学会脑力劳动，无论是对社会还是对个人都具有更为主要的意义和价值。正是由于受教育者在学校所从事的主要是脑力劳动，这才使适当的见习实习劳动、公益劳动及家务劳动等成为其必要的补充。

（二）有助于建设高素质劳动者大军，实现中华民族伟大复兴梦

劳动教育是实现中华民族伟大复兴中国梦的强大助推力量。“以劳动托起中国梦”，最根本的是要依靠劳动者的诚实劳动、辛勤劳动和创造性劳动助力中国梦的实现。在新时代，我

国经济发展的主要特征是由高速增长阶段转向高质量发展阶段。《中国制造 2025》行动纲领指出，力争通过“三步走”实现制造强国的战略目标，做强实体经济，建设知识型、技能型、创新型劳动者大军。在这种充满生机的背景下，高度重视增强劳动是实现所有伟大目标的必经之路，有着更为迫切的现实意义和历史意义。自改革开放以来，我国经济发展迅速，这得益于开放包容的政策、改革红利、自然资源红利、人口红利、国际贸易投资环境红利等。当前，我国经济发展存在许多主要问题，如体制结构仍不尽合理，长期形成的结构性矛盾和粗放型增长方式尚未根本改变；城乡、区域、经济社会发展仍不平衡，农业基础薄弱，农民收入偏低，农村发展滞后的局面尚未改变；通货膨胀的压力依然存在；等等。为了解决这一系列的问题，势必要转变经济发展方式，优化经济结构，促进产生新的经济增长动力。因此，必须打造一支优秀的、热爱劳动、精通劳动的大军，这就需要制定新时代的发展方针，将增强劳动教育作为其重要的一部分。加强劳动教育，有利于培养高素质的劳动大军，激发人们争做优秀的“能工巧匠”和无私奉献的“大国工匠”，为我国由“中国制造”向“中国创造”进化源源不断地提供人力资源、智力源泉和创新的灵魂。

（三）有利于强化青年学生思想政治教育，拓宽政治教育的路径

劳动教育有利于强化思想政治教育的实践性。劳动教育是实现立德树人目标的基本途径，也是培养学生为国家和社会服务贡献的重要向导。劳动教育有利于青年一代树立坚定的理想信念，有利于青年增强各项本领，有利于培养青年成为有责任、有担当的社会主义建设的接班人。劳动教育有利于提升思想政治教育的针对性。在实际生活中，一些学校在实施对学生思想政治教育的过程中忽略对学生的劳动教育。这使学生可能长期与劳动实践相脱离，不能正确认识劳动，缺乏劳动观念，养成严重的依赖性，独立生活能力差，动手实践能力低，缺乏团结协作的积极性，容易形成以自我为中心的狭隘思想，缺乏服务贡献国家和社会的意识。而要解决这些问题，学校必须加强劳动教育，从小培养学生的劳动能力，增强学生的劳动意识并激发其劳动情感，强化学生的劳动锻炼并落实其劳动行为。

（四）有助于增强中华民族热爱劳动的文化意识，传承优秀中华文化

中华民族优秀传统文化中蕴含着勤劳勇敢、自强不息的思想精华，热爱劳动是我们站稳脚跟的根基，也是我们推进新时代的起点。在历史上，人们通过劳动把自然界变成活动的对象，自身的价值也得到体现和升华。凡是在劳动中有突出贡献的人自然而然成为人们倾情歌颂的对象，成为万民敬仰的英雄。对劳动的肯定和推崇以及对劳动人民的认识与肯定可以在神话故事、名人典故、诗词歌赋、书法绘画中找到相应的“基因”。劳动因中华民族优秀传统文化而更加具有历史厚重感，反映民族特色，彰显民族优秀品格。尊重劳动，尊重劳动者，是事关社会根基的大命题。但在现实生活中，尤其是青年一代，对劳动的意义缺乏基本认识，对劳动者缺乏基本尊重，因此，加强劳动教育具有十分重大的现实意义。用劳动精神培育新时代青年不仅是青年人才综合素质培养的要求，更是民族复兴的时代要求。

第三节　新时代高校劳动教育的原则

劳动教育的原则是有效进行劳动教育所必须遵循的基本要求，它是合目的性与合规律性的统一。从合目的性的角度看，新时代高校加强劳动教育必须符合国家高等教育的基本方针和目的，完成高等教育的基本任务；从合规律性的角度看，新时代高校加强劳动教育必须符合当代大学生的身心发展规律和新时代的社会劳动发展规律。从合目的性与合规律性相统一的视角出发，本研究提出了新时代高校加强劳动教育的五项基本原则，以期对高校劳动教育的成功实施提供有效的指导。

一、思想性原则

要深刻理解和把握劳动教育在社会主义建设者和接班人培养中的思想引领作用。关于我国教育的人才培养目标问题，不同的时期有不同的说法。1950 年 7 月，第一次全国高等教育会议上提出要“培育具有高度文化水平的、掌握现代科学和技术成就的、全心全意为人民服务的、高级的国家建设人才”。

1985 年发布的《中共中央关于教育体制改革的决定》中，则提出了“要造就数以亿计的工业、农业、商业等各行各业有文化、懂技术、业务熟练的劳动者。要造就数以千万计的具有现代科学技术和经营管理知识，具有开拓能力的厂长、经理、工程师、农艺师、经济师、会计师、统计师和其他经济、技术工作人员。还要造就数以千万计的能够适应现代科学文化发展和新技术革命要求的教育工作者、科学工作者、医务工作者、理论工作者、文化工作者、新闻和编辑出版工作者、法律工作者、外事工作者、军事工作者和各方面党政工作者”。

这一复杂的列举式描述在 1993 年发布的《中国教育改革和发展纲要》中被凝练为“培养德、智、体全面发展的建设者和接班人”。1995 年施行的《中华人民共和国教育法》和 1999 年施行的《中华人民共和国高等教育法》中正式确定为“德、智、体等方面全面发展的社会主义事业的建设者和接班人”。

2015 年重修《中华人民共和国教育法》与《中华人民共和国高等教育法》时，则修改为“德、智、体、美等方面全面发展的社会主义建设者和接班人”。

与“劳动者”相比，“建设者与接班人”的提法更强调人才的专业性与政治性，这一导向完全符合当今社会发展与科技进步的大趋势，但也在一定程度上造成大学生没有成为普通劳动者的心理准备，甚至看不起普通劳动和普通劳动者。实际上，无论何时，合格的社会主义建设者和接班人，本质上都是“以劳动托起中国梦”的辛勤劳动者、诚实劳动者、创造性劳动者。在劳动中坚定理想信念、在劳动中厚植爱国情怀、在劳动中加强品德修养、在劳动中增长知识见识、在劳动中培养奋斗精神、在劳动中增强综合素质，以劳动教育夯实社会主义建设者和接班人全面发展的基础，是新时代我国加强大学生劳动教育的首要原则。

二、时代性原则

要深刻理解和把握新时代劳动的“变”与“不变”。一方面，要讲明新时代劳动的本质不变性。马克思主义唯物史观强调，劳动是人类的本质活动，劳动改造自然、劳动创造世界、劳动创造人本身，离开劳动，人类就不能生存与发展。这些本质特征决定了劳动始终是推动社会发展、人类进步的根本力量。即使到了新时代，人工智能可以代替人类的部分体力或脑力劳动，人类的自由闲暇时间可以明显增加，但绝不能滋生贪图享乐、好逸恶劳的心理。要知道，人类的文明进步、社会的健康和谐、国家的繁荣富强，依然离不开中国制造硬实力的支撑，离不开全体社会成员人尽其才、各尽所能的辛勤劳动、诚实劳动、创造性劳动。新时代劳动教育必须以更生动、更接地气、更有显示度的方式，将这些彰显着劳动亘古不变的本质特征的真理性认识讲深、讲透、讲活，讲进每一个人的心里。

另一方面，要深入认识新时代劳动的形式变化性。讨论新时代的劳动时，不能只把体力劳动、简单劳动看成全部劳动，要教育和引导大学生充分认识到新时代劳动形态的丰富性，以及不同形态的劳动在社会生产生活中的地位、作用，把脑力劳动与体力劳动、群体劳动和个体劳动、有偿劳动和公益劳动、简单劳动和复杂劳动、创造性劳动和重复劳动、生产领域的劳动和非生产领域的劳动等，都看成劳动，既不把其中某一种劳动形式理解为劳动的全部，也不以其中一种形式否定相关联的另一种形式，真正明白并由衷认同“不论是体力劳动还是脑力劳动，不论是简单劳动还是复杂劳动，一切为我国社会主义现代化建设作出贡献的劳动，都是光荣的，都应该得到承认和尊重”的道理；要充分认识新时代劳动关系的复杂性，强化劳动教育的人本情怀，教育大学生正确认识体力劳动的社会价值，由衷地尊重体力劳动和体力劳动者，认识到让体力劳动者变得越来越有文化，生活越来越丰富多彩，劳动的技术含量、收入、社会地位越来越高，正是新时代的社会正义追求；要回归劳动教育促进个体全面和谐健康发展的内在目的，教育引导学生深刻认识新时代劳动为自身全面发展创造的有利条件、提出的素质要求，加强职业生涯规划教育，从劳动是“生活的第一需要”，而不仅仅是“谋生的手段”的立场出发，引导学生积极主动地根据自己的才能、禀赋、兴趣、爱好就业创业，真正把劳动作为实现自我价值的内在需要。

三、体系化原则

要深刻理解和把握高校劳动教育有机融入与独立设置的关系，加强劳动教育的体系设计。劳动作为人类最基本、最重要的存在方式，本身就具有巨大的教育价值。它是完整的知识建构必不可少的统合要件，是个体发展智力、增长才干、形成健全人格、养成良好品德的根基。正是从这个意义上说，苏霍姆林斯基坚持认为，离开了劳动就没有真正的教育，“教育的任务就是让劳动渗入我们所教育的人的精神生活中去，渗入集体生活中去，使得对劳动的热爱在少年早期和青年早期就成为他的重要兴趣之一”，“如果学生只知享用由社会创造并提供给学校的那些物质和精神财富，就不可能产生真正的教育”。因此，作为教育的根和魂，作为实现整体育人和全面培养的必要条件，劳动教育理应有机融入人才培养的各个环节中。

对高校劳动教育而言，更需要强调这种有机融入。因为高等教育是直接面向职业的教育、直接通向工作和劳动岗位的教育，每个专业的教育，都带有劳动教育的性质，因此，高校推进劳动教育一定要将劳动教育与专业教育相结合，与实习实训相结合，与思想政治教育相结合，与创新创业教育相结合，与社会实践相结合，把劳动教育融入高校立德树人、教学科研的方方面面。但如前所述，如果只是强调有机融入，不给予劳动教育一定的相对独立的地位，很有可能造成劳动教育在实践中被弱化、软化、淡化、形式化。因此，为实现新时代高校劳动教育的可持续发展，需要科学建构有机融入与独立设置相结合的新时代高校劳动教育体系。

四、创新性原则

要深刻理解和把握新时代高校劳动教育继承与创新的关系，特别是要注意根据新时代劳动和新时代大学生的新特点，内容出新、手段革新。

一方面，新时代劳动发展的新特点要求新时代高校劳动教育内容出新。各行各业、所有岗位的工作都是在劳动，都需要发扬劳模精神、劳动精神、工匠精神。

另一方面，新时代大学生的新特点要求新时代高校劳动教育手段革新。新时代的劳动教育，面向的是“00 后”“10 后”，这一代人是伴随着互联网长大的，是“网络原住民”。他们参与传统体力劳动的机会大大减少、劳动意识普遍缺乏，对劳动的认识与上一代、上两代人也有很大差异，“不珍惜劳动成果、不想劳动、不会劳动”的现象会更突出一些。

针对这一特点，在强调利用传统方式加强大学生劳动价值观教育、劳动情感态度教育和劳动品德教育，强化劳动实践训练的同时，也要积极借鉴国内外先进经验，精准灵活地运用网络信息技术、亲身现场体验、模拟仿真试验、人工智能等形式拓展劳动教育方式。要注重利用“慕课”、在线课堂、翻转课堂、手机课堂、微课堂等方式讲好劳动教育课程，打造新时代劳动教育的“金课”，给劳动教育增强互动性、即时性、趣味性。

五、协同化原则

要深刻理解和把握学校教育与家庭教育、社会教育的关系，在用好学校这个主战场的同时，发挥好家庭教育和社会教育的协同作用。一方面，要积极发挥家庭教育在个体劳动素养培育中的基础性作用，做好家校沟通工作，家校合力共同培养大学生良好的自我服务劳动和家务劳动习惯；家校合力共同培养大学生正确的择业就业观，有效地解决好大学生就业中存在的“啃老”“拼爹”等不良现象。

另一方面，要积极发挥好社会劳动教育的重要支撑作用。要加大社会实践力度，多多组织大学生走进社区、工厂、部队、农村，在改革开放和社会主义现代化建设的大熔炉里，感知中国大地，体察国情民情，在社会这个大学校里，掌握真才实学，增益其所不能；要构建学校、社会、企事业单位三协同的师资团队，组建社会志愿者辅导团队，把劳动模范、大国工匠、传统技艺师傅、非遗传承人、老教授、老专家、老艺人、老科技工作者等组织动员起来，为学生劳动创造提供辅导；要充分发挥好高等教育的社会服务功能，积极与企事业单位建立产学研用、互惠互利的合作共赢关系，切实建设好和发挥好校外劳动实践基地的作用；要积极向政府争取政策立法，以减免部分税收或拨付企业教育补助金等方式，对与学校建立了稳定的实习实训合作关系的企事业单位予以奖励，更好地调动社会力量参与学校劳动教育的积极性。

第四节 新时代高校劳动教育的实施体系

劳动教育是高等教育体系的重要组成部分，是高校实现立德树人根本任务的重要要求。加强高校劳动教育，重在深入把握高等教育规律，找准劳动教育的着力点、切入点，科学谋划、优化协调、精准高效、扎实推进，做到集中教育与分散教育相结合、课堂教育与课外教育相结合。

一、新时代高校劳动教育的实施体系概述

课堂教学是教育教学活动的主阵地，加强劳动教育必须开设专门的劳动教育课程，与其他专业课同向同行，才能构建出扎实、完整的知识体系。分散性的课外劳动教育是课程教学的必要补充，必须把劳动教育理念贯穿于学校日常的教育教学全过程，扎实推进劳动教育与思想政治教育、校园文化相结合，完成劳动思想教育的任务；扎实推进劳动教育与专业教育、实习实训相结合，完成劳动知识与技能教育的任务；扎实推进劳动教育与社会实践和志愿服务、创新创业教育、产教融合、职业生涯教育与就业指导相结合，让学生在劳动实践训练中得到全面发展。新时代高校加强劳动教育的实施路径，可以概括如下。

（一）扎实推进劳动教育课程建设

课程是人才培养的核心要素，学生从中的受益是最直接、最核心、最显效的。劳动覆盖了人类生产生活的各个相关领域，劳动既具有广泛性、复杂性、多样性的特点，又具有相对完整的知识体系和逻辑体系，人类在总结规律、创新知识的过程中形成了劳动哲学、劳动伦理学、劳动文化学、劳动社会学、劳动经济学、劳动法学、劳动关系学、人力资源管理等一系列“劳动+”学科，这些学科经过系统化的研究和梳理，完全具备单独开设专门课程的各种必要条件。同时，2018 年 1 月教育部高教司发布的《普通高等学校本科专业类教学质量国家标准》强调，“了解与本专业相关的职业和行业的重要法律、法规及方针政策”是学科人才培养的基本要求。比如，劳动哲学、劳动社会学能够深化学生对劳动的多维度认识，劳动关系学、劳动法学可以使学生学到分析解决劳动问题的本领，劳动伦理学、劳动文化学可以明确劳动伦理，增强劳动观念。

目前，高校教育中有些课程融入了劳动教育，这些课程多侧重于对学生具体劳动技能的培养，而对学生劳动科学素养全面、系统、科学的培养培育则有所欠缺。因此，开设劳动教

育的专门课程，既是所有专业的通识性需要，也是培养造就德智体美劳全面发展的新时代人才的必然要求。开设专门的劳动教育课程，必须建立和完善劳动教育学科体系、教学体系、教材体系、管理体系，与其他专业课同向同行。

（二）劳动教育与思想政治教育相结合

劳动教育与思想政治教育的目标具有相关性，内容具有关联性，在实施路径的方式方法上也可以相互借鉴。

一方面，思想政治教育有利于强化劳动教育目标的道德引领和精神塑造，有利于塑造和培养劳动价值观、劳动态度、劳动品德、劳动习惯、劳动知识与技能，进一步实现劳动教育的五个目标任务。

另一方面，劳动教育有助于加强思想政治教育的实践性和针对性，有助于提高学生的思想水平、政治觉悟、道德品质、文化素养，有助于学生坚定理想信念、厚植爱国主义情怀、加强品德修养、培养奋斗精神、增强综合素质，促使学生成为德员全过程、全方位育人；要利用好思想政治理论课课堂这个主渠道、主阵地，使德育、劳育形成协同效应；要结合学校优势打造特色品牌，弘扬劳模精神、劳动精神和工匠精神。

（三）劳动教育与专业教育相结合

劳动教育与专业教育具有内在的一致性和统一性。一方面，专业课程学习本身就是一种脑力劳动，学习的过程本质上也是一种劳动教育；另一方面，专业教育的最终目标，也是满足劳动的根本需要：高校通过专业课程的开设，传授专业劳动知识，培育专业劳动技能，培养具有创新精神和实践能力的高级专门人才，输送到相对专业的劳动岗位，发展科学技术文化，促进社会主义现代化建设。特别是在高校的各类专业课程设置中，有不少课程具有丰富的劳动属性和劳动指向，如文科的新闻采访和文稿写作，理科的数量统计和理化实验，工科的机械、电气、建筑、水利等研究应用的技术和工艺，都是劳动教育与专业教育相结合的鲜活实践。

扎实推进劳动教育与专业教育相结合，要在专业课程中强化劳动导向，专业知识中融入劳动要素，构建具有本专业特色的劳动教育价值体系；要加强专业教育中的劳动知识的传授和技能的训练，培养培育劳动精神；要挖掘大国工匠、劳动模范等特色资源，开展劳动教育特色专业课程。

（四）劳动教育与实习实训相结合

劳动教育与实习实训具有辩证统一、相辅相成、相得益彰、共同促进的关系。与实习实训相结合，劳动教育会做得更加扎实、更加生动。实习实训重在培养学生的劳动态度和专业技能，帮助学生完成从学校到社会、从课堂到企业的角色转变；在这一转变中对劳动知识与技能的掌握是极为关键的，而这正是劳动教育的重要目标之一。同时，社会是劳动教育的大熔炉，生产一线、劳动一线对劳动教育具有更为直接的促进作用，能够鼓励大学生干一行、爱一行、钻一行，在平凡的工作岗位上做出不平凡的事业，实现实训实习的教育目标，取得实习实训的丰硕成果。

扎实推进劳动教育与实习实训相结合，要注重对学生劳动情怀的培育，不断提升学生的职业精神，学校通过与企业、社区、工厂等开展合作，鼓励学生参与社会实践，走进工厂、走进基层、走进社会，感受一线劳动的魅力，获得丰富的劳动体验，真正的尊重劳动、热爱劳动；要注重劳动知识和技能的培养，通过实习实训基地和相关单位的精细化统筹安排，拓展劳动知识，提升劳动技能，特别是要充分发挥劳模工匠等优秀劳动者的引领作用，为学生走入社会做好职业准备。

（五）劳动教育与社会实践和志愿服务相结合

实践是人们能动地改造客观世界的物质活动，人类历史是由人们的实践活动构成的；劳动是人类特有的社会实践活动，劳动概念是实践概念的具体化。在一定意义上，劳动与实践的最终指向都是作为其主体的人本身。在社会实践和志愿服务中融入劳动教育，既有助于学生形成良好的劳动习惯，提升他们的劳动技能，感受劳动所带来的收获和乐趣，形成尊重劳动、热爱劳动的真挚情感；又有助于培养学生的社会实践和志愿服务能力，引导学生在“做中学”和“学中做”，在实践中不断实现成长进步、能力养成和素质提升。同时，志愿服务是典型的公益劳动，公益性社会实践在志愿服务中可强化劳动教育意识，有事半功倍、相得益彰之效应。扎实推进劳动教育与社会实践和志愿服务相结合，要强化社会实践育人的比重，通过工学结合、勤工助学、劳动体验等途径，促使学生积极参与社会实践，锻炼劳动技能；要积极引领学生参与志愿服务，培养培育学生的劳动情怀、责任意识和奉献精神。

（六）劳动教育与创新创业教育相结合

创造性劳动区别于重复性劳动，是辛勤劳动、诚实劳动的升华，更是人类社会发展进步的根本力量。劳动教育与创新创业教育相结合，有助于培养、激发学生的创新性和创造性，其目的都是提升学生的创造性劳动水平。创新创业教育是进行创新思维培养和创业能力锻炼的教育，具有创新性、创造性、实践性特征，对于大学生创造性劳动的激发具有明显的促进作用；同时，对劳动教育而言，创造性劳动的培养既是重点也是难点。探索劳动教育与创新创业教育的结合点，打造“双创”教育的劳育大平台，让学生在创新创业实践中发扬创新精神、培养实践能力、实现劳动创造，奋力跑出“双创”教育的“中国加速度”，是高校加强和完善劳动教育的有效途径。

扎实推进劳动教育与创新创业教育相结合，要加强体制机制建设，注重点面结合、强化实践，完善“双创”教育体系；要注重资源整合，拓展“双创”空间，为大学生提供更多参与“双创”活动的机会；要在“双创”活动中加大鼓励和奖励力度，激发学生主观能动性，提升大学生创造性劳动的培养水准。

（七）劳动教育与产教融合相结合

产教融合是实现产业与教学密切结合，形成校企一体化共同培养学生的办学模式。劳动教育在产教融合中具有不可忽视的作用。2017 年，《国务院办公厅关于深化产教融合的若干意见》中明确指出，“加强学校劳动教育，开展生产实践体验，支持学校聘请劳动模范和高技能人才兼职授课”。一方面，加强劳动教育，能够在教育层面、经济层面、社会层面以及政策层面等，强有力地推进产教融合，并最终实现赋能产教融合；另一方面，产教融合对劳动教育具有良好的支撑作用，劳动教育也要倚重产教融合，以产教融合推进劳动教育。

扎实推进劳动教育与产教融合相结合，要完善劳动教育与产教融合协同发展的体制机制，构建劳动教育与产教融合协同发展的生态环境，落实有利于产教融合的劳动教育机制，从教育政策、经济政策和社会福利政策入手，对其进行优化调整；要加强劳动教育与产教融合协同发展的顶层设计，建立相应的指导委员会，由产业部门、人保部门和财政部门多部门参与，统筹协调各方的利益关系；要建立劳动教育实施主体与产业行业对话协调机制，培植劳动教育与产教融合协同发展新模式，如共建合作机构、共建实体、共建人才基地、共建合作基金或奖励基金等。

（八）劳动教育与职业生涯教育及就业指导相结合

职业生涯教育是指促进和引导学生个体规划自我职业生涯并落实实施的教育活动，就业指导则是为大学生提供与就业有关的综合性服务活动，如传递就业信息、培养劳动技能等。职业生涯教育及就业指导对于帮助大学生树立正确的人生观、就业观和择业观具有非常重要的指导作用。在职业生涯教育及就业指导中强调劳动品德、劳动态度、劳动观念，能够更好地推动劳动教育落地生根，有助于帮助学生树立正确的择业观念，实事求是、脚踏实地地做好职业生涯规划。

扎实推进劳动教育与职业生涯教育及就业指导相结合，要加大职业生涯教育及就业指导力度，帮助学生树立正确的就业观，正确认识新时代劳动的复杂性与多样性；要将劳模精神、劳动精神、工匠精神与师资队伍建设有机结合，着力建设一支具备深厚劳动教育思想理念的高水平职业生涯指导教师队伍。

（九）劳动教育与校园文化相结合

校园文化是学校发展的灵魂，是凝聚人心、展示学校形象、提高学校文明程度的重要体现，承担着熏陶和影响学生的重要作用。中共中央、国务院印发的《关于进一步加强和改进新形势下高校宣传思想工作的意见》明确提出，“切实加强校园文化建设”。在校园文化中融入劳动教育，能够潜移默化地使学生在心里种下热爱劳动的种子；充分结合劳动诸要素的校园文化，也是具有中国特色、体现新时代要求的大学文化。

扎实推进劳动教育与校园文化相结合，要通过各种丰富灵活的方式手段，积极营造校园劳动文化景观和氛围；要积极开展劳动教育系列活动，通过各类学术和文化文体活动倡扬劳动精神、传递劳动情怀；要积极发挥劳动模范和大国工匠的榜样作用，围绕劳动模范和大国工匠精心策划相关活动，实现劳动模范和大国工匠进校园制度化、经常化、规范化，推动劳模精神、劳动精神和工匠精神在校园落地生根、开花结果。

二、新时代高校劳动教育课程的必要性

高校开展劳动教育，对于深入贯彻落实习近平总书记在全国教育大会上的重要讲话精神、培养德智体美劳全面发展的社会主义事业建设者和接班人，具有十分重大的现实意义。其主要实现途径之一，就是使高校劳动教育课程化。

（一）了解和掌握有关劳动科学最基本的知识结构

大学生一般处于世界观、人生观和价值观的逐步形成阶段，劳动教育对于大学生“三观”的确立起到十分重要的作用。正确的劳动观是形成“三观”的重要基础，它是人类对劳动实践活动及其创造本质的基本看法。劳动观的形成不是一蹴而就的，除了对劳动实践活动的亲自参与和亲身体验，还必须通过课程环节和手段，促使高校学生从思想意识层面真正懂得劳动的全部意义，真正领悟劳动创造价值的道理。“我在劳动中肯定了自己的个人生命”，“我的劳动是自由的生命表现，因此是生活的乐趣”，这种生活的乐趣，就是劳动的幸福感。劳动教育，可让高校学生从思想上认识、批判和摒弃以极度功利化、个人化为表现形式的极端个人主义，使其能够分辨是非，增强免疫力，坚定树立马克思主义的劳动观和劳动是幸福源泉的劳动幸福观。

高校劳动教育同中小学劳动教育既有联系，又有区别。大学阶段的劳动教育，是明确劳动科学体系、掌握劳动科学知识的阶段，必须以劳动教育课程化为基础。

（二）以“知行合一”作为教育的基本原则

从教育的视角观之，这里的“行”是指学校开展的具体的劳动实践活动，目的是使学生亲临劳动实践场合，体验劳动的实际感受；“知”则是指通过课堂教学环节，使学生能够掌握关于劳动的知识。“格物致知”，贵在明理。在劳动实践活动中的直接体认固然重要，但是获得劳动体验绝非劳动教育的终极目的，最终目的在于对劳动道理的感悟，对劳动知识的科学把握。高校学生作为社会生产实践的“准劳动者”和后备力量，不仅要爱劳动、会劳动，更要“明劳动之理”，懂劳动。

（三）应作为高校基础课程中的必修课

其一，高校劳动教育课是一门独立的学科，有别于高校思想政治课，具有不可替代性。前者着重以劳动科学知识对学生进行系统教育，后者则要求学生掌握政治理论、思想修养、伦理道德等多方面的知识，不断提高学生的思想政治素质和道德水平。毋庸置疑，思想政治课也包含有关劳动方面的知识，但是，这些知识都分别蕴含于思想政治课的几门具体学科当中，无法形成劳动教育的系统知识。劳动教育课程同思想政治课程之间，在逻辑上是一种交叉关系。由此可见，高校思想政治课不能也无法取代劳动教育课。

其二，高校劳动教育课程的目的有别于思想政治教育的目的，前者要求学生不能仅仅驻足于良好习惯的养成，停留于道德品质的修养上，而是要通过劳动教育课程的学习，深化对劳动的认识，懂得劳动的道理。

其三，高校劳动教育课程也有别于其他与劳动相关的专业课。劳动教育课程属于普及劳动科学知识的必修课，注重普及性，是对所有高校学生进行劳动教育的必修课；而与劳动相关的专业课，诸如劳动法学、劳动伦理学、劳动社会学等则更加注重专业性，是培养专门人才的专业性课程设置。

（四）应作为劳动教育的基本课程

马克思主义认为，劳动是人们认识和改造自然界的自觉的、有目的的能动活动。伴随着人类劳动实践活动的发展，形成了人与自然的关系、人与社会的关系，形成了基于劳动基础之上的诸多自然科学门类、社会科学门类以及思维科学门类。正是建立在共同的劳动语境下，以劳动实践为基础的诸多同劳动实践紧密联系的学科门类应运而生，并赋予劳动科学以科学性特征。对于高校学生而言，如果不对其进行系统的劳动科学教育，学生就不能透彻地了解劳动的本质规定、劳动的创造价值、劳动的普遍意义、劳动对于实现人的全面发展的重要作用，他们对劳动科学知识的掌握一定是支离破碎的，甚至停留在对劳动的感性认识阶段。显然，这对于我国高等教育培养德智体美劳全面发展的合格人才是极为不利的，主要体现在不利于学生的全面发展，以及不利于学生今后职业规划和对自身享有合法权益的认知，这是高校教育的一个缺憾。基于此，将劳动科学作为劳动教育的基本课程，是一个科学的选择，既具有合目的性，也具有合规律性。

三、新时代劳动教育课程的基本要求

高校劳动教育课程是一个有机的系统，主要涵盖劳动教育的指导思想、教学原则、教学目的、教学方法、教材建设、课时分配、师资队伍建设等方面。

（一）指导思想

新时代，我们要坚持以习近平总书记关于劳动精神的重要论述作为指导思想。

（二）教学原则

1. 坚持教育引导

高校劳动教育要体现对大学生积极的教育引导作用，使其通过劳动课程的学习，逐步掌握关于劳动的科学理论知识，把握人类劳动实践的发展规律，从而真正树立尊重劳动、崇尚劳动、热爱劳动的意识。劳动教育重在引导，因此，要摆脱板着面孔说教的窠臼。在教材编写方面，一定要多用引导性语言，以大学生愿意接受的各种形式，循循善诱，说明道理，以提高教材的吸引力、感染力和影响力。

2. 坚持教育深化

“熟知并非真知”具有普遍的真理性，依据这一命题，高校劳动教育一定要避免驻足于“熟知”阶段所造成的浅尝辄止，而应当以实现“真知”为努力方向，即达到对劳动问题的本质揭示、科学揭示、系统揭示。要求劳动教育一方面要在理论上将劳动的本质、劳动实践的普遍意义解释清楚；另一方面要将人们通过劳动实践所结成的现实关系给予透彻的分析，强调人的劳动活动作为人的研究对象，已经取得了丰硕的研究成果，成为系统化的科学。基于这一思路，应突出劳动的科学性和系统性。

3. 坚持劳动教育从实际出发

高校劳动教育在实施教学实践中，应坚持从实际出发的原则，不要搞“一刀切”。主要体现在两个方面：一是因校制宜。在劳动教育方针指导下，各个高校应以本校相关教学资源、师资队伍、学生实际等客观情况为出发点，制订并实施适合本校实际的劳育教学计划。二是因地制宜。高校劳育必须与当地的实际紧密结合，最大限度地利用本地区劳育资源，科学筹划创建劳育校外实践基地，要同一些生产企业、事业单位、科研院所以及服务业加强联系，使之能为学生进行劳育提供实践场所；同时还要加强同当地工会组织联系，并在工会的支持下，开展弘扬劳模精神、厚植工匠文化等活动，使学生在活动中感受到劳模与工匠的优秀品格和高尚精神。

（三）教学目的

高校劳动教育是以大学生作为教育对象，以普及劳动科学理论、基本知识作为教育的主要内容，以讲清劳动道理为教育的着力点，其目的是让高校学生通过对劳动的基本理论学习，深刻认识人类劳动实践的创造本质，深入理解劳动实践对于立德树人的重大意义，深切感悟劳动实践对于人的自由全面发展所具有的重要推动作用，使大学生能够树立起正确的劳动意识，形成科学的劳动观；进一步明确我国工人阶级的劳动实践在实现中华民族伟大复兴中国梦的伟大征程中所发挥的主力军作用，使高校学生真正在思想意识层面切实认识和领会“劳动最光荣、劳动最崇高、劳动最伟大、劳动最美丽”的深刻道理及其重大意义，从而真正树立起尊重劳动、尊重知识、尊重人才、尊重创造的意识。

思考与讨论

1. 对于劳动教育，你会向学校提什么建议？
2. 你觉得新时代的大学生参加劳动教育对文化知识的学习有帮助吗？

第四章 工匠精神

一个国家、一个社会需要多种多样的人才，既要有一流的科学家、教授、政治家等，更要有高素质的工人、厨师、飞机驾驶员等高技能人才。

——中国科学技术大学前校长 朱清时

第一节　工匠精神概述

数千年来，我国历史上产生了无数的能工巧匠，创造了辉煌灿烂的物质文明，也为后人留下了丰厚的文化遗产。中国共产党在百年奋斗历程中，不断培育并逐渐形成了体现民族精神和时代精神的工匠精神。

工匠精神一直根植于中国传统文化之中。在我们身边，也不乏具有工匠精神的企业和个人。然而长期以来，工匠精神却是“养在深闺人未识”，并没有引起人们的足够重视。直到2016 年经政府提倡之后，“工匠精神”才迅速引起了社会各界的广泛热议与共鸣，不仅入选《咬文嚼字》杂志发布的“2016 年度十大流行语”，同时也成了各大品牌广告中的热门词汇。

一、工匠精神的形成背景

在新民主主义革命时期，党发挥先锋队作用，发动和带领工人阶级开展革命运动，工人阶级在精神上从被动转为主动。从土地革命到解放战争，党带领人民开辟了革命根据地，革命根据地的手工业、工业生产成为工匠精神的实践源头。革命根据地往往地处偏远，几乎没有现代工业生产条件，加上敌人严密封锁，军民的生产和生活条件极端困苦。党在根据地开展大生产运动和劳动竞赛等促进生产的活动，随着军需工业和民用工业的建立与发展，涌现出以赵占魁、吴运铎为代表的一大批卓越工人，他们的生产成果为新民主主义革命的胜利奠定了重要的物质基础。

在社会主义革命和建设时期，党领导工人阶级全力开展工业化建设。我国工人阶级在政治和经济上实现了翻身，一跃成为国家的主人，成为建设国家的中流砥柱。这一时期，我国工业基础薄弱，党中央为我国的工业化规划了蓝图，为工人阶级确立了奋斗方向。因此，涌现了一批批“能工巧匠”，如郝建秀、倪志福、王进喜、王崇伦等，他们敬业乐业、无私奉献、自力更生，助力我国在 1949 年至改革开放的短短 30 年中，把落后的小生产、小工业发展成了大生产、大工业，建立了门类比较齐全的工业体系。这一时期，我国工人阶级参与建设和制造的诸多大工程和国之重器，赶上了世界先进水平，彰显了工人阶级的力量和现代化生产条件下的工匠精神。

在改革开放和社会主义现代化建设的新时期，我国现代化建设飞速发展。我国工人阶级的整体劳动素质不断提高，具备了现代化的生产管理意识，能够学习、掌握现代科学技术。社会主义市场经济体制的确立，进一步激活了工人的活力，壮大了工人队伍，推动着生产力不断发展。几十年来，我国建立了世界上最完整的现代工业体系，科技创新和重大工程捷报频传，基础设施建设成就十分显著，工人队伍是实现我国快速发展奇迹的中坚力量，使我国用几十年时间走完了发达国家几百年走过的工业化历程。

中国特色社会主义进入新时代，我国工人队伍在实现中国梦伟大进程中拼搏奋斗、争创一流、勇攀高峰，为决胜全面建成小康社会、决战脱贫攻坚发挥了主力军作用，用智慧和汗水营造了劳动光荣、知识崇高、人才宝贵、创造伟大的社会风尚，工匠精神更是日臻成熟。

拓展阅读

古代的工匠精神

工匠精神是中国人自古及今、绵延百代孜孜以求的真理。早在《诗经》中，就把对骨器、象牙、玉石的加工形象地描述为“如切如磋”“如琢如磨”。对此，孔子在《论语》中十分肯定，朱熹《论语》注中解读为：“治之已精，而益求其精也。”再看《庄子》中的“庖丁解牛，技进乎道”、《尚书》中的“惟精惟一，允执厥中”以及贾岛关于“推敲”的斟酌，都体现了中国古代的匠人精神。

古代中国曾是世界上最大的原创之国、匠品出口国及匠人之国。而中国的丝绸、瓷器、茶叶、漆器、金银器、壁纸等产品曾是世界各国王宫贵族和富裕阶层的宠儿。早在西周时期，就已设立了“百工制度”，古代的“中国制造”闻名远近。

韩非子《五蠹》一文中提到了最早造房子的有巢氏、最早钻燧取火的燧人氏。“上古之世，人民少而禽兽众，人民不胜禽兽虫蛇。有圣人作，构木为巢以避群害，而民悦之，使王天下，号曰有巢氏。民食果蓏蚌蛤，腥臊恶臭而伤害腹胃，民多疾病。有圣人作，钻燧取火以化腥臊，而民说之，使王天下，号之曰燧人氏。”这就是最早的“匠人治国”的案例。

鲁班生活在春秋末、战国初，出身于世代工匠的家庭。从小，鲁班就参加了许多土木建筑工程劳动，逐渐掌握了生产劳动的技能，积累了丰富的经验，被尊奉为木匠的祖师。木工师傅们用的手工工具，如钻、刨子、铲子、曲尺、画线用的墨斗，据说都是鲁班发明的，鲁班的名字已经成为古代劳动人民智慧的象征。

特别典型的还有前面提到的庖丁解牛。厨师给梁惠王宰牛，其手所接触的地方、肩膀所依靠的地方、脚所踩的地方、膝盖所顶的地方，哗哗作响；进刀时没有不和音律。梁惠王问："你解牛的技术如何高超到这种程度啊？"厨师回答说，要依照牛体本来的构造去宰去解，他的刀刃始终像刚磨过一样锋利。厨师还说：每当碰到筋骨交错、很难下刀的地方，他便格外小心，提高注意力，动作缓慢，把视力集中到一点……庖丁解牛的故事告诉人们一个道理，做任何事只有做到心到、神到、手到，才能达到出神入化的境界。而工匠精神的核心便是：不仅仅是把工作当作赚钱的工具，更要树立一种对工作执着，对所做事情、所造产品精益求精、精雕细琢的精神。

中国自古就有追求"精确"的传统。"差之毫厘，谬以千里"的说法就是例证。欧阳修《归田录》载，汴京开宝寺塔"在京师诸塔中最高，而制度甚精，都料匠预浩所造也"。都料匠，工匠的总管或曰总工匠。预浩把塔建好后，却是"望之不正而势倾西北"，成了斜塔。大家都奇怪这是怎么回事，预浩解开了谜团："京师地平无山，而多西北风，吹之不百年，当正也。"《尚书·大禹谟》云："人心惟危，道心惟微；惟精惟一，允执厥中。"只有沉得下心、坐得住"冷板凳"，才能真正做出匠心独运、经得起时间检验的作品。如今，尊重工匠的劳动，以良好的环境催生新时代的工匠精神，才能使工匠精神绽放异彩。

二、工匠精神的意义

2016 年 3 月，政府工作报告中首次提及"工匠精神"："鼓励企业开展个性化定制、柔性化生产，培育精益求精的工匠精神，增品种、提品质、创品牌。"时隔一年，2017 年政府工作报告中再提"工匠精神"："要大力弘扬工匠精神，厚植工匠文化，恪尽职业操守，崇尚精益求精，培育众多'中国工匠'，打造更多享誉世界的'中国品牌'，推动中国经济发展进入质量时代。"政府为什么两提"工匠精神"？"工匠精神"为什么会迅速在社会各界流行起来？细想之下不难明白：无论是"大众创业、万众创新""中国制造 2025""供给侧改革"及"一带一路"倡议等国策，还是衣食住行、柴米油盐、教育娱乐等民生日用，都离不开"工匠精神"。"工匠精神"合乎国家战略与民心所向。

工匠，从字面来看，就是工人、匠人的意思；《现代汉语词典》（第 7 版）中的解释是手工艺人。他们技艺精湛，匠心独具；他们勤劳、敬业、稳重、干练及遵守规矩，一丝不苟；他们不断雕琢自己的产品，不断改善自己的工艺，享受产品在手中升华的过程；他们以工作获得金钱，但他们不为金钱而工作。

随着工业化的迅猛发展，许多传统手工业都消失了，但工匠精神作为一笔宝贵的"商业文化遗产"，仍有必要被很好地继承和发扬。即使到了高度自动化的人工智能时代，工匠精神背后所蕴藏的原理和精神依然适用。工匠们对品质的追求、对职业的奉献、对道德的坚守，仍然是十分宝贵的职业精神。无论是教师、医生、工人，还是服务人员，每个人都是掌握某项技能的"工匠"，想要把工作做好，都需要工匠精神。

中国科学技术大学前校长朱清时说过："一个国家、一个社会需要多种多样的人才，既要有一流的科学家、教授、政治家等，更要有高素质的工人、厨师、飞机驾驶员等高技能人才。”社会的发展，离不开各行各业的“工匠”。

《荀子·荣辱》中说：“农以力尽田，贾以察尽财，百工以巧尽械器，士大夫以上至于公侯莫不以仁厚智能尽官职。”如果每个人都能以工匠精神对待自己的工作，尽到自己的责任，那么大到一个国家，小到一个企业、组织单位和家庭，不就自然而然地实现治理了吗？如今，伴随着中国梦和民族复兴的伟大进程，在建设工业强国、品牌强国、质量强国的时代背景下，工匠精神不仅是各行各业需要传承和发扬的时代精神，也是我们每个人都要努力追求的职业与人生境界！工匠的人生必将是一个精彩的人生、充实的人生、幸福的人生、快乐的人生！而工匠的中国也必将是一个崛起的、富强的、文明的、进步的中国！让我们每个人都从自己的岗位做起，做一个推动国货崛起的“工匠”，重新定义“中国制造”“中国品牌”的世界形象！争做时代工匠，创造出彩人生！

第二节　工匠精神的内涵

工匠精神是每个劳动者都可以具有的劳动品质。不甘平庸的劳动者在平凡的工作中只要不断对自己提出更高的要求，并不断自我超越、自我提升、自我完善，始终追求做更好的自己，就能成为工匠。

2016 年，政府工作报告中说到“提升消费品品质”时，强调“培育精益求精的工匠精神”。所谓“工匠精神”，其核心是：不仅仅是把工作当作赚钱的工具，而是要树立一种对工作执着、对所做的事情和生产的产品精益求精、精雕细琢的精神。

一、敬业——职业精神

敬业是从业者基于对职业的敬畏和热爱而产生的一种全身心投入的认认真真、尽职尽责的职业精神状态。中华民族历来有“敬业乐群”“忠于职守”的传统，敬业是中国人的传统美德，也是当今社会主义核心价值观的基本要求之一。

史庆明在粮食供应系统已经工作了 30 多年，作为一家粮油食品公司的总经理也有近 20 年。虽然是粮店的一把手，但史庆明并没有以领导的身份自居。走进史庆明的办公室，四面墙上挂满了锦旗和荣誉牌匾。这些既是他的荣誉，也是他的责任。它们时刻提醒着他，永远都要坚持为人民服务。

拓展阅读

敬业奉献育桃李

“苏老师平时不多言不多语，但一聊到工作和专业教学时，那就是关不住的水龙头，天文地理什么知识都能说出一二三来。”同事对苏惠明印象最深的就是敬业“工作狂”、专业“话痨子”和“博学专家”，而在历届学生眼中，苏惠明则是慈祥有爱的“老父亲”。

自 1995 年参加工作以来，苏惠明先后参加了攀钢、昆钢、梅钢、南钢、酒钢、巴布亚新几内亚等地的液压管道、氧气管道、蒸汽管道、压力容器管道、矿浆管道、高炉炉体、钢结构的焊接工作，申报了“一种焊接支架”“一种打磨拼装平台”等十余项国家实用新型专利，发表论文 6 篇、主编出版教材 1 本，完成部级课题 1 项。苏惠明用自己的行动证明了一线工人也能在平凡的岗位上书写华彩乐章。

参加工作伊始，苏惠明只是一名普普通通的技术工人，也曾因自己专业技术不精、工作能力不强而被人指指点点，但苏惠明从未埋怨、从未记恨过，而是将这种“看不起”作为自己前行的动力。

慢慢地，一向内敛的苏惠明开始走进了老师傅的眼中。工作之余，他会主动向老师傅请教焊接及各种专业问题；早晚闲暇之余，他将自己扎根于书本之中，钻研焊接技术、CAD 制图等各领域知识。

有心人天不负。苏惠明的勤勉、敬业和好学让他在生产一线及教育教学一线都得心应手、业绩突出，他用时间和行动，实现了自己从普通技工到高级技师、技术专家、四川工匠的华丽蜕变。

凭借自己掌握的焊接理论和多年积累的焊接经验，苏惠明先后创新出手工电弧焊、埋弧自动焊、手工钨极氩弧焊、二氧化碳气体保护焊、长输管道手工下向焊以及不锈钢、耐热钢、铸铁、铜等特殊材质焊接多种新工艺，并在公司进行推广使用，提高了公司焊工队伍的整体焊接水平，为工程建设提供了可靠的技术和质量保证，并大大节约了工程成本，提高了工程效益，增强了公司的竞争力和知名度。

2004 年 10 月，苏惠明在全国冶金建设行业第六届焊工技术比赛中取得冶金建设行业“技术能手”称号；2007 年 3 月荣获“全国技术能手”称号；2009 年 11 月被聘为“全国冶金建设高级技能专家”称号；2015 年 3 月被评为“攀枝花市劳动模范”；2018 年 8 月获“四川省第十三批有突出贡献的优秀专家”；2019 年 9 月被评为四川省第二批“四川工匠”。

因工作成绩突出，2013 年 10 月，苏惠明被选调到中国十九冶攀枝花技师学院任教。在苏惠明眼中，培育人才是自己的使命和责任，让更多的应用型、创新型、技能型人才在生产一线发挥才能、干出成效，是他最大的心愿。

自到校任教以来，苏惠明兢兢业业，将自己的技艺毫无保留地传授给学生们。他高超的技艺和高尚的师德，赢得了学生和同事的喜爱和赞扬。在教学之余，他也不闲着，指导和培训学生们参加各级各类大赛。培养的选手先后在多项国际国内大赛中摘金夺银。

育人先育己，为了更好地做好本职工作，苏惠明一有时间就不断学习提升自己。在课堂上，他教会学生明白“差之毫厘，谬以千里”的道理；在赛场上，他告诉学生“心有多大，舞台就有多大”；在工作中，他用实际行动证明“一分耕耘一分收获”。这就是苏惠明，一个脚踏实地、在平凡岗位上用实际行动来诠释工匠精神的匠人。他带着“守其初心，始终不变”的信念，勇往直前，用责任担当诠释着一名共产党员的赤胆忠心。

二、协作——团队精神

所谓协作，是指团队成员的分工合作。与传统工匠不同，新时代工匠尤其是产业工人的生产方式已不再是手工作坊，而是大机器生产，工匠们所承担的工作只是众多工序中的一小部分。

雷军表示，小米智能手机成功之道在于有好的创业团队、创新及好口碑。雷军在“创业小聚年会”上分享了自己的创业经验。在谈到创业成功之道时，雷军表示，在竞争日益激烈的今天，找到好的创业团队就是成功的一半。创业时，他花了半年多的时间，找遍了所有认识的人，才组建了小米科技的核心团队。而 MIUI、小米手机和米聊则组成了一个“铁三角”，让小米智能手机与其他竞争对手区分开来。

三、精益——品质精神

精益就是精益求精，是从业者对每件产品、每道工序都凝神聚力、追求极致的职业品质。所谓精益求精，是指已经做得很好了，还要做得更好，“即使做一颗螺丝钉也要做到最好”。正如老子所说：“天下大事，必作于细。”

用非遗“锦绣”织就巾帼致富路的付国艳出生在贵州安顺，这里的蜡染被誉为“东方第一染”，安顺也被誉为“蜡染之乡”。付国艳团队已经取得了贵州民族手工艺的 15 项专利，但她仍然怀揣着对传统工艺不变的坚持和敬畏，“会创造更多更好的民艺产品，继续带动更多的贫困妇女居家就业增收，让民族工艺的璀璨明珠在更多人手中传承下去”。

拓展阅读

用“精益求精”诠释工匠精神

谦逊严谨，沉静内敛，是记者初见阜新封闭母线有限责任公司副总工程师、技术研发部部长杨青时的第一印象。入职 15 年来，杨青潜心钻研、攻坚克难、精益求精，勇当新产品研发的“开路先锋”，用严谨与专注、实干与创新，诠释了新时代的工匠精神。

作为公司技术研发带头人，杨青肩负的担子很重。他不仅要负责组织新产品设计、开发工作的编制与统计，还要根据公司发展规划，组织实施技术改造立项，参与编制企业中长期科技发展规划等。虽然工作量大、任务繁重，但杨青总是能够高效优质地完成各项任务，靠的就是四个字——精益求精。

“精益求精”，是杨青刚刚踏上工作岗位时，师傅给他上的第一课，也是让他铭记一生的一课。在封闭母线行业工作多年，杨青深谙过硬技术和严谨工作态度的重要性。他认真学习专业知识，刻苦钻研工艺技术，练就了一身本领，解决了大量技术改造和安全生产中的关键难题。

几年来，杨青带领技术团队先后设计了神华寿光电厂 1000MW 离相及共箱母线、中电普安电厂 600MW 离相及共箱母线、越南永新电厂 600MW 离相及共箱母线等 20 多个项目的封闭母线设计工作。其研发的“钻床钻孔操作台”“具有防干烧功能的封闭母线微增压器”“封闭母线除湿系统”等项目获得多项实用新型专利。

2010 年，杨青被任命为技术研发部副部长，2013 年任技术研发部部长，2016 年被评为副总工程师。无论在哪个岗位，他始终坚持扎根一线、现场指导，凡事亲力亲为，以高度的责任感、使命感和工作热情开展工作。

爱岗敬业、无私奉献是杨青工作中的鲜明特点。工作 15 年，加班是他的常态，连婚假也仅休了一天。有一次，外地一企业需要紧急实施电锅炉改造项目，要求公司在 15 天内完成设计生产。这项在常人看来不可能完成的任务，杨青却义无反顾地接了下来。为给生产留出足够时间，杨青决定尽最大可能缩短设计周期，最终与设计人员一起连续奋战两昼夜之后，提前完成了正常情况下需要一周的设计工作。

2017 年，作为技术骨干的杨青再次临危受命，主持公司新产品研发工作，先后立项“母线除湿系统”“全绝缘浇注母线”“全绝缘管型母线”3 个新产品项目。这一系列新产品的研发，不仅有助于公司实现新的利润增长点，而且对公司建立完善封闭母线系列产品具有重大意义。

在新产品研发期间，杨青天天驻守在公司，一边进行研发设计工作，一边到车间参与产品试制工作，带领团队攻克了一个又一个技术难题。目前，所有项目均已研发成功，并取得了第三方的型式试验报告。一分耕耘，一分收获。新产品得到了广大客户的认可，已成功应用于多项重点工程当中，为公司增加了经济效益，杨青也成为公司当之无愧的科研管理及技术创新带头人。

在同事眼里，杨青是一个“爱较真儿”的人。每次在图纸校核中发现设计问题，他都会组织全体设计人员进行总结分析，形成纪要，并对相关责任人追责，避免在以后工作中再次发生同样问题。为了节约设计成本、降低材料消耗、增加企业利润率，他要求设计人员严格核算每一种材料的消耗量能否更低，并通过培训，提高设计人员降低成本的意识。同时，他仔细研究每个项目的技术条款，发掘可取消项目或以小代大项目等，每年可为公司节约设计成本百万元以上。不仅如此，他还组织人员重新编写制定各车间工艺文件，并积极指导、检查和监督工艺纪律贯彻情况，进一步使各车间的生产工艺管理规范化、标准化。连续几年来，公司未发生交货产品质量事故，各车间均未发生一起轻伤及以上人身事故。

五年弹指一挥间，从一名普通技术员到副总工程师，杨青始终牢记责任与担当，对质量精益求精，对制造一丝不苟，以务实求真的品格履行着一名技术研发人员的职责，在平凡的工作岗位上实现了人生价值。

四、专注——坚持精神

专注就是内心笃定而着眼于细节的耐心、执着、坚持的精神，这是一切大国工匠所必须具备的精神特质。从中外实践经验来看，工匠精神都意味着一种执着，即一种几十年如一日的坚持与韧性。

徐仲维手握 8 项国家专利，其中发明专利“一种外径千分尺检定校正装置”，获得了全国第 19 届发明展铜奖。2017 年，他收到了一项人生的最高奖励——全国第十三届高技能人才获奖证书。“穿新鞋走老路，不会有突破，我觉得穿新鞋就要走新路。”徐仲维对解决技术方面的问题，从不墨守成规，总是要打破常规找思路。

几年前，集团公司承担了一项国防科技重大技术攻关项目，徐仲维担任安装调试、装配工艺技术工作。由于该项目的技术处于国际科技前沿，无任何经验借鉴，徐仲维便四处寻资料，想办法，折腾了很长一段时间，却一无所获。十分苦闷的他，一连几天，日夜围绕车间的操作台转来转去，当他想到自己常年处理装配技术解决的诸多实际问题时，眼前突然一亮，用分段的方式说不定就能解决这一重大项目的技术难题。顺着这个思路，他奋战了 10 多个昼夜，通过制订实施方案、调整操作规程、改变加工手段等，终于成功利用分段轨道精确定位的整套程序，攻克了这一难题。

某国家重点科研项目中长约 200 米的导轨进行装配时，其测量精度的准确性要求非常高，虽然德国、美国某些公司的测量精度可以达到，但测量长度最高只有几十米。为此，徐仲维借鉴国外经验，自主创新，摸索出一套完整的双轴平面测量方法，运用高精设备，满足了测量精度要求。

在军工重大攻关项目中，徐仲维充分发挥自己丰富的专业知识和极强的动手能力，设计制造各类特殊加工设备及装置 10 余台套，解决了多项技术难题，加快了科研项目的进度。“失败与成功，往往一步之遥，坚持就能看到曙光。”徐仲维记得某个国家重点科研项目中有一项技术，就是高能电机定子线圈的绕制工艺。该工艺要求在同一定子铁芯绕制多相多级线圈，不能拼头、不能缠绕，尺寸也要求极高。一时间，分管技术的高层都觉得非常棘手，甚至有放弃的想法。其实，这时徐仲维的压力比任何人都大，可他总觉得有办法扫除“拦路虎”。他与自己的团队，制定攻关方案，一个不行再来一个，这种方案加起来就有 10 多个。正是这种永不言弃的坚持，使他们最终设计制造出两台大型全自动绕线整形机，其技术达世界前沿水平。徐仲维发明的该项技术获得 4 项国家专利。

五、创新——革新精神

工匠精神强调执着、坚持、专注，甚至是陶醉、痴迷，但绝不等同于因循守旧、拘泥一格的“匠气”，而是追求突破、追求革新的创新内蕴。这意味着，工匠必须把“匠心”融入生产的每个环节，既要对职业有敬畏、对质量够精准，又要富有追求突破、追求革新的创新活力。事实上，古往今来，那些热衷于创新和发明的工匠一直是世界科技进步的重要推动力量。

坐落在上海市浦东新区浦电路 370 号的宝钢股份有限公司（以下简称“宝钢”）是中国现代化程度最高、最具竞争力的钢铁联合企业，成立 38 年来为国家经济社会发展作出了巨大贡献。19 岁怀揣八级钳工梦的王军刚从上海宝钢工业技术学校毕业就被分配到宝钢，在 2050 热轧精整线做剪刃组装工，成为蓝领科学家。

弘扬创新精神 深化改革创新

创新是一个系统工程，创新链、产业链、资金链、政策链相互交织、相互支撑，改革只在一个环节或几个环节搞是不够的，必须全面部署，并坚定不移地推进。我们应当从健全国家创新体系、提高全社会创新能力的战略高度，通过深化改革和制度创新，让科技创新居于国家发展全局的核心位置。科技创新和制度创新只有双轮驱动、相互协调、持续发力，才能促成经济发展方式的根本转变。

深化改革创新，就要以科技创新为核心，引领科技体制及其相关体制深刻变革。如果把科技创新比作我国发展的新引擎，改革就是点燃这个新引擎必不可少的点火系，必须采取更加有效的措施完善点火系，全速发动创新驱动的新引擎。当前，无论是“部门领导拍脑袋、科技专家看眼色行事”的科技决策方式，还是“让人的创造性活动为经费服务”的科研经费使用和管理方式，无论是“简单套用行政预算和财务管理方法”管理科技资源，还是“以科技创新质量、贡献、绩效为导向”的分类评价体系的缺失，都是阻碍科技创新的体制机制弊端，都必须下决心予以革除。

深化改革创新，就是要深化体制机制创新，形成服务科技创新的制度合力。企业应成为技术创新决策、研发投入、科研组织、成果转化的主体，要制定和落实鼓励企业技术创新各项政策，加强对中小企业技术创新支持力度。科研院所和研究型大学是科技发展的主要基础所在，应优化科研院所和研究型大学科研布局，厚实学科基础，培育新兴交叉学科生长点。各地在创新发展中应尊重科技创新的区域集聚规律，因地制宜探索差异化的创新发展路径，建设若干具有强大带动力的创新型城市和区域创新中心。

深化改革创新，就要以弘扬创新精神为方向，培育符合创新发展要求的人才队伍。人是科技创新最关键的因素，创新的事业呼唤创新的人才。建设世界科技强国，关键是要建设一支规模宏大、结构合理、素质优良的创新人才队伍。我们不仅要大兴识才、爱才、进才、用才之风，也要改革人才培养、引进、使用等机制。我们不仅要尊重科技人才培育和成长规律，不要用死板的制度约束科学家的研究活动，而且要让领衔科技专家有更大的技术路线决策权，更大的经费支配权，更大的资源调度权。

从总体上看，今天的中国，在主要科技领域和方向上实现了“占有一席之地”的战略目标，正处在跨越发展的关键时期。坚持科技创新与制度创新两手抓、两个轮子一起转，我们才能走出中国特色自主创新道路，争取早日建成创新型国家、建成世界科技强国。

第三节　工匠精神的当代价值

在历史上，中国是当之无愧的工匠大国，根植于传统文化之中的工匠精神，也一直是中华民族的优良传统和民族精神。改革开放以来，我们在追求经济快速增长的同时，那个曾经孕育了光辉灿烂的技术文明，创造了茶叶、瓷器、丝绸、指南针等无数享誉世界的产品与发明的工匠精神，却与我们渐行渐远。对工作的信仰、对品质的执着、对道德的坚守，被短期的商业利益取代，我们只能从“文明古国”和文物遗迹中去追忆昔日工匠大国、品牌大国的风采！

工匠，并非狭义上的手工艺匠人。无论是教师、医生、工人，还是服务人员，每个人都是掌握某项技能的“工匠”。从自己的岗位做起，让产品在自己手中精起来、美起来，做一个推动国货崛起的“工匠”，让“中国制造”再次成为享誉世界的名牌，让“文明古国”再次绽放出新的光彩，正是我们每个人光荣的使命和义不容辞的责任！工匠的人生必将是一个精彩的人生、充实的人生、幸福的人生、快乐的人生！而工匠的中国也必将是一个崛起的、富强的、文明的、进步的中国！

当前，我国正处在从工业大国向工业强国迈进的关键时期，培育和弘扬严谨认真、精益求精、追求完美的工匠精神，对建设制造强国具有重要意义。工匠精神的内涵已经不仅包含工匠这个职业本身所具备的价值取向，而且是作为在社会工作中的任何人的行为追求。

一、衡量社会文明进步的重要尺度

实现中华民族伟大复兴的中国梦，物质财富要极大丰富，精神财富也要极大丰富，只有物质文明建设和精神文明建设都搞好，国家物质力量和精神力量都增强，全国各族人民的物质生活和精神生活都改善，中国特色社会主义事业才能顺利向前推进。也就是说物质文明与精神文明是推动社会文明进步的“两个轮子”，是实现中华民族伟大复兴中国梦的“一双翅膀”，二者缺一不可。从精神文明来看，工匠精神是一种职业精神，在本质上与社会主义核心价值观，特别是同其中的敬业、诚信要求高度契合的。从物质文明的角度来看，工匠精神在物质文明的创造过程中可以发挥强大的精神动力及智力支撑作用。

二、激励中国制造前行的精神源泉

制造业是国民经济的主体，是立国之本、兴国之器、强国之基。新中国成立尤其是改革开放以来，我国制造业持续快速发展，我们建成了门类齐全、独立完整的产业体系，有力地推动了工业化和现代化进程，显著增强了综合国力，支撑世界大国地位。然而，中国制造业发展程度与世界先进水平相比仍然大而不强，在自主创新能力、资源利用效率、产业结构水平、信息化程度、质量效益等方面差距明显，转型升级和跨越发展的任务紧迫而艰巨。

为实现中国从全球制造大国到制造强国的跨越，2015 年 5 月 8 日，国务院正式印发《中国制造 2025》，提出了中国政府实施制造强国战略第一个十年的行动纲领。中国要迎头赶上世界制造强国，成功实现《中国制造 2025》战略目标，就必须在全社会大力弘扬以工匠精神为核心的职业精神。只有当敬业、协作、精益、专注、创新的工匠精神融入生产、设计、经营的每个环节，实现由“重量”到“重质”的突围，中国制造才能赢得未来。在中国从制造大国迈向制造强国的进程中，工匠精神被赋予了新的时代内涵。它不是工匠大师特有的殊荣，每个坚守工作岗位兢兢业业的劳动者都是对工匠精神的生动诠释。促进企业竞争发展的品牌资本随着市场经济特别是知识经济的到来，现代经济越来越呈现为一种品牌经济。在现代市场经济视域下，作为知识资本形态的品牌形象也是一种可经营的企业资本，是一种潜在的、无形的、动态的、能够带来价值增值的价值，是传统的会计体系反映不了的无形资本。塑造良好的品牌形象，有效开发、经营品牌资本，是企业参与市场竞争、占领市场制高点的重要手段。

事实上，“工匠精神”在企业品牌形象塑造和品牌资本创造过程中具有十分重要的作用。“工匠精神”是企业品牌内涵的重要体现，也是企业品牌知名度、美誉度以及顾客忠诚度培育的有效途径，更是企业品牌资本价值增值的重要来源。其实，中华老字号全聚德烤鸭能够驰名世界，也是得益于其“食不厌精、脍不厌细”的“工匠精神”。

三、引领员工个人成长的道德指南

尊重员工的价值，启迪员工的智慧，实现员工的发展，不仅是员工个人成长的强烈需求，还是现代企业的责任和使命。事实上，企业员工所具有的高尚职业操守和强烈的工匠精神与拥有较高专业知识技能一样。河北沧州人李德自 1982 年进入环卫系统，30 多年来，从以身作则、不眠不休工作的“拼命三郎”，到寻求技术突破、提高机械化作业率解放双手的专家，用自主创新真正改善了这份曾被戏言“顶风臭八里地”的工作，其自主创新成果实现了环卫工作“少些味道、多些尊严”的目标。

美国旅馆业巨头康拉德·希尔顿年轻时有过在酒店打工的经历。最初，上司安排他打扫卫生，刷马桶是其中必要环节。希尔顿对这份工作不满意，对待工作很懈怠。有一天，一位年龄稍长的女同事见他刷的马桶很不干净，就亲自为他做示范，并告诉他，自己刷完的马桶，是有信心从里面舀水喝的。这件事对年轻的希尔顿触动很大。从此他一改对工作的懈怠应付，逐渐树立起踏实认真、一丝不苟的职业精神。后来，希尔顿拥有了自己的酒店，并在行业内独树一帜。回顾他的成功之路，不难发现，他年轻时所遇到的“喝马桶水”的职业精神教育这一课，是他成长、成才、成功的重要精神财富。事实上，企业员工所具有的高尚职业操守和强烈的“工匠精神”，同拥有较高专业知识技能一样，是其自身立足职场的重要条件和在未来职业生涯中脱颖而出的制胜法宝。

四、实现劳动者自我价值的重要途径

当今，机器化生产提高了产品生产率，很多工作由计算机、机器来完成，很多劳动者在工作中觉得单调、机械和乏味。实则不然，对一个具有工匠精神的劳动者而言，产品是向往自由美好愿望的充分表达。

经过改革开放近 40 年的发展，我国早已成为世界第一制造业大国。尽管我们成了“世界工厂”，贴着“MADE IN CHINA”标签的产品在世界随处可见，大到汽车、电器制造，小到制笔、制鞋，国内许多产业的规模居于世界前列，但这里面却依然缺少真正中国创造的东西，甚至一些外国人将其等同于“山寨”产品。这严重损害了中国企业和中国品牌的形象。在许多业内人士看来，我国制造业大而不强，产品质量整体不高，背后的重要根源之一就是缺乏具备“工匠精神”的高技能人才。为实现中国从全球制造大国到制造强国的跨越，2015 年 5 月 8 日国务院正式印发《中国制造 2025》，提出了中国政府实施制造强国战略第一个十年的行动纲领。中国要迎头赶上世界制造强国，成功实现中国制造 2025 战略目标，就必须在全社会大力弘扬以“工匠精神”为核心的职业精神。只有当敬业、精益、专注、创新的“工匠精神”融入生产、设计、经营的每一个环节，实现由“重量”到“重质”的突围，中国制造才能赢得未来。

第四节　践行工匠精神

工匠精神是指工匠在高超职业技能和良好人文修养结合下形成的一种精神理念。它既体现为工匠的气质，又体现为产品的品质。就其应具备的品质而言，包括工匠对职业的热爱与专注、一丝不苟的态度与精益求精的精神、品牌意识与创新精神及对“道技合一”境界的追求。

一、工匠精神之敬业

敬业是从业者基于对职业的敬畏和热爱而产生的一种全身心投入的认认真真、尽职尽责的职业精神状态。中华民族历来有“敬业乐群”“忠于职守”的传统，敬业是中国人的传统美德，也是当今社会主义核心价值观的基本要求之一。早在春秋时期，孔子就主张人在一生中始终要“执事敬”“事思敬”“修己以敬” 。“执事敬”，是指行事要严肃认真不怠慢；“事思敬”，是指临事要专心致志不懈怠；“修己以敬”，是指加强自身修养保持恭敬谦逊的态度。宋代大思想家朱熹将敬业解释为“专心致志，以事其业”。

“敬业”是工匠的生活方式。他们把工作当天职，以“先天下之忧而忧，后天下之乐而乐”的奉献精神对待工作。有一位乡镇医生薪水不高，但工作却十分辛苦，晚上经常因为有急诊连觉也睡不好。一个雪夜，睡梦中的他被敲门声惊醒：一位产妇大出血，母子生命垂危！这位医生连外套都来不及穿，就跟在来人后面出去了。在仅烧了一个火炉的手术室中，身穿睡衣的他做了近三个小时的手术，最后母子俩获救了，而他几乎被冻僵。有人问他：“你为什么不拿上衣服，边走边穿，当时多冷啊！”这名医生回答说：“我怕我走慢了一步，病人走快了一步。”医者仁心。一名好医生，不仅要有精湛的医术，更要有一颗一心一意为患者着想的仁爱之心。

“美猴王”六小龄童

六小龄童扮演的“美猴王”，是荧屏上永恒的经典，也是他人难以逾越的高峰。有人说，别人演“美猴王”，都是人扮猴子，而六小龄童扮演的“美猴王”，则是猴子扮人。最神的是，有一次《西游记》剧组在一座山上取景，山里的猴子以为六小龄童是自己的同类，竟朝他打起招呼来。“美猴王”的精彩形象并非与生俱来，而是六小龄童用刻苦努力换来的。为了练就一双“火眼金睛”，六小龄童一早起就盯着日出看。白天看别人打乒乓球，人站在场中间，头不动，眼珠跟着球走。晚上再点上一炷香，使劲盯着香上那一点亮光。最后终于练出能够摄人心魄的眼神。六小龄童从艺数十载，扮演过不少角色，但他觉得所有角色加起来，都比不过一个孙悟空。他说：“我一生都交给了《西游记》。”对于六小龄童来说，《西游记》也代表了一个家族百年来对“猴戏”艺术的传承。从六小龄童的曾祖父章廷椿老先生开始，章家一家四代都在绍兴老家的农田里扮演“美猴王”。六小龄童说：“一生做好一件事，而把一件事做好的前提，就在于坚持，硬向西去一步死，绝不东归半步生。”

一家四代人，一百多年的接力，只为一个美猴王。认准一件事，就要专心致志做下去。经得起诱惑、耐得住寂寞，这不正是工匠精神的完美写照吗？

庖丁解牛

“精益”是指工匠技艺所达到的境界。技艺对于工匠而言，并不仅仅是一种职业需要，同时蕴含着“自我实现”的人生追求。随着对技艺的深入了解，工匠们也希望通过手中的技艺体察世间万物的规律，实现人生意义的超越，去追求“道技合一”的境界。这方面最典型的例子就是“庖丁解牛”的典故。有一次，庖丁为文惠君解牛，只见他手所接触的、肩所依靠的、脚所踩踏的、膝所抵住的，无不哗哗作响，挥刀霍霍有声，无不切中音律。动作没有一点不与《桑林》舞曲相和谐之处，声音也没有一处不与《经首》乐章相吻合，文惠君看得呆住了，不由失声叫道：“哎呀，太神奇了，先生的技艺怎么能达到如此地步！”

庖丁放下刀说道：“我所爱好的是道，已经超过追求技艺的层次了。我最初解牛时，所见到的都是一整只牛；三年后，就不曾看到完整的牛了；以现在的情况而言，我是用心神与牛交流，而不是用眼睛去看，依照牛的自然生理结构，专门依循牛本来的构造下刀，就是连一些经脉相连、骨肉相接的地方都没有碰到，何况是一些大骨头呢？一个好的厨师每年换一把刀，因为他们是用刀割肉；一个普通的厨师每月就要换一把刀，因为他们是用刀砍骨头。至于我，这把刀已经用了十九年了，还像新磨的一样。牛的骨头有间隙，而我这把刀薄得几乎没什么厚度，自然可以在牛的骨缝间游刃有余了。即使如此，每当遇到一些筋骨交错的地方，我还是十分小心，聚精会神、放慢动作，找准关键地方，然后稍一动刀，牛的肢体就分解开来，好像泥土一样散落在地上。这时我就提刀站立，志得意满地环顾四周，然后把刀擦干净收起来。”文惠君说道：“真是太了不起了，我从先生话中体会到养生之道了。”

“臣之所好者，道也。”在庖丁看来，解牛不是一件又脏又累的体力劳动，而是一种愉快的修行。常人眼中的粗鄙之事，他可以做成一门高雅的艺术。“庖丁解牛”反映出中国工匠以哲学眼光来审视和完善自己的技艺，把工作当成一种体察天地万物之道的“道技合一”的传统。

世代传承的老字号“同仁堂”

世代传承的老字号，往往都有自己的工匠文化，如同仁堂的“炮制虽繁必不敢省人工，品味虽贵必不敢减物力”，胡庆余堂的“戒欺”“是乃仁术”，张小泉剪刀的“良钢精作”，等等。任凭岁月更迭、时代变迁，其精神不变，品质始终如一。

清康熙八年（1669 年），出身中医世家的北京名医乐显扬立志以医药“济世养生”，创办了同仁堂药店。“同仁”取“天下大同，公义仁爱”之意。

同仁堂开业之初，由于知名度低，顾客很少。依靠着药材地道、货真价实、服务周到，同仁堂渐渐有了一定的知名度。每逢庙会，同仁堂就会摆上茶座，向游客免费提供绿豆汤和茶汤，很快整个北京城都知道大栅栏有个药铺叫同仁堂，来这里抓药的人也越来越多。每临朝廷会试，各地举子络绎不绝地来到京城，他们聚集在前门内外的旅馆里备考。这时，同仁堂便在各主要路口设置带有“乐”字的大红灯笼，做路灯照明用。不仅如此，同仁堂还会给来自各地的举子送上一盏带有“乐”字的小灯笼。这样，人们一看到提着带有“乐”字小红灯笼的人，便知道此人是应试的举子，同时也想到了同仁堂。各地举子离京后，都会纷纷到同仁堂致谢，有人还会买上几剂成药带回家，这样同仁堂很快就在全国打开了知名度。

同仁堂第二代传人乐凤鸣在其编撰的《乐氏世代祖传丸散膏丹下料配方》中留下了“炮制虽繁必不敢省人工，品味虽贵必不敢减物力”的古训，靠着对这条承诺的坚守与传承，同仁堂得以享誉数百年而不衰。同仁堂对药材的选取一直讲究“地道”二字，要“取其地，采其时”。人参、蜂蜜、白芍、大黄、山药、枸杞都有固定的产地；处方规定用 16 头人参，就绝不能用 32 头人参来取代。“品味虽贵必不敢减物力”绝非虚言！在药材的加工炮制方面，同仁堂的要求更是苛刻。黄连，必须一根根地去掉须根；远志，一定要人工去除对人体有副作用的芯；为了让药品的口感更佳，同仁堂一直坚持使用 80 目的药箩过筛。这些正是“炮制虽繁必不敢省人工”的写照。

有一次，同仁堂的一位班长在检查药粉过箩的工序时，发现了几个略大于正常细粉的颗粒，经验丰富的班长立刻判断出是药箩出了问题，就让操作的小姑娘马上停下来。小姑娘不情愿地说：“不就是粗那么一丁点儿吗？值得大惊小怪嘛！”看到小姑娘还没意识到问题的严重性，班长就把她的药箩拿过来仔细看，发现在药箩的槽边有一个小米粒大小的洞，粗药粉很可能是从这里漏下去的。找到症结后，班长耐心地对小姑娘说：“安宫牛黄丸是救命药，作为生产者不能有丝毫的马虎。虽然只是细粉比标准规定略大了一丁点儿，但也许就是这‘一丁点儿’，会让病患在吞咽药品时产生不适而引发严重后果。”小姑娘认识到自己错误行为的严重性后，就在班长的指导下将刚刚做完的工序又重新做了一遍，以确保药品合格。也许有人觉得，消费者又不知道药材选取时的讲究及繁复的加工工序，何况有些工序省去也未必影响药效，何必如此呢！然而，正如同仁堂所遵守的另外一句古训所言，“修合无人见，存心有天知”（修合在中医上是指配置药剂），一个人的所作所为虽然无人看到，但是人在做、天在看。正是这种慎独和自律，保证了同仁堂药品的品质，这也是同仁堂得以传承至今的根本原因。

二、工匠精神之协作

孔子曰：术业有专攻。分工可以让劳动者在某一方面做到极致，甚至在某一领域达到顶峰。在企业中，需要每个人都和别人进行分享，才能够让公司做大做强。就像是在足球场上，每两个队员之间都有配合一样，在企业中，不管是基层的员工，还是高层的领导，都应该进行通力的协作和分享，才能够达到一致的目标。

大雁每年都进行季节性迁徙，雁群总是结成“V”字形或“一”字形飞行，这样前雁能减少后雁的飞行阻力，当领头雁疲倦时会退到后面，另一只雁会来填补它的位置，这样可以比孤雁单飞提升 70%的飞行能力。雁群团结协作，方向明确，目标一致，历经万里征程，终至目的地。我们在创造价值的过程中如同雁群，企业就是一个团队，企业的发展方向、经营目标、组织结构，好比雁群的飞行方向、目的地、队形，各成员心往一处想、劲往一处使，团结协作，共克险阻，企业才会有好效益，员工也才会有好收入。人们都倾向选择做自己最擅长的工作，尤其是能凭借自己的优势积累和创新许多生产知识和专项技术。可见，分工和协作推动了生产技术和科学知识的专业化发展。

三、工匠精神之精益

精益就是精益求精，是从业者对每件产品、每道工序都凝神聚力、精益求精、追求极致的职业品质。所谓精益求精，是指已经做得很好了，还要求做得更好，“即使做一颗螺丝钉也要做到最好”。正如老子所说，“天下大事，必作于细”。能基业长青的企业，无不是精益求精才获得成功的。瑞士手表得以誉满天下、畅销世界、成为经典，靠的就是制表匠们对每一个零件、每一道工序、每一块手表都精心打磨、专心雕琢的精益精神。

匠人们为了能制造出精美的产品，练就了一手好手艺。比如，想要把骨器、象牙、玉石这些天然材料加工成为精品，必须进行切料、糙锉、细刻、磨光等，这一系列的工序不仅繁冗复杂，还劳心劳力，但他们却依然能够不厌其烦地来来回回，只为能达到最完美的效果，以至于现在我们重新看到那些工艺产品，时隔这么久，依然还会被它们的精致所打动，这些物品是有灵魂的，一点一滴都展现着注入其中的工匠精神。

四、工匠精神之专注

专注就是内心笃定而着眼于细节的耐心、执着、坚持的精神，这是一切“大国工匠”所必须具备的精神特质。从中外实践经验来看，工匠精神都意味着一种执着，即一种几十年如一日的坚持与韧性。德国除了有人们耳熟能详的奔驰、宝马、奥迪、西门子等知名品牌之外，还有数以千计普通消费者没有听说过的中小企业，它们大部分“术业有专攻”，一旦选定行业，就一门心思扎根下去，心无旁骛，在一个细分产品上不断积累优势，在各自领域成为“领头羊”。

为什么一份在一般人看来毫无乐趣、收入微薄的工作，会让一些工匠情愿用自己的一生，甚至连续数代人倾心投入？要回答这个问题，我们先要了解一份职业在工匠眼中的意义。工匠群体在人类历史上由来已久，在漫长的历史传承中，一些世袭的职业和技艺成了工匠家族的标志，有的甚至成了姓氏的来源。例如，汉语中有很多姓氏都源于职业，筑氏、韦氏、钟氏分别来自建筑、皮革、铸钟等行业，陶氏、梓氏、车氏源自家族世袭的职业或技艺；德语中的施密特、英语中的史密斯，既是姓氏，同时也都代表着一门手艺——铁匠。工匠，往往是数十年，甚至是几代人从事同一份工作。工作对于他们来说，不仅仅是一份谋生的职业，而是一种信仰。他们的工作还寄托着祖辈的期待，承载着家族的荣誉，因此，他们常常是带着一种虔诚和敬畏的心态来看待自己工作的。

在中国古籍中，曾将工匠视为圣人，并把工匠的职业称为圣人之事。《礼记·礼运》中记载：“治其麻丝，以为布帛，以养生送死，以事鬼神上帝。”在古人眼中，治麻丝这样的俗世职业，也成了侍奉鬼神上帝的一种神圣庄严的行为。《周礼·考工记》中也说：“烁金以为刃，凝土以为器，作车以行陆，作舟以行水，此皆圣人之所作也。”古希腊神话中的赫菲斯托斯，原本也是一名工匠。因为他技艺高超，能建造神殿和制作各种工具以及艺术品，被奉为工匠始祖，手工业者将他视作锻造的庇护神。这些中外古籍传说中记载的工匠精神，无不在向现代人昭示着职业的意义，传递着职业信仰的力量。这对于企业经营的启示是，一个企业，与其用制度约束和规范员工们的思想，不如帮他们树立正确的工作观，建立起对职业的信仰，这个职业信仰可以为他们的人生奠定成功和幸福的基石。

只有将有限的精力集中在一个点上，才能够在专业技能上不断提高。而且随着人们技能的提高，从技能中获得的乐趣也就越来越多，在别人眼中看起来很枯燥的事情也会变得趣味盎然。随着知识和技能的逐渐累积，渐渐就会觉得这件事情就是自己命中注定的事业。由于受“职人”“匠人”文化的影响，在日本用一生的时间钻研、做好一件事的工匠并不鲜见，有些行业还出现一个家庭十几代人只做一件事的现象。这种“一生做好一件事”的专注精神，正是我们十分需要学习的。

拓展阅读

保留工匠初心——不以名利为念，专注工作本分

初心，是指一个人做某件事的初衷，最开始的想法。随着时光的流逝，我们对事物的看法会改变，会产生许多新的想法，初心也就渐渐被遗忘。《华严经》中有一句经文，“三世一

切诸如来，靡不护念初发心”，告诫世人守护初心的重要性。

《庄子·达生》中有个名叫梓庆的匠人，他可以把木头做成鐻（古代一种木制乐器），凡见过的人，都惊呼为鬼斧神工。鲁侯觉得很惊讶，就问他，你有什么诀窍吗？梓庆回答说：“我不过是一名匠人，哪里有什么诀窍？不过，我还是有一点自己的方法。每次我开始雕鐻时，都要靠斋戒静心养神。斋戒三天，不考虑赏赐、俸禄；斋戒五天，不考虑诽谤和技术的好坏；斋戒七日，我已不为外物所动，似乎忘掉了自己的四肢形体。当进入忘我境界之后，我才走入山林，依循天性观察、选择与鐻最为相合的木料，此时鐻的外形已然呈现，这时我才开始动手，用木工纯真的本性，加上木料纯真的天性。我制作出来的鐻似鬼斧神工，大概原因也就在于此吧。”

梓庆在雕鐻之前，把功劳、地位、金钱、毁誉统统放下，只专心于工作的本分，达到了荣辱不惊的境界，因此才能完美地完成雕鐻的每一道工序。保持初心，就是要正心诚意，时刻不忘自己做事的初衷。《大学》一开始就开宗明义地说“大学之道，在明明德，在亲民，在止于至善”，并将正心诚意当作“明明德”的要旨。所谓“明明德”，与明代思想家王阳明所倡导的“致良知”互通，讲的都是要保持一颗初心。无论一个人的技艺多么纯熟，取得多么大的成就，只有时刻保持初心，他才能够明白自己所做事情的意义，从而不断获得新的、上进的动力。

初心，是一个人人生观和价值观的体现。有句话叫作“不忘初心，方得始终”。只有不忘初心，才能坚持本分，面对挑战不胆怯，面对困难不彷徨，面对压力不退缩，面对现实不妥协——“千磨万击还坚劲，咬定青山不放松”。初心提醒我们在纷繁复杂的市场环境中，时刻回归商业的本质，做好最基础的工作，老老实实把产品做好。

五、工匠精神之创新

创新是一个民族进步的灵魂，是一个国家兴旺发达的强大动力。当我们把目光聚焦于人类工业革命进程时就会发现，正是那些工匠的手，在摇动着工业革命的摇篮。那些改变和影响我们生活的发明和产品，无不与工匠精神息息相关。亚力克·福奇认为“发明创新”是工匠精神的核心。在《工匠精神：缔造伟大传奇的重要力量》一书中，亚力克·福奇将工匠看成是“一群不拘一格，依靠顽强意志和不屈劲头，以发明和创新改变世界的人”。在他看来，工匠是一群用我们周围已有的东西创造出全新之物的人。工匠们注重的是各种平时在我们身边被忽视的“小玩意儿”，利用已有的产品和技术对它们进行再创造，帮助人们解决工作和生活中的难题。工匠的创新主要体现在利用技术和发明，创造或完善现有产品或服务上。

如今是一个技术垄断逐渐被打破的时代，划时代的革新越来越少，取而代之的是微创新、快速迭代、互联网思维等新型的经营和创新模式，创新周期被大大缩短。这正如英特尔公司董事长安迪·格鲁夫说的那样：“10 倍速时代已经来临，我们的成功和失败都以 10 倍速的节奏运行。”在微软公司鼎盛时期，有人问比尔·盖茨：“现在，你最害怕什么？”比尔·盖茨回答：“我害怕有人在仓库里开发什么东西。”这句话仿佛未卜先知，当时谷歌创始人拉里·佩奇与谢尔盖·布林借了女朋友家的仓库，创立了谷歌。十年后，谷歌成为微软最强劲的对手。在这个快速变革的时代，创新要成为一种思维常态和例行的工作。就像日本7-ELEVEN总裁铃木敏文说的那样，现在已经进入了变化异常激烈的年代，以至于“朝令夕改”这个词的意思也完全转变了，成了优秀公司的一个特征，而“朝令夕改”的核心就是用户需求。工匠精神是在传承中创新，青出于蓝而胜于蓝。如今各行业的工匠，应当思考自己的社会价值，时刻关注用户的需求，注重技术和创新的实用性，以最开放的姿态吸收最先进的技术和发明，从而为社会和消费者们创造出更好的产品和服务。

拓展阅读

生活是创意之师——让创新成为一种生活方式

1933年，已是古稀之年的黄宾虹不畏路途艰险，在一些学生的陪同下游青城山。这次巴蜀之游，是他绘画产生飞跃的契机。其中最大的收获就是在真山水的游历中悟到了他晚年变法之“理”。感悟发生在两次浪漫的游历途中：“青城坐雨”和“瞿塘夜游”。“青城坐雨”发生在黄宾虹去青城山的路上。途中他全身被雨淋透，索性坐在雨中欣赏山色变幻，由此悟到水墨画的创作真谛。第二天，他连续画了《青城烟雨图》十余幅：焦墨、泼墨、干皴加宿墨。通过这些笔墨试验，他要找到“雨淋墙头”的感觉。“雨淋墙头”的感觉也来自黄宾虹的生活经验，雨水从土墙头上流下来，有些地方因湿浓而显色重，有些地方因稍干而发白，还有一些顺墙头留下的条条“屋漏痕”，这些都是生活中得来的水墨境界。“瞿塘夜游”发生在游青城后的五月。一天晚上，黄宾虹想看一下杜甫诗中的“石上藤萝月”，便沿江边向白帝城方向走去。当晚月色下的夜山静谧幽美，黄宾虹就在朦胧的月光下摸索着画了一个多小时的速写。翌日清晨，黄宾虹看昨晚的速写稿时大声叫道：“月移壁，月移壁！实中虚，虚中实。妙，妙，妙极了！”

从此以后，雨山和夜山也成了黄宾虹最擅长和最常画的主题，并因此独树一格。

“桥吊专家”许振超

创造力是精通的副产品，而精通只能通过长期的辛苦磨炼来培养。许振超只上过一年多的初中，却成了鼎鼎有名的“桥吊专家”，他带的技术团队，还破了吉尼斯世界纪录，被称作“振超效率”。这一切都来自他在工作中的勤学苦练。他说过一句话：“咱当不了科学家，但可以做个能工巧匠。”正是抱着这样勤学苦练的心态，许振超在工作中陆续练就了“一钩准”“无声响操作”“倒退模板”“一针穿靶”等绝活，是同事眼中的“桥吊大拿”。许振超的“巧”不仅体现在精湛的技艺上，同时他还是一个发明创新的能手。有一次，一台桥吊出了故障，公司请来一位外国工程师维修，但对方却要价四万多元，当时公司上百人、几十台机械，忙活一天一夜，也挣不了这么多钱。许振超心里开始琢磨，我们能不能自己修桥吊？他试着向外国专家请教，却遭到了拒绝。这深深刺痛了许振超。从此，只有初中文化的他，着了魔似的开始自己钻研起来。整整四年间，他画了两尺多厚的电路图纸，这些图纸，成了桥吊排障、提效的有力武器。几年下来，经许振超主持修理的项目，累积为青岛港节约800万元，节约的就是效益。

许振超的创造力还体现在团队管理上。他带领队友多次打破世界集装箱装卸纪录。“振超效率”名扬国际航运界。有一年，青岛港老港区承运了一批化工剧毒危险品，这种货物稍微碰撞，就可能引发恶性事故。当时有关领导和船东、货主都赶到了码头。为确保安全，码头、铁路专线都派了武警和消防员。许振超和他的队友们不慌不忙地亮出绝活，只用了一个半小时，40个集装箱全部被有条不紊、悄无声息地卸下船，又一声不响地装上火车。这行云流水般的作业让紧张了许久的货主们发出了热烈的欢呼。世界第一的“振超效率”为青岛港创造了巨大的品牌效应，许多世界知名的航运公司都主动寻求与青岛港合作。在技术不断进步的同时，许振超还著书把自己的经验介绍给大家。他编写的《青岛港集装箱装卸桥吊司机操作手册》不仅成为港口新桥吊司机的培训教材，而且还被一些大专院校定为机械专业的教材。他编撰实施的《振超管理法》，还荣获“全国职工科技创新奖”。如果说许振超的成功有什么秘诀的话，那就是勤学苦练。

六、培育工匠精神的路径

1. 形成良好社会氛围

在全社会形成尊重工匠、崇尚“工匠精神”的良好社会氛围，是培育和弘扬“工匠精神”的必要条件。在我们的文化传统里，工匠在古代等级社会中一直处于社会下层，在职业“士农工商”的排名中，工匠往往不入统治者的“法眼”而被归为“三教九流”。唐宋以后，手工业者身份地位有所提高，但封建王朝依然奉行“重农抑商”的基本国策，将工商业视为末业，对工商业者进行压制。元代又开始通过严格的“匠户”户籍制度对工匠进行种种限制和奴役，使工匠一直难以获得与普通劳动者平等的社会地位。特别是儒家主流思想向来强调“万般皆下品，唯有读书高”，倡导“君子不器”，轻视职业技能教育，认为匠人们营营役役都是些奇技淫巧，君子应该修齐治平，不为物役。而当代中国虽早已是“世界工厂”，但社会和企业依然缺乏对工匠和“工匠精神”的重视与尊重。反观欧美文化，古时的出色工匠，可以跟艺术家和作家齐名，地位是非常高的。在全社会形成尊重工匠、崇尚“工匠精神”的氛围，其实质是对劳动、知识和创造的尊重。这既是培育和弘扬“工匠精神”的必要条件，也是社会文明进步的重要表征。

2. 畅通职业培养机制

有资料表明，我国制造业生产一线技工特别是具有“工匠精神”的高级技能型人才的短缺，已经成为制约我国成为制造业强国的瓶颈。那么，如何畅通技能型人才职业培养机制呢？一要深化现代职业教育改革。也就是要以改革的思路，加快发展与技术进步和社会需求相适应、产教学同“工匠精神”深度融合的现代职业教育，培养数以亿计的工程师、高级技工和高素质职业人才。二要继承古代“师徒制”教育传统。古代流行的中国艺徒制度和西方行会的学徒制，采取的都是一种“心传身授”的默会教学方式，学徒都是在实践中不断磨炼技艺，体验并形成精雕细琢、精益求精、严谨专注的职业精神。特别是，“师徒制”中形成的“亲师合一”关系，注重“手把手”“一对一”的言传身教，有利于那些非物质传统技艺的传授和“工匠精神”的养成。三要实行国家工匠技能认证制度。也就是在加强现行职业教育法规执行力度的同时，借鉴德国职业教育举行国家考试制度，全面实行工匠职业从业资格考试制度和工匠技能等级认证制度，不断提高职业资格水准和职业荣誉感。

3. 融入企业文化建设

企业文化是指企业在长期的生产经营管理实践中形成的具有本企业特色并为全企业所认同和遵循的价值理念、共同信念、经营思想、道德准则与行为规范的总和。显然，以“工匠精神”为核心的工匠文化是企业文化建设必不可少的组成部分。正如《周易》所言：“观乎人文以化成天下。”文化价值来自“人化”的过程，同时又必须回归于“化人”的过程。无疑，“工匠精神”中蕴含的巨大力量，也需要通过融入企业文化建设而得到发扬光大，并使之在滋养员工精神、推动企业发展中得到验证和释放。

4. 建立激励保障制度

建立科学有效的激励保障制度是“工匠精神”得以延传和发扬不可或缺的重要措施。

其一，要建立传统工匠技艺知识产权保护制度。针对传统工匠“传内不传外、传儿不传女、传大不传小”的现象，通过运用法律、制度等形式加强与工匠相关的知识产权、技术专利的保护工作，最大限度地保护传统工匠的合法权益不受侵害。

其二，要建立濒临失传的传统工匠技艺抢救制度。要建立专项基金，抢救保护那些濒临失传断代的民间传统技艺、工艺，抢救挖掘那些濒于失传的独门绝技，请大师名匠著书立说或为他们撰写人物志和传记，发扬光大传统技艺和“工匠精神”。

其三，要建立优秀民间传统技艺表彰奖励制度。可借鉴当今建筑界“鲁班奖”、工艺美术界“金奖”“银奖”形式，对技艺界的精品、优品实行专项奖励制度，以此树立标杆鼓励赶超。同时，对于那些德艺双馨的工匠大师、技师要授予荣誉称号，并不断提高他们的薪酬待遇。

其四，要建立名品、优品、特品甄别追究制度。为增加工匠的责任心和荣誉感，可借鉴古代社会“物勒其名”的办法，利用条形码、二维码等现代网络技术手段，对工匠、技师的每一件作品、产品实行甄别认证，既保障了他们的著作权、让他们“扬名立万”，又对他们实行终身“责任追究”，以此强化“工匠精神”的建设。

大力培育和弘扬工匠精神

工匠精神是一种严谨认真、精益求精、追求完美的精神。当前，我国经济发展正处于转型升级的关键时期，培育和弘扬工匠精神对于提升我国产品质量、建设质量强国和制造强国具有特殊重要的意义。《政府工作报告》提出：要大力弘扬工匠精神，厚植工匠文化，恪尽职业操守，崇尚精益求精，完善激励机制，培育众多“中国工匠”，打造更多享誉世界的“中国品牌”，推动中国经济发展进入质量时代。培育和弘扬工匠精神，政府、企业与个人应发挥各自的作用，齐心协力培育“中国工匠”、打造“中国品牌”。

发挥政府的引导作用。中国自古就是一个具有工匠精神的国家，很多著名工匠名垂青史。但近些年来，在市场经济大潮的冲击下，一些地方和企业存在急功近利的心理，忽视了弘扬工匠精神。在新的时代条件下培育和弘扬工匠精神，政府应采取有效举措加强引导。一方面，应大力倡导尊重劳动、尊重知识、尊重人才、尊重创造的社会价值观。当前，一些地方工匠精神不彰，与一线员工、专业技术人员的劳动得不到应有的尊重有关。政府应通过加强宣传，引导全社会深刻认识培育和弘扬工匠精神的重要意义，尊重一线员工和专业技术人员的劳动，形成推崇工匠精神的良好社会氛围。另一方面，应通过完善制度培育和弘扬工匠精神。比如，可以建立健全工匠精神评价机制。政府可以设立与工匠精神有关的奖项，评选奖励一线员工和专业技术人员；在国家层面、地方层面和行业领域组织开展各种生产技能竞赛，引导人们在工作中精益求精。工匠精神与创新精神是有机统一的，工匠精神中蕴含着通过技术改进和创新不断提升产品质量的追求。这就要求政府完善知识产权保护制度，构建知识产权创造、保护和运用体系，严厉打击侵权假冒行为，使创新者的合法权益切实得到保护。

发挥企业的主体作用。企业是市场经济中的主体，培育和弘扬工匠精神，打造更多享誉世界的“中国品牌”，企业使命在肩、责无旁贷，需要发挥好主体作用。如果企业不注重质量，在生产管理中不注重精益求精，甚至通过生产伪劣产品来获取利润，企业员工就不可能在工作中严谨认真、精益求精、追求完美。培育和弘扬工匠精神，首先要求企业实施精细化质量管理，提高质量在线监测、控制和产品全生命周期质量追溯能力。企业实施精细化质量管理，就会倒逼员工在工作中精益求精。其次，企业应建立健全标准化、系统化的培训体系，为一线员工和专业技术人员提供培训和学习机会，切实提高其职业技能。最后，企业应将工匠文化作为企业文化建设的重要内容，激发员工精研生产技艺、不断创新创造的积极性。

发挥个人的主观能动性。对于个人而言，工匠精神体现了对自己所从事的职业的尊重、热爱和坚守，也体现了对消费者、对社会高度负责的态度。首先，个人应强化责任意识和职业操守。无论是在原材料选取、产品设计环节，还是在生产加工、售后服务环节，都应保持认真负责的态度，坚持高标准、严要求，努力生产出社会需要的产品。其次，个人应树立职业理想。“三百六十行，行行出状元。”每个人无论身处何种岗位，都应该有追求卓越的理念。对于一线员工和专业技术人员来说，就应树立成为“中国工匠”的职业理想。在工作中应有终身学习的态度和刻苦钻研的精神，不断提升自身的专业技能，在打造更多享誉世界的“中国品牌”中成就自己的精彩人生。

劳动实践活动

参与图书管理 体验工匠精神

一、教学目标

1. 使学生进一步加深对图书馆、阅览室及相关场所用途的认知，了解阅览室是读书的圣地、求知的摇篮、文明的场所，室内应时刻保持安静，室内卫生干净整洁。

2. 提高学生综合素质。学生通过劳动使自身所学专业知识与实际生产生活相结合，从而提高自己的思想道德素养、促进科学文化水平与实践能力、加强心理健康素质等。

3. 通过劳动有效锻炼学生的体力和脑力，使其进一步加深劳动光荣的意识。

4. 提高学生的规则意识，尊重他人的劳动成果。

5. 提升学生的纪律观念，主动遵守图书馆相关规定，提高在劳动中主动监督的意识。

二、基础知识

1. 了解书刊的分类、编制书目索引，以及知晓各科书所在的具体位置。

2. 知晓图书馆管理细则，要认真审查借阅者身份、维护图书馆秩序及防止发生偷书行为。

3. 了解图书登记、盖收藏章、打分类号、归类、存列、整理书籍、按次序上架等基本工作，保证书籍排放整齐、正确。

4. 对工作内容要充分了解，做好应对工作的心理准备和服务技能准备。

三、基本技能

1. 掌握文献著录规则、编目及书目数据的相关知识，工作细致、踏实稳重，责任心强、勤奋、敬业，热爱图书管理工作。

2. 审查借阅者身份、维护图书馆秩序及防止发生偷书行为。

3. 办理图书借还手续，审查归还图书有无残损、污染，依规定对损坏图书行为进行处理；生成催还图书报表，敦促逾期借书者还书，对逾期者按规定罚款。

四、参加人员

在校有意愿参加劳动实践的学生。

五、活动设计

1. 活动宣传

（1）学期初，由学校向各学院下发本学期勤工助学岗位通知及岗位要求，学院向各专业班级学生传达。

（2）学校负责教师向学院负责学生介绍勤工助学岗位职责及人员要求。

2. 活动参与

（1）学生本人填写“勤工助学申请书”，学院根据实际情况签署意见，报勤工助学中心备案。

（2）经批准参加勤工助学活动的学生将资料录入勤工助学管理系统，并接受勤工助学中心统一组织的岗前培训，培训合格后发放勤工助学上岗证。

（3）学生持勤工助学上岗证到指定岗位直接上岗或参加设岗部门组织的竞争上岗活动。

3. 岗位设置

招聘人数：根据岗位需求设定。

聘任时限：当前学期。

岗位种类：图书馆借还管理岗、图书整理岗。

工作时段：8：00～12：00，14：00～18：00，19：00～20：50。

工资待遇：

（1）参照学校勤工助学标准发放工资。

（2）聘期结束后，对考核合格者，学校出具实习证明。

4. 岗位职责

（1）要求责任心强，工作踏实仔细，能够很好地完成本岗位规定的各项工作任务。

（2）做好书籍整理、上架及统计添加、删除和修改图书借阅者的基本信息等工作。

（3）对书籍进行定期除尘，做好防火、防虫、防潮等工作。

（4）协助校图书管理员完成其他工作。

5. 活动注意事项

（1）在同一时期内，每名学生只能申请一个勤工助学岗位。

（2）勤工助学学生如果要中途退岗，必须提前一周向本部门的勤工助学指导教师递交离岗申请。

六、安全保护

（1）做好预备功课，了解情况，对工作内容做到大致了解，以免出现差错。

（2）做好图书馆安全保卫工作，加强防火安全意识，在工作场所内除工作用电外，严禁其他个人用电行为，严禁使用明火，以免出现安全隐患。

（3）责任教师细心组织、领导学生完成各项工作，完善图书管理员助理岗位机制，锻炼学生负责任、勇担当的意识。

七、考核评价

（1）由图书馆指导教师负责勤工助学学生的考核评价工作，评定学生是否合格，是否能按期正常发放勤工助学工资。

（2）若出现以下情况，图书馆指导教师可根据个人表现相应扣除部分工资。

① 工作不配合或不认真，对学生工作造成严重影响。

② 私自占有或损坏公共图书。

③ 对工作情况汇报不属实。

（3）以一周为实习期，一周后方可转正（实习期工资照常发放）。对不能履行工作职责的学生，将进行警告批评。工作仍无改进，不能达到要求者，勤工助学监督小组可予以辞退。

（4）学生在勤工助学岗位实习期间因学习、生活、身体等原因不能继续参加图书馆相关工作的，经相关单位批准，可辞退工作。

思考与讨论

1. 在你的经历中，有过从一窍不通到能熟练掌握的技能吗？

2. 除了勤学苦练习之外，说一说工匠精神还有哪些品质。

3. 你知道哪些大国工匠？想一想要成为大国工匠，需要做哪些方面的努力。

第五章

劳 动 实 践

劳动实践教育目前在学校中被弱化，在家庭中被软化，在社会中被淡化。在家做家务，在校勤工助学，在校外顶岗实习，在社区进行垃圾分类、参加志愿服务活动等，这些活动不仅有助于改变大学生“四体不勤”的状况，提高大学生基本动手技能和独立生活能力，还能磨炼大学生的意志品格，培养其劳动习惯。

第一节　校园劳动实践

校园是同学和老师学习、工作的场所，良好的校园环境可以带给我们心旷神怡的感觉。而维护校园的环境秩序，营造一个文明、整洁的校园环境，需要每个同学的行动与努力。校园清洁是大学生劳动教育的重要方面。各级各类学校可通过劳动活动月、劳动活动周、宿舍卫生竞赛、争创文明教室等活动，组织学生进行卫生大扫除，通过清扫劳动，使其养成爱护校园环境的良好习惯。

一、校园公共卫生

校园公共环境包括室内环境和室外环境，具体有教室、实验室、操场、图书馆、会议室、礼堂、花园、食堂、体育馆等。各级各类学校对于本校的卫生保洁都有一定的标准和规范。

（一）校园环境中的不和谐因素

校园环境是校园文化建设的重要组成部分，在高校的校园环境文化建设之中起着举足轻重的作用。以下不和谐因素严重影响校园的优美和谐环境。

1. 公共教室书本杂乱

在大学校园里，尤其是到考试周，我们会发现教室里的空座位被人用小纸条、书籍占据，同学们只能望着被“占”的空座位徒呼奈何，整个教室也给人一种杂乱不堪的感觉。

2. 课桌桌面被乱涂乱画

校园里的几百个教室，上万个座位上，几乎每处都被留下了“足迹”，同学们上课时习惯性地在桌面上涂画，使得校园教室桌椅“毁了容”。

3. 自行车摆放不整齐

随着智能自行车在校园中的普及和应用，使用智能自行车代步已经成为同学们日常生活的一部分。但是校园里却出现了不在规定区域停放车辆的现象，严重破坏了校园环境。

4. 操场遗留垃圾

操场作为学生休闲娱乐的主要场所，人员流动性较大，部分同学会将在操场产生的垃圾塞入排水口，甚至有的同学直接将垃圾丢弃在操场上，严重破坏操场环境。

（二）维护校园环境的意义

中国共产党第十七次全国代表大会首次提出建设生态文明的要求，并将其写进党章，作为行动纲领。中国共产党第十八次全国代表大会将生态文明建设纳入中国特色社会主义事业“五位一体总体布局，美丽中国成为中华民族追求的新目标”。中国共产党第十九次全国代表大会强调“加快生态文明体制改革，建设美丽中国”。由此可见，建设生态文明已经成为我国社会发展的必然选择，而实现这一目标需要社会各个方面的努力。

校园环境建设是生态文明建设的基础，是教育建设中的重要组成部分，是育人的方式，是展示校园文化的窗口。良好的校园环境，会带给同学们朝气蓬勃、生机盎然、赏心悦目的感觉，美丽和谐的校园环境是润物细无声的、催人上进的，能够陶冶情操、启迪心灵，直接影响到校园的文化氛围。

（三）校园环境卫生标准与行为准则

大学生在积极参加学校组织的各项卫生清扫活动之外，在日常生活和学习中要时刻保持卫生意识。

1. 室内环境卫生标准

（1）门窗四壁净，地面顶棚净，灯具及悬挂物净，栏杆扶手及把手净。

（2）卫生间、盥洗间无臭味、无黄垢、无便迹、无积水、无污迹等，水池无青苔、无堵塞等。

（3）定期打扫宿舍卫生，时常清理寝室垃圾桶。

（4）寝室门窗要经常通风透气，让寝室内存留的异味彻底清除，保持空气清新。

（5）勤换床单被盖，被子整齐叠放。

（6）将个人物品整理好，床上用物要时常清洗晾晒，避免用物潮湿散发异味。

（7）个人物品（如换洗牙刷、茶杯）要注意摆放整齐。

2. 室外环境卫生标准

（1）校园内道路、场地保持干净整洁，地面无明显杂物，校园内无卫生死角。

（2）草坪、花坛及绿化带内干净整洁，无暴露垃圾和丢弃物。

（3）废物箱、垃圾桶内垃圾杂物少，外表干净。

（4）喷泉、景观水塘和水渠等水域中无废弃物与漂浮物。

3. 维护校园卫生行为准则

（1）以爱护教室环境为己任，自觉维护校园的清洁卫生，做好值日工作。

（2）不乱扔垃圾，并提醒乱扔垃圾的同学。

（3）看到地面上有纸屑等垃圾，主动捡起来；教室垃圾桶满了，主动倒掉。

（4）杜绝“课桌文化”，爱护公共财物。

（5）上课前，确认讲台、黑板是干净整洁的，营造一个良好的上课环境。

（6）向“墙壁涂鸦”说“不”。

二、营造无烟校园环境

大学校园是人流密度高、人员交往频繁的区域，一个人吸烟会直接影响到一个群体，“二手烟”的影响会随着吸烟率的扩大而增加。

（一）大学校园吸烟的现状

大学校园吸烟行为状况不容乐观，不少同学已将吸烟当作课余时间的一种习惯。我们可以看到许多同学一到课间，便跑去厕所、走廊或操场吸烟；甚至有的时候，吸烟过程中的闲聊也成了一种新的校园社交方式，不少同学因为想要融入这个群体而开始吸烟，有的同学则是因为考试压力过大、分手失恋伤感或聚会时兴之所至在朋友的劝说下开始吸烟。在大学生社交过程中，大学生的吸烟率在不断升高。

（二）大学校园吸烟的危害

据统计，至少有 83%的学生表示在课间或厕所内会接触到“二手烟”，大部分的不吸烟者甚至半数以上的吸烟者都表示很反感“二手烟”。吸烟直接影响到大学生的身体健康。德国科学家的一项最新调查表明，吸烟的人睡眠时间比不吸烟的人要少，并且睡眠质量也较差。这对大学生的健康造成了较大的影响，不利于大学生养成积极向上的生活习惯。

与此同时，吸烟是人为引发火灾的重要原因之一。因乱扔烟头发生的火灾屡见不鲜，烟头火种落地可导致房屋烧毁、实验室爆炸等，造成生命、财产各方面的重大损失，给校园环境带来了威胁。所以说，吸烟会对同学造成很不好的影响。

（三）创建无烟校园的意义

吸烟是我国面临的一项公共卫生问题，也是高校存在的一项棘手的问题。有研究表明，我国青少年吸烟率和尝试吸烟率正在逐年上升并呈低龄化趋势。如不采取措施，吸烟比例将继续上升。高校致力于创建无烟校园，使广大青年学生养成良好行为习惯，营造教书育人的清新校园环境，对建立健康向上的校园风尚，形成良好的校园氛围，意义深远。

拓展阅读

列车“无烟诉讼第一案”的破冰意义

因在普通旅客列车K1301上遭遇“二手烟”，大学生李晶（化名）将哈尔滨铁路局（后更名为中国铁路哈尔滨局集团有限公司）告上法庭，该案被称为国内公共场所无烟诉讼第一案。此案在北京铁路运输法院公开宣判，法院判令哈尔滨铁路局取消K1301次列车吸烟区标识及烟具。

此案宣判以后，有网友满怀欣喜地表示：这是大学生李晶个人的一小步，却是社会文明前进的一大步，更是控烟工作的一大步。这位网友的评价，并非夸张之词，“无烟诉讼第一案”的宣判，确实具有多方面的价值和意义，将对未来的控烟工作，尤其是铁路运输的控烟工作，产生积极而深远的影响。这不但使占据社会主流的非吸烟人士感到莫大的欣慰，同时也是整个社会更加文明的体现。

当时的哈尔滨铁路局张贴在列车车厢内的安全须知中已经明确规定：禁止在列车各部位吸烟。这已经表明该趟列车属于“无烟列车”，是必须坚持全车禁烟的。但是让大学生李晶及其他乘客难以理解的是，该趟列车又在车厢连接部位设置了专门的“吸烟区”，并且配备了烟灰盒、烟灰缸等方便吸烟的工具，以供烟民们吸烟。这种做法不但不合理，而且也和安全须知中的有关规定互相矛盾，实际上已经把“无烟列车” 变成了“有烟列车”。

而从现实情况来看，该趟列车的做法，显然对整个列车的乘车环境带来了破坏，对大多数旅客的乘车体验、合法权益造成了侵害；因为烟草燃烧以后产生的烟雾会充斥整个车厢，让车厢内几乎每个人都成为“二手烟”的受害者。而“二手烟”会对人体健康造成损害，这是已经得到科学证明的客观事实。在这样的事实面前，哈尔滨铁路局在法庭上的辩解，诸如禁设吸烟区可能会对其他乘客和列车公共安全带来更大危害等，就多少显得有些苍白无力。

而法院审理也认为，在列车内设置吸烟区，除了降低列车整体的空气质量，影响旅客的乘车环境之外，也与铁路安全管理条例的规定相悖，所以本着取消吸烟区、拆除烟具从而实现全车禁烟，有利于公共环境和公民健康的保护的原则，最终做出了哈尔滨铁路局败诉的判决，并且要求其取消吸烟区，遮蔽原来设置的吸烟标识等。

因为女大学生李晶提起的这起诉讼，具有公益诉讼的性质，所以如网友之前所说，大学生李晶个人的一小步，是社会文明前进的一大步。“无烟诉讼第一案”的破冰，对所有高铁、动车甚至公路运输的客车都具有警示价值。那就是烟草越来越不受公众欢迎，控烟禁烟乃是大势所趋，潮流所在。为了避免自己吃官司，还是提前做好各种预防工作，让自己和乘客都远离烟草为好。

第二节　勤工助学

一、勤工助学概述

勤工助学是新时代学校学生资助工作的重要组成部分，是提高学生综合素质和资助家庭经济困难学生的有效途径。

1. 勤工助学的概念

勤工助学是指学生在学校的组织下利用课余时间，通过劳动取得合法报酬，用于改善学习和生活条件的社会实践活动。

2. 勤工助学的发展

在很长一段时间内，国内用勤工俭学的称谓来代替勤工助学，这个名称来源于“留法学生俭学会”。勤工助学一词最早由复旦大学在 1984 年提出，旨在通过这样的活动，促进学生将知识在实践中运用，进而提升自身的专业素养、自立能力，帮助学生获得全方位发展。

从 20 世纪 90 年代至今，国家先后发布了与勤工助学相关的多项政策和文件。先在高校日常工作中设立勤工助学项目，又明确了高校在勤工助学管理制度、经费来源和应用、助学基金设立和管理方面的有关规定，逐步强化了勤工助学工作在高校学生工作体系中的作用、地位和价值。勤工助学很好地帮助了家庭经济困难的学生顺利完成学业。

二、勤工助学的意义

对于大学生来说，勤工助学的意义主要体现在以下四个方面。

（一）树立自立自强精神

高校开展勤工助学工作能够使贫困生收入水平得到提升，有效解决生活、学习资金匮乏的问题；同时学生在参加勤工助学活动的整个过程中，经常需要与他人合作完成项目任务，通过劳动获得报酬，可以有效培养学生自立自强和团队合作精神。

（二）提升人际交往能力

高校勤工助学工作往往具有与社会较为相似的工作环境，需要与不同性格的老师、同学进行交流，有机会在管理岗位上进行适当的自我锻炼，提前体验职场的氛围，帮助学生扩大交际圈，为保持和谐、稳定的人际交往关系做好充分的准备，提升人际交往和组织管理能力。

（三）塑造健康心理品质

从心理学角度分析，部分贫困生会因为家庭贫困而产生自卑心理，长此以往，容易导致抑郁、焦虑等心理问题。贫困生参与勤工助学，一方面可以帮助其缓解经济问题，减轻生活、学习压力；另一方面还可以帮助其树立自信心，使他们能够积极地面对生活中的困难，同时在勤工助学过程中加强人际交往，为建立良好的人际关系打好基础，提升心理健康水平。

（四）提升自身综合素质

高校勤工助学岗位是大学生正式走入社会之前的实践基地，大学生参加相关活动可以对其体格进行锻炼，对其意志力加以磨炼，使其理解成长及生活的不易，帮助其在正式走入社会之前向着全面发展方向成长，从小事做起，逐步提高综合素质水平，为其成为社会主义合格建设者和可靠接班人打下坚实基础。

拓展阅读

高考结束后，“00后”准大学生兴起勤工助学热

距离今年高考结束已有月余，成功“征战”高考的“00后”“强国一代”们，近日又频繁刷屏。“‘00后’高考生卖冰棍上大学”“考生暑假去工地搬砖”“高考少年勤工助学送外卖，暴雨中蹚深水扶老太走路”等相关报道层出不穷，引发网民热议。为此，中国青年报·中青在线记者采访了多位加入勤工助学大潮中的“00后”准大学生，一探他们为青春献上的这份特殊的“成人礼”……

北大“民工”与准大学生外卖小妹

前不久，当17岁的云南考生崔庆涛收到快递员送来的“北京大学录取通知书”时，他正和父母在一建筑工地上拌砂浆。

据媒体报道，崔庆涛家是建档立卡的贫困户，家有兄妹3人。今年高考，学文科的崔庆涛考了669分。最近一个月，为补贴家用，他和父母一直在离家四五公里外的一处工地打工。

“生活不易，愿你前程似锦，回报父母，回馈社会”……相关报道的评论区，网友大呼“励志”“感动”，留下满满的祝福和鼓励。某视频平台上，崔庆涛收到录取通知书的视频点击量3小时达1.1亿次。

其实，像崔庆涛这样，希望为父母分担经济压力的准大学生还有很多，来自河北石家庄的18岁女孩查晴（化名）就是其中一位。

“您好，您的外卖已送达，方便的话可以给个五星好评吗？谢谢！”紧接着，刚爬完5楼的查晴，便满头大汗地骑车赶往下一个地点。烈日下，她的工作服早已被汗水浸透。

随着外卖的普及，大街上随处可见各种“颜色”的外卖小哥，但像查晴这样的“外卖小妹”确实不多见。

查晴说，她的父亲早年去世，母亲原来是一名超市的收银员，家里发生变故后为了能多干几份工作，就成了一名环卫工人，早起打扫街道，晚上就去夜市卖凉皮。

“为分担家庭压力，平时放学回家，我会帮妈妈准备夜市需要的食材和调料，她做凉皮的

独家秘方，我已经‘偷师学艺’了，”查晴笑着说，高考结束后，她想趁暑假赚些生活费，“虽然没能力完全负担得起自己的生活，但想尽自己所能帮妈妈减轻负担。”

“外卖行业拼的就是体力，女生跟男生相比确实有劣势。”查晴所在外卖公司的一位区域负责人介绍，“当初这个女娃娃来应聘的时候，我们怕她坚持不了，但听她说家里实在有困难，就给她个机会试试，结果干得还不错，到现在为止没有一单差评。”

谈到女儿，查晴的母亲满脸欣慰：“我妞儿真的很懂事，孝顺，知道心疼我。”她说，查晴当初是瞒着自己出去送外卖的，她知道后觉得这份工作太辛苦，不想让女儿再继续干。“不过既然已经跟负责人讲好了干两个月，那就善始善终干到底吧！”

通过自己的劳动为爱好、梦想埋单，更有成就感

在北京师范大学辅导员李力看来，准大学生利用假期参加勤工助学是有必要的，既可以帮助父母减轻家庭经济负担，也可以提前了解社会，提升人际沟通与社会适应的能力。她建议，在选择工作岗位时，准大学生们应尽量与自己的专长相结合，并利用自己高中扎实的知识储备优势，多看多思多想，从简单的工作中总结为人处世的道理。

18 岁的木洋是一名艺考生，报考的专业是影视编导方向，在刚刚过去的高考中取得了不错的成绩。

今年暑假，他应聘到一家婚纱摄影馆做摄影助理。“工资虽然不高，但这里有很多专业摄影师，我可以学到布景、打光、构图等技术，而且还可以结识到更多行业‘大牛’，这样的实践经验是用钱买不到的。”

最近，木洋接下了兼职所在公司的一项新活动——免费给周边社区的老年人拍婚纱照。“很多老人一辈子没有拍过婚纱照，在他们那个年代，一张结婚证就代表了双方的爱情。”社区的小花园里，一对对老夫妻在等待木洋拍照时，不时议论、夸赞着眼前这位年轻的摄影师。

家住河南新乡的陈瑜，也是一名“千禧宝宝”。高考结束后，她在一家教育机构担任助教。

“今天的课大家还有什么疑问吗？不懂的地方可以来前面单独问老师。放学回家要注意安全，过马路记得看红绿灯……”每次讲完课，刚满 18 岁的陈瑜都很负责地提醒学生。她对师范类专业比较感兴趣，高考填报志愿时也偏向这个方向，所以想通过当助教提前感受一下教学氛围，学习一些职场知识。

陈瑜告诉记者，她特别喜欢旅行，但如今自己已经成年了，不好再向父母伸手要钱，所以打算在兼职积累经验的同时，也能顺便攒些钱出去旅游，用自己的劳动成果，开阔一下眼界。

勤工助学，更能体会父母辛苦

并非所有勤工助学的“00 后”，都在社会上“打拼”，有时帮助家人劳动，也能让他们体会到父母的辛苦。

曹卓生长在浙江温州的一个小镇上，祖辈都靠海生活，父母在镇上经营一家做渔业生意

的小店。高考后，他身边的很多朋友都去附近工厂打工，但他却选择留在家里，帮父母照看生意。

暑假是渔业旺季，曹卓家的小店生意也很火爆。他常常凌晨 3 点起床，跟父母亲一起盘点货物、核对订单和账目、调度产品货物等。这些工作看似简单，但实际上手操作时，却要考虑很多问题，这让他真切地感受到父母平日赚钱的辛苦。

“高三时因为学业繁忙，我每个月只放假回家一次。如今自己已经是成年人了，完全可以帮父母多分担一些工作，同时也能体会到父母养家的不容易。”曹卓说，读大学后肯定会离家遥远，所以也想趁着这个暑假，多在家里陪陪父母。

北京师范大学辅导员徐淑琳认为，高考结束后，有些准大学生们选择进行勤工助学，是一个很好的现象。“一方面，说明现在的准大学生们社会参与意识比较强，愿意主动去了解社会，通过勤工助学参与到社会实践中；另一方面，说明现在的孩子家庭责任感增强了，能够体会到父母的辛苦，愿意通过自己的劳动赚钱减轻家庭经济负担。”

当然，因为准大学生们大多还是年轻的“00 后”，社会生活阅历少，经验不足，参加勤工助学时仍然存在一些隐患。徐淑琳提醒准大学生们，面对一些勤工助学的机会，应该多问问：“是什么？为什么？怎么办？”尽量多方面了解相关信息，“例如对方单位的信息是否真实，工作内容、地点、时间以及薪酬等，要注意保护自己的合法权益，如果权益受到侵害，要知道如何寻求帮助”。

第三节　践行垃圾分类

一、垃圾分类的定义

垃圾分类，一般是指按一定的规定或标准将垃圾分类储存、分类投放和分类搬运，从而转变成公共资源的一系列活动的总称。分类的目的是提高垃圾的资源价值和经济价值，力争物尽其用。进行垃圾分类收集可以减少垃圾处理量和处理设备，降低处理成本，减少土地资源的消耗，具有社会、经济、生态等几方面的效益。

二、垃圾分类的标准

随着人们生活水平的提高，生活垃圾的数量越来越多。对居民生活垃圾进行分类对于改善生活环境、促进资源循环及提升全民文明素质都有重要的意义。

（一）我国垃圾分类现状

推行垃圾分类，关键是要加强科学管理、形成长效机制、推动习惯养成。要加强引导、因地制宜、持续推进，把工作做细做实，持之以恒地抓下去。

2016 年 12 月以来，新的垃圾分类制度在国内普遍推行开来，全国垃圾分类工作由点到面、逐步启动、成效初显，46 个重点城市先行先试，推进垃圾分类取得积极进展。2019 年起，全国地级及以上城市全面启动生活垃圾分类工作。到 2020 年底，46 个重点城市将基本建成垃圾分类处理系统。2025 年底前全国地级及以上城市将基本建成垃圾分类处理系统。

（二）垃圾分类方法

随着人们物质生活的不断丰富，垃圾成分也日趋复杂。合理准确地进行垃圾分类，可以最大限度地防止二次污染。根据国家标准，垃圾分类可分为可回收物、有害垃圾、厨余垃圾和其他垃圾四大类。

1. 可回收物

可回收物指适宜回收并可循环利用的资源，主要包括废纸、塑料、玻璃、金属和布料五大类。

废纸：主要包括报纸、期刊、图书、各种包装纸等。

塑料：各种塑料袋、塑料泡沫、塑料包装（快递包装纸是其他垃圾/干垃圾）、硬塑料、塑料牙刷、塑料杯子、矿泉水瓶等。

玻璃：主要包括各种玻璃瓶、碎玻璃片、暖瓶等。

金属：主要包括易拉罐、罐头盒等。

布料：主要包括废弃衣服、桌布、洗脸巾、包、鞋等。

2. 厨余垃圾

厨余垃圾包括剩菜剩饭、骨头、菜根菜叶、果皮等食品类废物。经生物技术就地处理堆肥，每吨厨余垃圾可生产 0.6～0.7 吨有机肥料。

3. 有害垃圾

有害垃圾含有对人体健康有害的重金属、有毒的物质或对环境造成现实危害或潜在危害的废弃物，包括电池、荧光灯管、灯泡、水银温度计、油漆桶、部分家电、过期药品及其容器、过期化妆品等。这些垃圾一般使用单独回收或填埋处理。

4. 其他垃圾

其他垃圾（上海地区称为干垃圾）包括除上述几类垃圾之外的砖瓦陶瓷、渣土、卫生间废纸、纸巾等难以回收的废弃物及尘土、食品袋等。

拓展阅读

两桶一袋

“两桶一袋”指居民应准备两个垃圾桶、一个垃圾袋。“两桶”是指厨余垃圾桶和其他垃圾桶。厨余垃圾在投放前要沥干水分，避免遗洒。对那些辨识不清、让人纠结的垃圾，可以投到其他垃圾桶。“一袋”指可回收物收集袋，纸盒、快递纸箱等体积较大的可回收物品，可装满后预约上门回收或投放到小区的对应垃圾桶中。

共绘垃圾分类手绘墙

2019 年 10 月，相城区康桥花园社区新时代文明实践站携手苏州大学文正学院，由艺术系的 13 名大学生志愿者在辖区星云汇商业体、阳澄湖中路沿线的围墙上，结合社区实际特色，画了一面独具一格的垃圾分类手绘墙，以形象直观的方式向居民宣传垃圾分类知识。

（三）垃圾分类的原因

每个人每天都会产生许多垃圾。在一些垃圾管理较好的地区，大部分垃圾会得到卫生填埋、焚烧、堆肥等无害化处理；而更多地方的垃圾则常常被简易堆放或填埋，导致臭气蔓延，并且污染土壤和地下水体。垃圾无害化处理的费用是非常高的，根据处理方式的不同，处理一吨垃圾的费用约为一百元至几百元。人们大量地消耗资源，大规模地生产，大量地消费，又大量地生产着垃圾，如果不妥善处理垃圾问题，后果将不堪设想。

（四）垃圾分类的重要性

实行垃圾分类，关系到广大人民群众的生活环境，关系到节约使用资源；同时，也是社会文明水平的一个重要体现。作为新时代的大学生，承载着国家的未来和民族的希望，是社会文明的示范者和引领者。因此，做好垃圾分类，是每一位大学生应尽的责任与义务。

垃圾分类既是为了变废为宝，也是为了让各类垃圾各归其位，这样才能让我们的生活环境更加干净卫生，减少细菌滋生，守护健康。大学生做好垃圾分类，是卫生健康习惯的一种习得性养成。在这一过程中，大学生能够更好地成长为文明个人。大学生要认真学习和践行垃圾分类，这样我们的校园才能更加文明美丽。

三、高校垃圾分类

关于垃圾分类的标准，各个省（市）的划分稍有区别。大学生在进行垃圾分类时要以本地区垃圾分类的标准为依据。2020 年 5 月 1 日，北京市正式实施《北京市生活垃圾管理条例》，规定统一按照厨余垃圾、可回收物、其他垃圾、有害垃圾进行分类。

（一）高校生活垃圾的概念

高校生活垃圾主要是指日常生活和学习过程中产生的废品，包括塑料制品、纸质包装、印刷制品、金属制品及瓜果皮、剩饭菜等，覆盖区域为公寓楼、教学楼、图书馆、实验楼及公共活动区等。总的来看，教学区所产生的垃圾主要以废纸为主；食堂主要是餐饮垃圾，包括塑料餐盒、食物等；宿舍区垃圾比较杂乱，主要为食品包装、瓜果皮等。

（二）高校垃圾分类的现状

实行校园垃圾分类，可以美化校园、改善环境，是一件有利于学生成长的事情。然而，目前很多高校垃圾分类普遍存在没有分类垃圾桶、学生垃圾分类意识未建立、分类垃圾被二次混合等问题。校园垃圾混合收集前均未经过垃圾分类处理，导致苍蝇、蚊子、老鼠的滋生。在垃圾处理的过程中，混杂着各种有害物质的垃圾被填埋，既占用了土地，又使垃圾中多种污染成分长期留存，在一定条件下发生化学反应或生物转化，通过水资源、空气等介质污染大气环境，影响人体健康。

（三）高校垃圾分类的意义

校园开展垃圾分类，把垃圾当成资源，把有毒物质单独进行资源化处理，不仅可以节省大量填埋占地、避免污染，还能按类别回收资源、保护资源和环境，同时还能培养学生了解垃圾分类知识，养成垃圾分类习惯、形成环保意识，对校园环境的美化和治理更是有着深远的意义。

垃圾分类宣传标语口号

1. 垃圾分类，我们一起来。
2. 分类新时尚，垃圾变宝藏。
3. 垃圾四分类，资源不浪费。
4. 垃圾也有家，分类靠大家。
5. 垃圾要变宝，分类更环保。
6. 垃圾分类好，低碳又环保。
7. 垃圾分类投，资源再回收。
8. 分类要靠你我他，请给垃圾找对家。
9. 垃圾分类好处多，源头减量新生活。
10. 垃圾想要更环保，分类处置不可少。

四、参与垃圾分类的途径

2020 年 3 月 20 日，中共中央、国务院印发《关于全面加强新时代大中小学劳动教育的意见》（以下简称《意见》），要求构建德智体美劳全面培养的教育体系。《意见》中规定了诸多细则，如将劳动教育纳入人才培养全过程、在大中小学设立劳动教育必修课程、每年有针对性地学会 1～2 项生活技能等，都是将劳动教育落到实处的措施。可操作的细则就是为了避免“喊起来重要，教起来次要，考起来不要”的现象。

大学生要积极做好垃圾分类的宣传、学习和参与工作。学校的各个社团都有一些专门针对垃圾分类的宣传活动，大学生不仅要积极参与组织活动，更要在活动中认真学习垃圾分类知识，并将自己学到的知识传播给他人。

进社区开展垃圾分类宣传活动

为强化社区居民对垃圾分类的认识，了解垃圾分类的重要性，倡导大家积极参与到垃圾分类的行动中，常州大学的志愿者们走进花西社区，“化身”环保卫士，向居民宣传垃圾分类知识。

在活动现场，志愿者们为居民发放了垃圾分类宣传手册，并为大家讲解了垃圾分类的意义、必要性及方法，居民们也纷纷表示会配合垃圾分类工作，持之以恒，养成良好的生活习惯。

劳动实践活动

教学楼大扫除 全员齐参与

一、教学目标

（1）宣传人文校园活动理念，为全校师生提供一个干净整洁、温馨美好的教学和学习环境。

（2）激发学生自觉维护教学楼卫生的热情，培养学生公共卫生意识，承担共同建设、保护美丽教学楼的责任。

（3）在清扫活动中，体验劳动的光荣，提高学生的团结精神和奉献精神，增强学生服务他人、服务校园的意识。

二、基础知识

（1）教学楼是学生日常学习的主要场所，教学楼内环境的整洁、舒适对学生的身心健康及学习效率有很大的影响，创建整洁优美的教学环境是每个学生应尽的义务。

（2）教学楼的卫生打扫主要包括教室内卫生和教室外卫生的打扫，此次学生清扫活动主要指教室外公共区域的卫生打扫。

（3）教室外卫生区的清洁要达到“三净”“四无”。“三净”即楼梯楼道拖得净，扫得净，楼区内的门窗、玻璃、墙裙、楼梯扶手及摆挂物件等擦得净；“四无”指无垃圾物（纸屑、果皮、烟头、食物及食品包装等）、无砖石块、无树叶等落物、无坑洼死角。

三、工具使用

扫帚、垃圾袋、簸箕、垃圾桶、抹布、拖把、黑板擦等。

四、参加人员

全体学生。

五、活动设计

1. 准备阶段

（1）线上宣传。利用微信公众号、线上通知等进行宣传，全面部署、广泛动员，充分调动在校学生参与活动的积极性。

（2）海报宣传。设计主题宣传海报，并张贴于教学楼、宿舍楼等地，呼吁在校学生积极参加实践活动。

（3）线下宣传。召开相关主题班会，在餐厅门口张贴条幅进行宣传，鼓励学生踊跃报名。

2. 启动阶段

（1）由学生自行组队并选出队长，在规定时间内上交报名表，每队为 5～7 人。

（2）由相关部门统计报名表并划分每队清洁区域，选择工作人员。将结果进行公示，公示期为 1 个工作日，无异议后开始活动。

备注：每队的负责区域根据人数及负责地点做到相对公正划分，工作人员指学校环卫工人，需公正且每队配 1 人，并与组内其他人员互不相识。

3. 实施阶段

（1）每队自行选择活动时间，在早上第一节课前、午休、晚饭时间或晚自习后进行活动，每天至少打扫卫生两次且由工作人员陪同。

（2）若工作期间有人请假，需向工作人员说明并记录。

（3）每次工作后，由工作人员进行打分（1～10 分）并记录扣分原因。

4. 总结阶段

（1）小组内成员每人写一份工作记录及劳动体会。

（2）工作人员将本次活动请假记录及打分记录向组内成员进行公示并使双方达成一致意见，若过程中存在无法协调的问题，则请求活动主办方相关人员进行监督公证。

（3）各学院活动组织队长为本学院的小组进行活动展示，通过 PPT 答辩进行交流学习，达到相互促进的目的。

六、安全保护

（1）人身安全保护。应保证劳动过程安全，禁止团队成员用器具打闹，以免误伤自己及他人。在进行擦窗户等危险劳动时，要特别注意自身安全并应有人陪同。

（2）器具安全保护。如果有人故意损坏器具，应照价赔偿并取消优秀个人评选资格；若器具因老旧等其他原因损坏，应及时报备更换。

七、考核评价

（1）优秀个人评选。活动中无不良记录者可参加优秀个人评选，由组内成员投票并根据工作人员活动期间的相关记录选出。

（2）优秀团队评选。在院内 PPT 答辩时进行小组间投票，并结合相关工作人员记录的工作时长及打分选出优秀团队。

（优秀团队个数=应选团队个数/参赛团队个数×该学院团队个数×2）

所有优秀团队进行 PPT 活动展示，由所有团队及教师进行投票，选出最终的优秀团队并进行公示，1 天后无异议即为本次活动优秀团队。

思考与讨论

1. 你参加过学校组织的公益活动吗？在活动中使你印象深刻的事情是什么？

2. 平时在家，你会帮助父母做家务吗？

3. 你参加过哪些大扫除活动？从劳动中体会到了什么？

4. 如果看到周围的人对垃圾分类有抵触心理，你会尝试说服他们并教会他们进行分类吗？

第六章

创 新 精 神

我们必须把创新作为引领发展的第一动力，把人才作为支撑发展的第一资源，把创新摆在国家发展全局的核心位置，不断推进理论创新、制度创新、科技创新、文化创新等各方面创新，让创新贯穿党和国家一切工作，让创新在全社会蔚然成风。

第一节　创新精神概述

中国传统文化价值观中蕴含丰富的创新精神与思想内涵，其本质是求新求变。创新精神根植于中华民族千百年来勤劳智慧的实践中，形成于兼收并蓄各种思想文化的有益成果之上。创新精神是人们对创新活动所持有的价值理念，是求新求变的必然选择。在劳动中坚持创新精神，才能有所突破；在劳动中坚持创新精神，方能有所成就。

一、创新精神的内涵

（一）创新精神的定义

创新精神是指要具有能够综合运用已有的知识、信息、技能和方法，提出新方法、新观点的精神。

创新精神是一个国家和民族发展的不竭动力，也是一个现代人应该具备的素质。对国家而言，创新是引领发展的第一动力。一个民族要想走在时代前列、成为时代的引领者，就需要时刻保持创新思维。在各领域进行创新，必须打破思想禁锢，突破原有行为模式，以新的理念、新的方法和新的路径解决问题，打开新的局面。

（二）创新精神的具体表现

创新精神是一种勇于抛弃旧思想旧事物、创立新思想新事物的精神。不满足已有的认识，不断追求新知；不满足现有的生活生产方式、方法、工具、材料或物品，根据实际需要或新的情况不断进行改革和革新；不墨守成规，敢于打破原有的条条框框，探索新的规律、新的方法；不迷信书本、权威，敢于根据事实和自己的思考质疑书本与权威，说自己的话，走自己的路，灵活应用已有知识和能力解决问题……这些都是创新精神的具体表现。

创新精神是科学精神的一个方面，与其他方面的科学精神不是矛盾的，而是统一的。创新精神提倡独立思考、不人云亦云，并不是不倾听别人的意见、孤芳自赏、固执己见、狂妄自大，而是要团结合作、相互交流，这是当代创新活动必不可少的方式。

“北斗三号”卫星首席总设计师谢军说过：怀揣北斗报国情，一代又一代北斗人接续拼搏20载，练就了一支技术精湛、作风过硬、开拓奋进的人才队伍，传承经验和文化，铸就了“自主创新、团结协作、攻坚克难、追求卓越”的北斗精神，携手塑造了“中国北斗”这个响当当的品牌。

拓展阅读

新时代北斗精神：“创新”光芒闪耀苍穹

1970年11月，在“东方红一号”卫星成功发射后的6个月，我国第一份研制导航卫星的论证报告完成，限于当时的条件，未能继续下去。

在我国开始规划北斗蓝图时，欧美一些发达国家已经完成了全球卫星导航系统布局。中国必须寻找一条全新的技术路径，北斗人必须通过自主创新、弯道超车。最终，北斗导航卫星系统采用了“先区域、后全球”的建设思路，集中精力为我国本土和周边服务，摸索更好的经验来推动事业的发展。

参与了技术路线讨论的中国航天科技集团第五研究院“北斗一号”卫星总设计师范本尧院士回忆说：“这需要大量的时间和资金。先区域、后全球的技术途径很符合中国国情。”

1994年，“北斗一号”系统工程立项，卫星研制队伍组建，全面展开研制工作。然而，当时国外进行技术封锁，国内的部件厂家尚未成熟，“北斗一号”研制只能在摸索中起步。

范本尧院士回忆，国产化从“北斗一号”的太阳帆板做起，之后的国产化攻关更为艰苦。凭借自力更生的创业精神，老一辈北斗人逐一攻克，终于在2000年完成了“北斗一号”系统建设，我国成为第三个拥有自主卫星导航系统的国家。

掌握核心技术

北斗工程的研制，并不如它的名字那样浪漫。曾任“北斗一号”“北斗二号”卫星系统总指挥的李祖洪回忆，在起步阶段，有过很多坎坷经历。

核心技术要靠自己。作为北斗卫星的“心脏”——铷原子钟，它的每一次跳动都直接决定着北斗卫星定位、测速和授时功能的精度。从打破国外技术封锁到不断设计研发更高精度、更强能力的国产原子钟，研制团队付出了数十年的努力，走出了一条自主创新、自我超越的发展之路。

“北斗二号”有了自己的“中国心”，用上了自主研制的星载原子钟。如今，北斗团队自主研制成功的铷原子钟精度已从最初30万年误差1秒的10米定位精度，提升到了300万年误差1秒的1米定位精度。“北斗三号”所有部件和核心器件达到100%国产化，核心技术完全自主可控……每一个新的难题，都在考验着北斗人。

“这是一条充满了北斗人自主创新、砥砺前行的道路，也见证了北斗系统的成长。”“北斗二号”总指挥兼总设计师杨慧饱含深情地说。从“北斗一号”“北斗二号”“北斗三号”分步实施的战略决策，到中国特色北斗卫星导航体制的设计，再到星间链路、高精度原子钟等160余项关键核心技术的攻克和500余种器部件国产化研制的突破，无不透射着北斗团队创新的志气和追求。

创新不停歇

2008年5月12日，汶川大地震的震波环绕了地球6圈。天崩地裂间，汶川、映秀等地的通信瞬间中断。数小时后，一支携带北斗终端的救援队伍沿着马尔康、黑水的317国道进入汶川并通过北斗短报文技术将消息传递出来，北斗成为震区当时唯一的通信方式，大大加快了救援的效率。

2020年初，新冠肺炎疫情突如其来，在武汉火神山、雷神山医院建设中，北斗卫星导航系统的高精度定位设备火速驰援，确保工地大部分放线测量一次完成，为两座医院迅速施工争取了宝贵时间。

在上海，它记录着所有公交车轨迹，提供实时到站预报；在伊犁，它精确引导拖拉机，每千米播种作业偏差不超2.5厘米；在青海，它守护着藏羚羊迁徙路线，看着藏羚羊穿越长夜昏晓，穿越无人之地……如今，北斗的应用领域不断拓展。全国已有650万辆道路营运车辆、4万辆邮政和快递车辆、36个中心城市8万辆公交车、3200座内河导航设施、2900座海上导航设施使用北斗。港珠澳大桥采用北斗高精度形变监测系统，保障安全运行。国内销售的智能手机大部分支持北斗，北斗前装车辆超过200万辆。

斗转星移，北斗前进的脚步没有停止，创新发展的精神也不会停歇。在完成北斗全球系统建设的同时，北斗人正在积极谋划着建造下一代卫星导航系统。

二、新时代创新精神的特征

成功的人往往能够摆脱条条框框的束缚，在工作中有所突破、有所挑战。职场中，囿于经验、不敢创新的员工，我们称之为“先例的崇拜者”，因为他们把困难当作“不能逾越”，总是在说“这不行”“那不可能”。殊不知，世界上每一个新事物的诞生都归功于古往今来的“先例破坏者”。许多人不敢挑战还有另外一个重要因素：缺乏经验。但经验并不总是有用，人必须在实践中去干，学以致用学会借鉴经验，才能创新。

工作中，由于分工和能力的不同，既需要有人运筹帷幄，掌管大局，又需要有人身体力行，亲力亲为。但是不管身处什么角色，每个人都要发扬工匠精神，要有独立思考的精神，以及动手实践的勇气。在工作中如果没有自己的想法，只是听命于他人，人云亦云，不动脑筋，走弯路、浪费时间不说，有时难免会犯错误。所以，一个人用自己的大脑去思考，在实践中去学习，敢于尝试，积累经验，就能将“不可能”变为“可能”。

（一）解放思想是创新精神的基本前提

解放思想最大的敌人是习惯势力和主观偏见。解放思想最大的问题是面对新情况仍用“老办法”。敢创新就是要敢于打破利益藩篱，更新思想观念，转变思维方式。

有个人想挖鱼池养鱼，有人建议他在“池底铺上一层砖，这样既干净又节省水”；又有人建议他说，“不能铺砖，铺了砖，鱼就接触不到泥土，对鱼的生长不利”……于是，这个养鱼者犯难了，他不知该听谁的话才好。结果是，此事耽搁了好几个月，最终他竟放弃了养鱼的计划。上面这个案例在生活中十分常见，它形象地说明了在任何时候，人都得靠自己独立思考，去寻找合适的方法解决问题，简单的工作是这样，复杂的工作也是如此。“三一重工”的总裁向文波曾经说过：“要想成为真正的‘人’，首先必须是个不盲从的人……当你放弃了自己的立场，而用别人的观点去思考的时候，错误便形成了……”这句话可以进一步解释为：我们可以以他人的观点来看待事情，但绝不可因此失去自己的立场。

这说明，现代社会、现代企业越来越需要有自己的想法、能够独立思考的员工。有这样一个真实的例子：在一家设计公司里，总裁总是对新来的员工强调一件事：谁也不准走进 8 楼没挂门牌的房间，否则的话，后果自负。他没有做任何解释，而新来的员工也没问这是为什么，先前招来的员工们都按照总裁的话去做，无一例外。不久，又有一批新员工来到了公司，总裁又强调了这件事。

但是这次，有个小伙子轻声嘀咕了一句：“为什么？”总裁回答：“你对这个很感兴趣是吗？不过进去之后要承担后果啊！”说完，总裁意味深长地看着这个小伙子。小伙子不再作声了，但回去以后，他一直思索着总裁的这个令人费解的规定和他那意味深长的目光。他断定，这其中一定有什么奥妙。工作了一段时间后，这个小伙子的一些标新立异的想法虽然得到了总裁的肯定，但他依然没有打消掉要进那个房间去看看的好奇心——哪怕被公司辞退，他也想进去看一看。一天中午，小伙子奉上司的命令到 8 楼找总裁签完一份合同后路过那个没挂门牌的房间，他终于按捺不住好奇心，决定进去看看这个房间里到底有什么秘密。他轻轻地敲了一下门，里面没有反应，他又轻轻推了推门，门是虚掩着的，一下子就被推开了，只见空荡荡的屋里放着一张桌子，桌子上有一个纸质的标牌，上面写着：请把这个标牌送给总裁。小伙子心想，既然自己已经违反规定进来了，最坏的结果就是被公司解雇。于是，他索性大着胆子，拿着标牌走进了总裁办公室，想看看把标牌交给总裁后到底会有什么样的后果。

出乎意料的是，当他把那个标牌交到总裁手中时，总裁不但没有生气，反而和蔼可亲地对他说：“你正是我要找的人。要知道，一个人如果只知道遵照上司的指示唯命是从，那么，他还能有什么新的思想和突破呢？我们是设计公司，最需要的就是活跃的思想碰撞产生的火花，否则就将会是一潭死水，终将被市场淘汰。”随后，总裁又和小伙子谈了一些关于产品研发方面的问题。小伙子也毫不避讳，把对现在一些研发的产品的看法及产品中的一些缺陷都说了出来。总裁对小伙子说：“我想任命你为公司的产品开发部经理，你能胜任吗？”“就因为我拿来了这个标牌吗？”小伙子诧异地问道。“不，我观察你很久了，我相信凭你的开拓创新的精神，你一定能胜任这份工作。”总裁满怀期待地看着小伙子。后来，这个小伙子果然不负众望，带领整个团队开发出一个又一个新产品，为公司创造了巨大的经济效益。

这个案例说明：工作中有自己的想法是非常重要的，而勇于走进某些“禁区”，敢于打破条条框框的束缚，有“敢为天下先”的意识，往往会得到意想不到的机会，也会有更广阔的发展空间。有想法、勇于打破“禁区”的人，才有能力解决问题，为自己在工作中开拓出一片新天地，才能成为合格的“工匠”。

（二）对外开放是创新精神的必要条件

创新是引领发展的第一动力，是建设现代化经济体系的战略支撑。要主动参与和推动经济全球化进程，加强同世界各国的互容、互鉴、互通。改革开放以来，中国积极引进国外先进技术和装备，取得了巨大的经济成就。作为一个发展中的人口大国，中国今后仍需广泛学习外国先进技术知识和借鉴其管理经验。但任何一个国家的关键技术和核心技术都不能通过正常的国际交易获得，这是一个不大为自由主义经济学家所关注的国际政治事实。

目前所谓的全球经济格局必然是：跨国公司云集的发达国家始终处于世界产业格局上游，发展中国家的产业则被跨国公司所控制，处于世界产业格局下游。这样的经济全球化其实不过是发达国家剩余的资本、技术和商品的全球自由流动，其规则为发达国家制定，必然有利于发达国家自身。如果中国自主创新能力长期不能获得根本提高，其在达到中等收入水平之后将停滞不前。这在国家战略利益上的突出表现是：“中国制造”无法突破发达国家及其跨国公司的技术垄断和技术贸易壁垒，从而无法获得有利的贸易地位和竞争优势。也就是说，如果中国高新技术产业和装备制造业的关键技术和核心技术只能受制于发达国家的跨国公司，那么其经济增长的稳定就只能受全球供需格局和价格变化的牵制。进一步说，“中国制造”或“世界工厂”只要不是出于自主的创造或创新，就很难保证自身“经济强国”的国际地位。

拓展阅读

有一个普通的大学毕业生，认为自己既“没关系”又“没背景”，只能找到一家远洋轮船公司干一份又苦又累的维修工作。然而后来他决定改变命运，于是开始在工作中用心找机会。终于，他一次又一次地抓住了机会，改变了自己的人生。他所在的远洋轮船公司经常出海。有一次，船停在了美国的佛罗里达州港湾。那时候，当地的美国人不太喜欢吃鲜贝，因而捕鱼的船往往留下鱼后，就把那些一起捕捞上来的超大号的鲜贝扔掉。可他知道，那样大的鲜贝在广州简直可以卖出天价，属于极品海鲜！于是，他每每说服当地渔民让他把鲜贝带回广州。一大船的鲜贝运回广州后，当天就被抢购一空。因为他的“留心”，他赚到了人生中的“第一桶金”，而且没有花费一分一毫的本钱。

后来，他又一次随远洋轮船公司的船航行到了墨西哥某个港湾。那个港湾盛产海马，但他惊奇地发现，当地人并不知道这在中国被称为“好东西”的海马的价值。小孩子们从水桶里捞出海马，当玩具一样互相扔着玩！于是，他又意识到机会来了。他给了那些孩子一些零食，让他们把海马晒干了给他。一大批干海马运回国内后，很快就销售一空，他又赚了一大笔钱。而这次经历更让他意识到，生活中只要多多留心，发财的机会到处都是。

又有一次，他的船航行到了非洲的一个港口。他和船员们下船后，坐在一棵树下休息。忽然一阵微风吹过，一种红色的树籽“噼噼啪啪”地被吹落到地上。他仔细观察着这些红豆，每一颗都玲珑剔透，红润可爱，而且全是心形的。他忽然想到，这些树籽，不就是非洲的“相思豆”吗？它们比中国的“相思豆”——红豆更加神秘！想到这里，他找来了一位当地人，问他收集几麻袋红豆需要多少钱。那位当地人用奇怪的眼神看着他，摇着头说：“这不过是些没人要的树籽，你收它干吗？”他不多解释什么，执意要买下红豆。那人见他执意要买，就说“给几袋面粉吧”。于是，他用几袋面粉换来了几麻袋红豆。红豆运回国内后，果然不出所料，大受恋爱中的人的欢迎。他将这些红豆做成了手工艺品，更是卖了个好价钱。

以后当他拥有了上千万的身家，他决定辞职，最后来到了中国人不多的佛罗里达州扎根下来，做餐馆和房地产生意。他没有像其他中国人一样开中餐馆，而是开了家日本“铁板烧”。他说：“我所居住的地方亚洲人很少，我的餐馆只能走高档路线，以低成本高价格的经营策略方能成为当地名人经常光顾的名餐馆。”他叫张永年，一个看上去普普通通的美籍华人。如今，他在美国已拥有七家餐饮连锁店，成了一名出色的“工匠”。

（三）人民立场是创新精神的价值取向

习近平总书记在《在纪念马克思诞辰200周年大会上的重要讲话》中指出：“我们要始终把人民立场作为根本立场，把为人民谋幸福作为根本使命，坚持全心全意为人民服务的根本宗旨，贯彻群众路线，尊重人民主体地位和首创精神，始终保持同人民群众的血肉联系，凝聚起众志成城的磅礴力量，团结带领人民共同创造历史伟业。”

拓展阅读

学生返乡创业建合作社 带领村民种植中草药

“虽然考上了大学，但想起家乡的落后与贫穷，总想着做点什么。”2013年的高考中，家住曲靖市会泽县雨碌乡铁厂村的赵庆早考上了云南大学滇池学院，虽然上了大学来到了大城市，但想起老家地处乌蒙贫困山区，村民们靠产能低下的农作物种植养家糊口，作为村子里出来的第三个大学生的他觉得：有义务让父老乡亲们从靠天吃饭的情形中走出来。

经过连连碰壁与不懈努力，他与一帮有着创业梦想的大学生一道，注册成立了昆明痂香土科技有限公司，取得了“保水剂”专利使用权，返乡与农户建立合作社，带领当地农民走发展中药材种植的现代农业项目，让原先只能长出几角钱“土豆与玉米”的贫瘠土地，长出珍贵的中草药材。现在的他，正带领父老乡亲们走上脱贫致富的路子。

“现在离成功还很遥远，坚信坚持就会胜利，理想和现实之间不变的是跋涉，暗淡与辉煌之间不变的是开拓。”回想这段时间以来的创业经历，赵庆早说，“有些事情不是看到希望才去坚持，而是坚持才看到希望。”

（四）创新精神的可发展性更加突出

创新精神不是天生的，其虽然与生理遗传因素密切相关，特别是特殊领域的创新，如音乐、美术、运动等，但其实质性的发展则是后天的。所以，创新精神具有可发展性。

人在一定的环境中工作和生活，久而久之会形成一种固定的思维模式，我们称之为思维定式或惯性思维。它使人习惯于从固定的角度来观察、思考事物，以固定的方式来接受事物，爱用常用的思维方式思考，善用常用的行为方式处事，久而久之，就养成了根深蒂固的习惯。但是，这种因循守旧的思维方式是创新的“天敌”。在新时代我们强调“工匠精神”，目的之一就是鼓励大家要开拓创新，突破一成不变的思维定式。

拓展阅读

打破惯性思维的女实验员

有这样一个故事：一个化学实验室里，一位实验员正在往一个大玻璃水槽里注水，水流很急，不一会儿就灌得差不多了。于是，那位实验员去关水龙头，可万万没有想到的是，水龙头坏了，怎么也关不上。再过半分钟，水就会溢出水槽，流到工作台上。水如果浸到工作台上的仪器，便会立即引起爆裂，里面正在起着化学反应的药品一遇到空气就会突然燃烧，几秒钟之内就能让整个实验室变成一片火海。实验员们面对这一可怕形势，惊恐万分。那位实验员一边去堵住水嘴，一边绝望地大声叫喊起来。这时，实验室里一片混乱，死神正一步一步地向他们靠近。就在这时，只听“叭”的一声，一位在旁工作的女实验员将手中捣药用的瓷研杵猛地投进玻璃水槽里，将水槽底部砸开一个大洞，水直泻而下，实验室一下就转危为安。在后来的表彰大会上，人们问那位女实验员，在那千钧一发之际，她怎么会想到这样做呢？那位女实验员只是淡淡一笑，说道：“我们在上小学的时候，就学过《司马光砸缸》的课文，我只不过是重复地做一遍罢了。”

这位女实验员在突如其来的灾难即将发生时用一个最简单的办法避免了一场可怕的灾难，她是值得我们敬佩的，她急中生智的智慧更是让我们羡慕。《司马光砸缸》我们都学过，其实这个“缸”就可以看作我们的惯性思维，很多时候我们对机会视而不见，只因我们被自身的惯性思维束缚住了。这个时候唯有打破惯性，才能放飞自己的思维，进入一个新天地。

打破条条框框的巧匠鲁班

鲁班是众所周知的能工巧匠，他是我国古代的一位出色的发明家，两千多年以来，他的名字和有关他的故事，一直在人们中间流传。我国的土木工匠们都尊称他为“祖师”。鲁班又名公输班，他生活在春秋末期到战国初期，出身于工匠之家，从小就跟随家里人进行土木建筑工程劳动，逐渐掌握了生产劳动的技能，积累了丰富的实践经验。

大约在公元前450年以后，鲁班从鲁国来到楚国，帮助楚国制造兵器。他曾创制“云梯”，还发明了木工用的手工工具，如钻、刨子、铲子、曲尺、墨斗等。每一件工具的发明，都是鲁班在生产实践中得到启发，经过反复研究、试验而创造出来的。相传，有一次鲁班进深山砍树时，一不小心，脚下一滑，手被一种野草的叶子划破了，渗出血来。他摘下那种野草的叶片轻轻一摸，发现叶子两侧长着锋利的小齿，他用这些密密的小齿在手背上轻轻一划，居然割开了一道口子。鲁班从这件事上得到了启发，他想，要是做成这样齿状的工具，不就能很快地锯断树木了吗？！后来，经过反复试验，他终于发明出锋利的锯子，大大提高了工效。

墨斗也是鲁班发明的。此工具以一斗形盒子储墨，线绳由一端穿过墨穴染色，已染色绳线末端为一个小木钩，称为“班母”，“班母”通常离地面约一寸。固定之后，将已染色线绳向地面弹动，工地以此为地平直线标准。又可以“班母”固定于高处，墨斗悬垂，以墨斗之重量做坠力，将已染色线绳向壁面弹动，以此为立面直线标准。后鲁班对其加以改进，此后墨斗被广泛运用于木工中。鲁班还发明了许多农业机具和古代兵器，如钩和梯，成为春秋末期常用的兵器。《墨子· 鲁问》中记录了鲁班将“钩”改制成舟战用的“钩强”这件事。楚国军队用此器与越国军队进行水战，越船后退就钩住它，越船进攻就推拒它，十分实用，大大提高了楚军的作战能力。《墨子·公输》中还记录了鲁班将普通木梯改制成可以凌空而立的“云梯”用以攻城的事。

鲁班正是在劳动实践中发明了一个又一个省时省力造福人类的工具，为人们生活条件的改善作出了伟大的贡献。时至今日，关于鲁班发明创造的故事还是脍炙人口的话题。事实上，人们尊崇他、纪念他，不只是因为他留给我们无数的杰作，更为关键的是他留给我们的精神财富——不朽的工匠精神，打破一切条条框框和“所谓禁区”的勇气。

三、新时代创新精神的培养途径

创新精神主要由勇于探索的精神、艰苦奋斗的精神、乐于献身的精神和从实际出发的学风等部分构成。其中，勇于探索的精神是创新精神的核心，艰苦奋斗的精神是创新精神的保障，乐于献身的精神是创新精神的依托，从实际出发的学风是创新精神的实现途径。

（一）培养勇于探索的精神

1. 强烈的好奇心

好奇心是对客体的选择性态度。具有好奇心，就会很自然地受到未知世界的吸引，乐于施展才智以寻求答案。具有创新精神的人往往有强烈的好奇心、旺盛的求知欲，酷爱探索和钻研。要对自己接触到的现象保持旺盛的好奇心，要敢于在新奇的现象面前提出问题，不要怕问题简单，不要怕被人耻笑。

人们通常都生活在一种习惯当中，而面对生活中的变化，总是习惯于过去的思维方式。

然而事实证明：打破思维的“墙”，“思路”决定“出路”。一个人如果在工作中试着将自己的“心径”扩大1毫米的话，一定会发现工作中充满了挑战，也充满了创意。而换一种思维做事，会让自己成为不同于他人的有创新意识的“工匠”。

拓展阅读

众所周知，福特是一位了不起的人，他没有受过多少正规的教育，却凭借自己的不懈努力，发明研制成功了汽车，并建立了自己的汽车王国。之后，他又把目光转向制造8缸引擎。一天，他把设计人员召集到一起说：“先生们，我需要你们造一个8缸引擎。”那些工程师深谙数学、物理、工程学，他们知道什么是“可做”的，什么是“行不通”的。所以，他们以一种“宽容”的目光看着福特，非常耐心地向福特解释说：“8缸引擎从经济方面考虑很不合适。”并向他解释了为什么不合适。但福特并不接受这些意见，只是强调：“先生们，我必须拥有8缸引擎——请你们造一个。”工程师们只好勉为其难地干了一段时间，之后向福特汇报：“我们越来越觉得造8缸引擎是不可能的事了。”然而，福特不是个轻易能被说服的人，他坚持说：“先生们，我必须有一个8缸引擎——让我们加快速度去做吧。”于是，工程师们只好再次行动了。这次，他们比以前花的时间更多了，而福特也投入了更多的资金。但研究的结果仍与上次一样：“先生，8缸引擎的制造完全不可能。”然而福特的“字典”里根本不存在“不可能”之说。福特对工程师们说：“先生们，我必须有8缸引擎，你们现在就开始去做吧。”猜猜接下来如何？工程师们制造出了8缸引擎。这个案例从某种意义上为我们诠释了工匠精神重在创新的伟大之处，福特用自己的行动说明了世上有难事，但怕“有心人”。

2. 稳定的兴趣

兴趣是成功的内在起点。个体对客观世界的某些现象或问题产生浓厚的兴趣时，就会喜爱观察和思考它们，从而产生旺盛的求知欲望，渴望进行深入了解，追究原因并给出答案。

拓展阅读

在纽约，有一个女孩从秘书学校毕业后，想找一份医药秘书的工作，但由于缺少这方面的工作经验，她面试了好几家医院都没成功。后来，她突发奇想，在去面试的途中，她给自己讲了一段话：“我要得到这份工作，我一定会做好这份工作的。我是一个勤快而自律的人，我能够快速学习如何做好这份工作。医生将会视我为不可缺少的人。”她一直对自己重复这些话。她充满信心地走进一家又一家医院的办公室去参加面试，充满热忱地回答面试官的问题，最后她果然被一家医院录用了。

几个月后，带她实习的那个医生告诉她，当他看到她的申请表上列着没有任何工作经验的时候，他已经决定不用她了，但经过和她一次礼貌的交流，她对这份工作的热忱使他觉得应该试用她看看。的确热忱把这个女孩带进了工作中，后来她成为一名很出色的医药秘书。可见，在生活和工作中，我们应该保持极大的热忱，只有这样，才能做好工作，发现做好工作的技巧，才有可能在迈向成功的路上永不懈怠，奋力前行。人要想改变自己，就要首先改变自己的生活态度。一个人只有对生活和工作充满热忱，才能使自己拥有积极向上的活力，才能面对任何阻碍不放弃，进而改变自己，实现心中的梦想。

3. 旺盛的求知欲

求知欲是指追求某些现象发生的原因、探究客观事物变化的规律和寻求解决问题的办法的内心欲望。“学而创，创而学”是创新的根本途径。青年要具备勤奋求知的精神，不断地学习新知识，才能在自主创新中发挥生力军作用。

拓展阅读

俗话说：“世上无难事，只怕有心人。”要做一个“有心人”，就应该满怀热忱，对事物怀有持之以恒的情感和投入。在创新路上，对事物乃至对创新这一目标的热忱也必不可少。热忱意味着对生活的热爱，意味着对事业的追求。拿破仑·希尔认为，热忱之心将会给人带来奇迹。一次，拿破仑·希尔同他的母亲在一个浓雾之夜渡江到纽约，母亲上岸后，惊叹道：“这是多么令人惊心动魄的情景啊！”拿破仑·希尔问道：“难道有什么惊奇的事吗？”母亲的声音里充满了热情：“你看呀！那浓雾，那四周若隐若现的光，还有那消失在雾中的船，带走了令人迷惑的灯光，多么令人不可思议啊！”或许是被母亲所感染，拿破仑·希尔也感觉到那厚厚的白雾中隐藏着的神秘、虚无及点点的迷惑，他那颗麻木、迟钝了很久的心在这时仿佛得到了新鲜血液的滋养一般，变得鲜活起来。

母亲看着拿破仑·希尔，说道：“我从来没有放弃过给你忠告。无论以前的忠告你接受不接受，但这一刻的忠告你一定得听，而且要永远牢记，那就是：世界上从来都有美丽和兴奋的存在，它本身就是如此动人、如此令人神往。所以，你自己必须要对它敏感，任何时候都不要让自己感觉迟钝和麻木，任何时候都要保持一颗热忱的心。”拿破仑·希尔一直牢记着母亲的话，并一直试着这样去做，让自己始终保持一颗热忱的心，直至成为著名的军事家与政治家。在生活中，绝大多数成功人士往往都具有保持热忱的能力和心态。

（二）保持艰苦奋斗的精神

艰苦奋斗是一种不怕艰辛苦难而勇敢地去战胜困难的精神。保持艰苦奋斗的精神要具有足够的自信心和顽强的意志力。

1. 足够的自信心

具备创新精神的人往往相信自己具有创造性，因为没有足够的自信是很难大胆创新的。信心是胜利的起点，是产生勇气和实现雄心壮志的保证。

2019 年 10 月，初秋的杭州，李京阳站在浙江大学体育馆的舞台上，为清华“交叉双旋翼复合推力尾桨无人直升机”项目做大赛最后的路演。随着大屏幕上不断增长的分数条，现场观众开始欢呼，分数最终定格在1250分，清华大学锁定冠军。清华大学无人直升机团队坚信：我们可以改变世界！

拓展阅读

一位父亲带儿子去爬山。在山脚下，父亲指着高山对儿子说："上山有两条路，一条在东南方向，一条在西南方向。东南方向的路离山顶更近，但非常陡峭；西南方向的路离山顶虽远，但道路平缓。你选哪条路上山呢？"儿子想也不想，便指定了东南方向。父亲点点头，说："这样吧，咱们俩来比试比试，我由西南方向上山，你从东南方向上山，看谁最先到达山顶。"儿子信心十足，头一仰，说："老爸，你一定会输。"

父子俩分别后，各自寻找上山的路口。东南方向的路口就在不远处，走了一百多米，儿子便找到了。但他来到路口仰头一看，吓了一跳，山怎么这么陡！雄心壮志瞬间就在他心底崩塌了。他在不远处的一家杂货铺买了根手杖，心里才稍稍安定些，然后开始沿着山路往山顶走。路看上去很陡，却不是很难走，每走一步都有一个很宽的人造台阶，而且一路上都有成人一样高的防护栏，只要低头往前走，几乎感觉不到山的陡峭。但儿子每走一段就回头看看，看着看着，山似乎更加陡峭了，他越往上走越感到害怕。于是，他不得不小心翼翼地前进，每走一步都必须拄着手杖扶着防护栏。最终，他到达了山顶，不过，父亲早已等候在那儿了。

儿子不服气，要和父亲再比试一次。这次，他建议父亲由东南方向的山路下山，他自己则由西南方向的山路下山，谁最早到达山脚算谁赢。父亲不作声，点头同意了。刚下山的时候，儿子感到很轻松，全身好像有使不完的劲儿，可越走越觉得下山的路长。最终，他忍不住问同行的游客："从这儿到山脚大路口有多远？"对方告诉他，大约是东南山路的四到五倍长。他一听，双腿立刻变软了。这次，儿子又比父亲晚到了很久。儿子仍不服气，狡辩起来："老爸，这两次比赛，都因我没来过，选错了方向。上山时我应该走西南方向的那条路，那条路不陡，走起来快；下山时应该走东南方向的山路，那条路路程短，不费时间。"

父亲听罢，长长地叹了一口气，语重心长地说："我小的时候，你爷爷带我来爬山，我输了也这么说，结果跟他较了一辈子劲也没赢过他。孩子，你要知道，世上的山峰何止千万座，你不可能赢过每一个登山者。山的高度和谁先爬到山顶都不重要，重要的是，在你心里必须有一座自己的山峰，有一个自己的高度。如果你能义无反顾、毫不畏惧地征服你心底的那座山峰，不管你用了多长时间、选择了哪条路上山，你都是胜利者。"儿子听罢，沉思了良久。一个人只有抱着"我能行"的信心上路，才能征服内心的"山峰"。

2. 顽强的意志力

意志是人自觉地确定目标，并支配行动去克服困难以实现预定目标的心理过程。顽强的意志力是创新不可或缺的素质之一。

拓展阅读

2002 年，腾讯决定上马网络游戏。当时，马化腾带着团队去上海取经，并去美国观摩 E3 游戏展会。不过对于上马网游，腾讯的高层内部始终有不同意见。“其实最大的问题是游戏领域离我们当时的能力很远，几个创始人没干过、不懂，周围也没有这样一个经理人。”马化腾回忆。最后的决定是从韩国引进游戏来代理运营。后来，他们花 30 万美元签下了“凯旋”，结果由于游戏自身设计的不足和腾讯当时缺乏网络游戏运营经验，尝试失败了，而马化腾专门从外面招来做“凯旋”的人也陆陆续续全都离开了腾讯。“凯旋”失败之后，公司里对做网络游戏的反对声又大了起来。“有比较强烈的质疑声，就是觉得腾讯做棋牌类游戏的平台比较合适，做大型网游则不行，我们不应该进入那个领域。”负责腾讯网络游戏业务的互动娱乐业务系统执行副总裁任宇昕回忆到。

有了这次教训后，马化腾抽调了公司里最核心的技术骨干投入到游戏研发中，开发出了一款休闲游戏“QQ 堂”。这款游戏一开始并不是很成功，直到半年后“回炉再造”经过创新后才逐渐好转起来。不过，这种休闲游戏并不能带来巨额收入。2005 年，腾讯推出了第一款自主研发的大型网游“QQ 幻想”。

“很梦幻的开局。”任宇昕说。刚刚开始公测，“QQ 幻想”就拥有了 66 万名用户，创造了国内网游的纪录。但是好景不长，由于“QQ 幻想”产品设计得有些简单，很多人很快就全部通关。而且当时正是陈天桥、史玉柱推广免费游戏的时候，走收费模式的“QQ 幻想”没能跟上大势，结果这款游戏成了一款“高开低走”的产品。腾讯在网络游戏市场所经历的诸多挫折证明了一点：庞大用户平台的推广只是腾讯多元化成功的一个必要条件，而并非充分条件。

马化腾再次祭出腾讯最为熟悉的跟随策略后，腾讯的网游业务方才拨云见日。“我们从创新务实的角度去考虑选择哪些类型的游戏，去挑选前开发者虽已经离开但证明能够成功的游戏种类。”2008 年，腾讯选择了两款在韩国被证明成功但在中国尚未运营成功的游戏，这两款游戏的同时在线人数最后都突破了百万大关。马化腾在网络游戏领域的多年耕耘终于收到了回报：2009 年第二季度，腾讯网络游戏收入达到 12.41 亿元，超越盛大的 12.305 亿元，成为国内第一；腾讯网络游戏的收入占到了中国整个网络游戏市场总额（61.79 亿元）的 20.2%，远远高于排名第三的网易游戏的 7.8 亿元；网络游戏收入已经占据了腾讯当季总收入（28.784 亿元）的将近一半……

（三）学习乐于献身的精神

创新探索的道路上充满了矛盾和斗争。新理论、新观点、新产品的出现常常会遭到质疑、反对。拥有创新精神的人往往坚持真理，甚至献出了自己的生命。

从心理学的角度来看，为真理而献身是完善性格品质的最高表现。献身精神是智力因素与非智力因素的完美结合，反映了对科学的正确认识、对真理的追求、对科学无限的热爱、坚韧不拔的毅力、大无畏的勇敢精神和高度的牺牲精神。

科学离不开献身精神

2019年，我国首任南极考察队队长郭琨辞世，告别了他一生惦念和不舍的南极科考事业。翻开这位“老南极”的日记，20世纪80年代我国首次南极考察的艰苦卓绝场景历历在目：人们跳入寒冷刺骨的海水搭建登陆码头；用身躯压住差点被暴风雪掀开的屋顶；长期野外工作，脸、耳朵冻肿，嘴唇裂了口子，但没有人叫一声苦……在严酷的地球冷极，几代南极科学事业开拓者的献身精神让人感佩。

为科学献身的精神，看似无法触摸，却分明能感受到。黄大年专注科研，每天像陀螺一样不知疲倦地旋转，甚至会忘记吃饭、睡觉；为了验证青蒿素的安全性，屠呦呦自服试验药品；郭永怀牺牲时仍紧紧抱住公文包，用身体护住珍贵的科研资料。可以说，为科学献身的精神，是对事业的无私付出、无悔奉献；是面临抉择时胸怀大我、舍弃小我；是几十年如一日甘坐“冷板凳”的意志坚守。

科学是智慧和灵感的舞台，难以离开献身精神。从“两弹一星”到极地科考，从人工合成结晶牛胰岛素、青蒿素研制，到基因组测序、人类大脑计划，献身精神代代传承，推动着我国科学事业不断发展壮大。这种精神如今仍在发挥巨大作用：航天员敢于探索、不怕牺牲，把中国人的身影留在浩瀚太空；科考队员奋战在南极之巅，以最快速度完成物资运送任务，为南极科考事业争取先机；“蛟龙号”潜航员冒着生命危险单次下潜十几个小时，在大洋深处刻下中国深度。正是这些勇于奉献自我的英雄，用智慧、勇气和汗水书写了一次又一次的伟大壮举。创新从来都是充满坎坷与曲折，如果总顾及个人得失，就容易在困难面前却步，也会在利益冲突时迷失，科学事业恐怕因此也很难顺利发展。

亦余心之所善兮，虽九死其犹未悔。为科学献身，更多的是科研人员的内在追求。对科研人员来说，科学是件快乐的事。郭琨曾说：“南极考察的生涯，历尽了千艰万险，经受了严峻的考验和严格的磨炼，甚至是生与死的考验，尝尽了酸甜苦辣。但是，我更感受到成功的欣慰和欢乐。”南仁东把一生都献给中国“天眼”（FAST），被查出罹患肺癌后，仍未放下手里的工作，在生命的最后几个月，他依然密切关注着FAST的每一项进展。科学事业中也饱含着科研人员的梦想。许多极地工作者的梦想就是让五星红旗稳稳地立在冰雪天地，为此甘愿离家万里，坚守冰雪世界。海岛海洋环境监测员的心愿则是“让每一个渔民出海平安”，一年365天、每天24小时，他们坚守孤岛进行海洋调查。

科研人员的献身精神需要格外呵护。我们要努力创造优良的科研环境，让广大科研人员能够心无旁骛地投身科研，从而激发他们的创造活力和创新干劲，为加快建设创新型国家添砖加瓦。

（四）建设从实际出发的学风

端正学风是进行创新的必由之路。学风不正，唯书、唯上而不唯实，把理论当作固定的、一成不变的教条，就窒息了理论的生命力，扼杀了创新、创造的灵魂。

从实际出发的学风，就是坚持一切从实际出发，解放思想，实事求是，与时俱进，理论联系实际。在学习和工作的过程中，既要保持自己的理论水平，又要增强创新意识，提高创新素质，理论联系实际，在实践中不断发展理论，达到知行合一。

拓展阅读

人才培养新模式的探索者——宁波大学机械设计制造及其自动化专业

专业名片

宁波大学机械设计制造及其自动化专业于1988年开始招生，是宁波大学建校初期的8个本科专业之一，旨在培养具有国际视野，掌握机械设计、制造及其自动化的基础知识和基本创新方法的高级工程技术人才。经过20多年的建设和发展，创建了机械（国贸）复合型人才培养特色班以及机械工程留学生班，形成了教学资源体系国际化、专业培养模式多样化以及实践教学系统化三大特色，专业培养方案中实践类课程比重高，实践教育四年不断线，具备系统化的实践教学体系。该专业2003年获批浙江省重点建设专业，2008年成为国家特色专业，2012年获批浙江省“十二五”优势专业和宁波市品牌专业，2013年获批国家专业综合改革试点项目。从2009年开始嫁接加拿大曼尼托巴大学的优秀教学资源开展了“2+2”教育合作，从2011年开始开设留学生班。拥有30余家校外实践基地，20余家暑期短期工作型实习及社会实践基地。毕业生实践能力较强，就业率在年均90%以上。

人才创新：人才竞争持久化

在2009年“全国经济新闻人物”推评结果的名单里，笔者欣喜地发现了浙江明峰建材集团董事长王瑶法先生的名字。在浙江众多的民营企业家中，王瑶法名不见经传，而在浙江水泥界却小有名气，这不仅在于他敢于拼搏的胆略、善于经营的精明，更是由于他做了一件不平凡的事——“吃”进的是煤灰、炉渣、钢渣等生产废料，“吐”出的是水泥、矿粉等建筑“宝贝”。这种粒化高炉矿渣微细矿粉，给举世闻名的杭州湾跨海大桥披上了“防护衣”，铸就其百年不坏的“金刚之身”，被人称之为“魔粉”，也因此攻克了多年来的世界性难题——跨海及沿海工程耐海水“腐蚀关”。矿粉的研制成功为明峰建材集团的水泥厂注入了新的活力，更为我国循环经济的发展提供了思路。低成本、低能耗，明峰团创造的财富，不仅仅是金钱，更是节能环保的精神和执着追梦的情怀。而在这成功的背后，正是宁波大学机械设计制造及其自动化专业1992届毕业生王瑶法所付出的不懈努力。“明峰”二字不仅是公司的名字，也是王瑶法人生态度的体现。当问及为什么为公司取名为“明峰”时，王瑶法微笑着解释说：“今日的奋斗是为了攀登明日的高峰。”简简单单一句话，却洋溢着这位年轻企业家追梦的心绪。

宁波的水泥产业有市场无资源，如何进一步发展企业成了王瑶法日思夜虑的一桩心事。那几年，国家连续提出“科学发展观”“循环经济”“节约型社会”等经济发展战略，王瑶法从中看到了一个企业、一个企业家必须面对的时代命题。为了企业的进一步发展壮大，2004年，王瑶法决定实施战略转移，试制矿粉。但“战略转移”并没有想象得那样顺当。王瑶法看到，因为炉渣、钢渣等废料经磨机磨成粉的过程中会产生很多热量，磨出来的矿粉温度很高，影响混凝土的搅拌，产品销售因此受阻。“不行的话，咱们就自己改造一下！”学机械出身的王瑶法动起了设备的脑筋。他们换衬板、换钢球、磨内喷水……很快一套改造方案出炉了。经过近 3 个月的努力，改造后的磨机磨出来的粉终于符合混凝土搅拌的要求了。磨机改造初试成功，王瑶法又对提高粉磨效率动起了脑筋：要是能在磨机的进料口处安装一台挤压机就好了。他知道挤压机的粉碎效率要比磨机高出几倍，物料经挤压后，再送入磨机粉磨，效率就会大大提高，但也容易出故障。王瑶法本身就是搞设备出身的，如今正好显示出他既懂水泥又懂设备的跨学科优势。早在 2001 年初，他在明峰水泥的磨前加了一道挤压工序，这在当时浙江省水泥行业尚属首次。

明峰的生产线改造成挤压—粉磨后，电能利用率达 60%～70%，生产 1 吨水泥耗电降到了 26 度。而在当时，浙江省行业标准是每吨 35 度。凭借这一技术成果，年轻的王瑶法被浙江省水泥界的同人们所认知，被业内人士称为“水泥行业的粉磨技术专家”。回忆起母校，王瑶法先生思绪万千，对于机械专业更是有一种情结。他坦言：“那是我最好的时光，我学到了很多东西，并给今后的创业埋下了种子。创业不是一种传奇，是人生的一种状态与过程。要把创业的梦想变成一种实实在在的过程，跨出的每一步都不会是轻松的。作为年轻创业者，有些东西我们永远输不起，比如你的家人、你的信誉，等等。所以我们必须在做任何事情之前，都要全面考虑清楚你究竟输不输得起，如果输得起，那么就义无反顾地去做吧。”

王瑶法多年来一直心系宁波大学的发展，担任了宁波大学校友企业家联谊会第一届理事会常务副会长、宁波大学特聘教授、宁波大学创业导师等。在宁波大学 30 周年校庆来临之际，王瑶法与夫人潘华素向母校捐赠一台价值约 1500 万元的 PET/CT 机，主要由宁波大学医学院附属医院用于开展临床科研、医学教学培训，以及日常诊疗工作。该设备投入使用后，医学院附属医院每年将该项目所得利润的 30%捐给宁波大学教育发展基金会，并设立“宁波大学明峰教育基金”，用于优秀教师和学生的奖励，以支持相关学院开展产学研相结合的工作。

教学创新：实践教学系统化

为何宁波大学机械专业的毕业生能在社会工作中有如此持久的竞争力，这不仅源于他们自身的不懈努力，也得益于学校对于教学系统的不断优化与完善。一群身着蓝色工服的学生穿梭在校园里，成为一道独特的风景线。他们就是宁波大学机械专业大三的学生，正在进行金工实习。这对于他们来说是一次不小的挑战，不仅要实打实地接触各种机器设备，还要在一周的时间里完成老师布置的任务。这天早上，徐磊同学接到了老师分配下来的这一周的实习任务，以一段钢材作为原材料，最终制作一个表面为一平方厘米的立方体并保证光滑。不要小看那么不起眼的钢材，这个过程可是个体力活。首先要用钢锯截取一小段，接下来就要花费大量的时间去锉，以达到加工前的标准。课上的时间不够，徐磊就拿课外的时间来弥补。因为这项工作可以带回宿舍完成，所以那段时间徐磊的宿舍常常很晚才熄灯，就是为了铆足劲儿去对付这么个小家伙。他坦言："不得不承认还是挺累的，手磨破是常事，不过一旦习惯了也就没什么了。"

可别以为做完这些就结束了，这还仅仅是为后面的工作所做的铺垫。带着这个来之不易的小家伙，徐磊一行人兴致勃勃地来到了数控培训中心，在这里他们将进行接下来的车床、铣床等步骤。推开培训中心的大门，映入眼帘的就是排列整齐的机器以及墙上"安全第一"的四个红色大字，俨然一副生产工厂的样子。在经过老师的讲解后，大伙儿就各自开工了，那样子就像从业多年的老师傅！不过问题也随之而来，比如不知道机器的某个部件怎么使用，某个计算数据出现了微小的偏差等。这些都没有阻挡同学们的热情，大家在"工厂"里干得热火朝天。从他们的笑容里，可以看到他们对于这种实践课的喜爱。在随机的采访中，记者询问他们是否在困难时有过放弃的念头。一位同学告诉记者："如果说没有那是假的，不过这种想法很快就消失了。不仅仅因为这是一门课程不得不完成，还因为对于一件作品完成时的那种满足感是无可替代的。"采访中很多同学都提到了"满足"这个词，确实，道路是艰辛的，但结果往往是令人欣喜的。

机械设计制造及其自动化专业自从开展首批省重点专业建设开始，就致力于打造系统化的实践实验教学体系。学校设置了三个平台一个基地，分别是基础课程实验平台、专业课程实验平台、工程训练平台和科技创新活动基地。平台与基地的构建给学生的实际动手能力带来了很大的发展空间，从理论知识到动手操作，让教学变得更加直观易懂。

机械专业同时构建了工程项目—设计（CAD）—辅助制造（CAM）—数控加工—检测的正向工程训练和实物—检测（三坐标测量）—建模（数字模型）—反求（IE）—加工的反向工程训练组成的实践教学体系。相对于理论课，这样的实践机会不仅拓宽了同学们的视野，也极大地提高了他们的动手能力，为将来的工作打下了良好的基石。按此模式经过多年的建设，已经实现了专业实践教学不断线的培养体系。根据同学们的需求，学校设置了必修实验（基本型实验）、选修实验（提高型实验）和课外科技创新实践活动（研究创新型实验），提高了综合性、设计性、创新性实验所占比例。一共开设实验课程 18 门，实验项目 128 项，三性实验比例达 70%。生产实习时间跨度达到 4 个月之久。

模式创新：培养模式多样化

宁波大学机械设计制造及其自动化专业除常规培养模式外，一直积极探索机械专业多元化人才培养模式。在浙江经济迅猛发展的大背景下，“工贸一体”复合型人才培养模式应运而生。工贸一体复合型人才培养模式契合浙江省外向型经济对人才的需求，主修机械专业，辅修国际贸易专业，利用“工贸一体”复合型人才培养模式的优势为浙江省机械装备制造业外向型经济的人才培养输送了大量复合型人才。邹长武，宁波大学研究生在读，本科毕业于宁波大学机械设计制造及其自动化专业，是“工贸一体”复合型人才培养计划的受益者。他在修读本专业的同时辅修国际贸易，是“工贸班”的一员，毕业后选择考研，现跟随导师邓益民从事相关方面的研究。

他回忆起自己本科学习的时光，由衷地感慨道，自己做了一个正确的选择，这也间接影响了他选择考研继续这方面的学习。对于当时课程上的情况，邹长武讲述道：“工贸班其实就是融合了机械专业与国际贸易专业，课程的比例大约是六比四。它分别砍掉了两类课程中一两门相对分支的内容，提取主干知识加以整合。”这种“融会贯通”虽然给同学们更多发展的可能，但也带来了不小的课业压力，短短四年的时间真的能完成如此多的课业吗？笔者带着这样的疑问请教了邹长武，他笑着解释道：“不必担心，学校给了我们很大的选择空间，你既可以同时修读两种专业毕业时拿到双学位，也可以在一段时间的学习后选择只修读机械专业。何况既然报了这个班，我想大多数人都做好了心理准备。”课业压力给同学们带来的并非怨声载道，恰恰相反，笔者在他们身上看到了一往无前的动力。同学们坦言，许多课程确实挺麻烦的，要经历很多次推倒重来的困境，但完成时那一刻的成就感也是不言而喻的，好像自己完成了一件了不起的事。这大概就是这门专业的魅力所在！

这种模式所带来的益处也是不言而喻的，它给毕业生带来了更强的竞争力。据邹长武介绍，虽然自己选择了继续读研，但当时的同学大多找到了一份不错的工作，有着较高的收入。在“最难就业季”“更难就业季”一浪更比一浪高的严峻就业形势下，大学生的综合能力就显得尤为重要。以机械专业毕业生为例，假如毕业后去某企业从事相关方面的工作，自然无法只局限在技术领域。机械制造是为了生产，生产是为了销售，想把这一条线连通贸易就起了很关键的作用。与此同时，国际上相对国内有更为庞大的市场，也缺乏这方面的人才。从企业的角度出发，也自然希望能招聘到更多的复合型人才，为企业创造更大的价值。除此之外，学校还开展了“单件小批”式个性化人才培养和“机械工程留学生班”的改革实践，探索了复合型、个性化、国际化的人才培养模式，拓展了学生的社会适应面。宁波大学位于制造业发达的宁波，作为港口城市，宁波自改革开放以来依托于对外贸易，经济实力飞速发展，周边有许多大型的制造企业，形成了完整的产业链，出于发展规律的需要，对人才也提出了定向性的要求。

个性化人才培养是在传统的模块化教学体系基础上，进一步细化人才培养的类别，这有利于专业人才和拔尖人才的培养。笔者从黄海波副院长处了解到，也正是因为培养出人才的高就业率，使得选择考研的毕业生也比较少，仅有15%左右。

第二节　创 新 意 识

在现实生活中，创新往往带有偶然性，给人一种可遇而不可求的感觉。其实创新并不是偶然的，尽管它在很大程度上存在机遇问题，但是为什么有些人能够抓住机遇，而有些人只能看着机遇从眼前白白溜走？其中最重要的因素就是是否具有创新意识。

一、创新意识的内涵

创新意识是指人们根据社会生活发展的需要，引起创造前所未有的事物或观念的动机，并在创造活动中表现出的意向、愿望和设想。它是人类意识活动中的一种积极的、富有成果性的表现形式，是人们进行创造活动的出发点和内在动力，是创造性思维和创造力的前提。青年学生是最少有保守思想、最容易接受新生事物、最富创新精神的一个群体，祖国未来的发展靠青年学生，发展的希望在创新，创新的希望在青年学生，要建设创新型国家，必须从培养青年学生的创新意识着手。

创新意识是创新活动的起点和前提，离开了创新意识，一切创新活动都将无从谈起。所谓创新意识，是指人们对创新与创新的价值和重要性的一种认识水平、认识程度及由此形成的对待创新的态度，并以这种态度来规范和调整自己的活动方向的一种稳定的精神态势。

二、创新意识的作用

创新意识推动社会生产力的发展。科学的本质就是创新，科学技术的每次进步都是通过创新来实现的。科学技术的迅猛发展对人类社会各个方面都产生了深刻而广泛的影响。创新更新了人们的生产工具和生产技术，提高了劳动者的素质，开辟了更广阔的劳动对象，推动了社会生产力的发展。具体而言，创新意识具有以下三个方面的作用。

（一）是决定国家、民族创新能力最直接的精神力量

创新能力是一种综合素质，是善于选择、重组、应用的信息，具有独立地解决问题的应变能力和创造能力。而创新意识对创新能力的激发和培养具有重要的作用。只有具备创新的意识，才能激励一个人一个民族在现有生产力、生产关系、社会文化水平、科技实力等基础上持续做出改变甚至是变革。这些改变和变革是一个国家前进的动力。因此，创新意识对一个国家、一个民族来讲是创新能力最直接的精神力量。只有具备创新意识，才能富有活力。

（二）能促成社会多种因素的变化，推动社会的全面进步

创新意识源于社会生产方式，它的形成和发展必然进一步推动社会生产方式的进步，从而带动经济的飞速发展，促成上层建筑的进步。创新意识进一步推动人的思想解放，有利于人们形成开拓意识、领先意识等先进观念。创新意识会促进社会政治向更加民主、宽容的方向发展，这是创新发展需要的基本社会条件。这些条件反过来又促进创新意识的扩展，更有利于创新活动的进行。

（三）能促成人才素质结构的变化，提升人的本质力量

创新实质上确定了一种新的人才标准，代表人才素质变化的性质和方向，输出一种重要的信息：社会需要充满生机和活力的人、有开拓精神的人、有道德素质和现代科学文化素质的人。而创新意识能够促进人才素质结构的变化。因为创新意识使人有追求新异事物和真知灼见的强烈欲望，要不满足于现状，敢于大胆质疑、标新立异。正是因为有了创新意识，才会有发现创新机会的慧眼，为创新做好充分的前期知识准备，并且实施创新活动。另外，创新意识是个体进行相关创新活动的内在指导力量，如创新过程中面临的路线选择、信息收集、价值判断等，而且由于在创新过程中会遇到很多困难和不良情绪等，创新意识会通过动机、情感和意志等对创新实践进行调控，让创新向着目标前进。因此，创新意识在客观上引导人们朝预定的目标提高自己的素质，使人的本质力量在更高的层次上得以确证。它能激发人的主体性、能动性和创造性进一步发挥，从而使人自身的内涵获得极大丰富和扩展。

拓展阅读

诺贝尔的研究

世界上总要有“第一个吃螃蟹”的人，否则，世界上就不会有那么多伟人、科学家、企业家和优秀“工匠”。

瑞典化学家诺贝尔为了完成科学发明，一生都在冒着生命危险去研究烈性炸药。诺贝尔的课题是寻找一种既方便又安全的引爆装置。从 1862 年夏天一直到 1866 年秋天，他都在冒着生命危险进行着各种各样的实验。有一次，诺贝尔在实验室里进行雷酸汞引爆硝化甘油实验。他亲手点燃导火索后，心怦怦跳动，突然，轰隆一声巨响，炸药爆炸了。实验室里的柜子、桌子都被抛起，玻璃杯、烧杯都被炸得粉碎。许多人闻声赶来，惊慌地叫：“爆炸了，炸药爆炸了！”“诺贝尔完了！”不一会儿，诺贝尔从烟雾中爬了出来，他满身尘土，鲜血淋漓，用尽全身力气跳了起来，嘴里狂呼：“我成功了！我成功了！”他顾不上住院养伤，马上研究用金属管装上雷酸汞的实验。最终，诺贝尔发明出了雷酸汞管，即通常所说的“雷管”。直到今天，炸药、炮弹中都少不了雷管。

诺贝尔的研究实验非常危险，制造炸药更是在与死神打交道。1864年，诺贝尔的弟弟和许多工人因实验遇难，老父亲因悲伤过度得了半身不遂。周围的人对炸药实验都十分害怕，纷纷向政府控告。内外交困的诺贝尔没有被压垮，他擦干血迹，埋好遗体，继续冒险进行科研和实验。正是凭着这种冒险精神，诺贝尔先后发明出了烈性炸药、胶体炸药、颗粒状的无烟火药，被人们誉为“炸药大王”。他还建立了“诺贝尔安全炸药托拉斯”，开展对外贸易，不仅把这些先进的炸药推销到欧洲各地，还远销到亚洲、美洲、澳洲和南非，成为一名家财万贯的大富翁。诺贝尔将自己的一生都献给了科学事业，他在逝世前立下遗嘱，决定用他的巨额财产的大部分建立一个基金（总数为3100万瑞典克朗），用每年的利息作为奖金，来奖励那些在前一年为人类作出卓越贡献的人，以促进人类科学文化事业的发展。这就是举世闻名的诺贝尔奖。

三、创新意识的特征

创新意识有着自身的特征与基本构成因素，了解和掌握其特征有助于我们进一步培养创新意识，熟悉其基本构成能够帮助我们深入理解创新意识。具体来讲，创新意识具有以下三个特征。

（一）新颖性

创新意识或是为了满足新的社会需求，或是用新的方式更好地满足原来的社会需求，创新意识是求新意识。潜藏创新的灵感的特点在于“新”，在思路的探索上、思维的方式方法上和思维的结论上，都能够提出新的、独到的见解，都能够有新的发现和新的突破。

（二）社会历史性

创新意识是以提高物质生活水平和精神生活水平为出发点的，而这在很大程度上受具体的社会历史条件制约。在阶级社会里，创新意识受阶级性和道德观的影响与制约。

（三）个体差异性

人们的创新意识与其社会地位、文化素质、兴趣爱好、情感志趣等相对应，它们对创新起重大推进作用。而在这些方面，每个人都有所不同，因此对于创新意识既要考察社会背景，又要考察其文化素养和志趣动机。

潜藏创新的灵感不局限于某种固定的思维模式、程序和方法，它既不同于别人的思维框架，也不同于自己以往的思维框架，而是一种开创性的、开放性的、灵活多变的思维活动，并伴有想象、直觉、灵感等非规范性的思维活动，因而，具有极大的随机性、灵活性，能做到因人、因时、因事而异。

四、创新意识的养成

创新意识主要由创新兴趣、创新动机、创新情感和创新意志四个方面构成。要培养创新意识，就要从这四个方面出发。

（一）培养创新兴趣

兴趣是人们力求探究某种事物和从事某项活动的意识倾向。创新兴趣则是对挑战陈规、创造新事物、提出新方法等方面感兴趣，热衷于从事创新活动。

创新兴趣引导创新目标的确立、创新能力的开发，人们总是优先根据自己的兴趣来选择合适的创新内容和方向。创新兴趣是进行创新活动最重要的心理条件之一。

（二）抓住创新动机

良好的动机是激发和维持个体的活动，并使这种活动朝着一定目标努力的内部心理倾向。创新动机是指引起和维持个体进行创新行动的内在驱动力，是创新行为的动力基础。创新动机在创新活动中主要有以下三个方面的功能。

（1）激活功能。创新动机激发、推动个体产生创新行为。

（2）指向功能。创新动机总是使创新活动指向一定的目标或对象。

（3）维持与调节功能。创新动机一旦引起创新实践，会使人表现出极大的积极性，以维持创新过程。

（三）体验创新情感

情感是人对事物的态度的体验，如果对创新的态度是认可的，那么就会产生热爱、崇尚的情感体验。创新情感是指创新主体对创新的主观情感体验，包括对创新及创新过程涉及的各方面内容。

（1）智力和创新情感相互作用。在任何一种活动中，认知活动与情感活动都是相互交织的，健康积极的情感对认知活动起促进作用，反之则会带来消极影响。同样，人的创新过程不仅是一个智力活动过程，而且是强烈的情感活动过程，在智力与创新情感双重因素的积极作用下，人的创新才可能有持续的力量与思想火花。

（2）创新情感作用于创新活动的全过程。从创新动机的产生到创新过程的持续，再到创新结果的验证，各个环节无不蕴含着创新者的情感因素。

（四）锻炼创新意志

创新是一种意志行为，创新的特征就是克服困难，做前人和别人没有做的事，可以说意志就是力量，意志是创新的支柱。创新意志是有意识、有目的、有计划地调节和支配创新活动的心理现象。

创新意识总是代表着一定社会主体奋斗的明确目标和价值指向性，成为一定主体产生稳定、持久创新需要、价值追求和思维定式以及理性自觉的推动力量，成为唤醒、激励和发挥人们所蕴含的潜在本质力量的重要精神力量。

第三节 创新能力

提高创新能力，意味着保持对一切既有成果的怀疑，意味着对落后观念的否定，意味着对迷信的打破和对陈规的超越，进而提出新思想、新理论和新论断。

一、创新能力的含义

创新是指人为了一定的目的，遵循事物发展的规律，对事物的整体或其中的某些部分进行变革，从而使其得以更新与发展的活动。创新是一种变革，包括从产生新思想到产生新事物，再到将新事物推向社会受益的系列变革活动。

拓展阅读

用创新意识 培养未来新闻人

习近平总书记在党的新闻舆论工作座谈会上的重要讲话，在我市引起强烈反响。记者采访了西安各高校的新闻教育工作者，他们认为，“48 字”为新闻舆论工作指明了方向，更加坚定了新闻舆论工作者忠诚履行职责使命的决心和信念。

以实践精神造就“接地气”学生

西安高等院校众多，教育资源丰富，而且很多院校都有新闻专业，其成为培养新闻人才的重要基地，为新闻事业的发展奠定了基础。

陕西师范大学新闻与传播学院院长李震说，未来新闻竞争的核心是人才竞争，所以专门培养新闻人才的高等院校责任重大。

结合自己的工作，李震认为，要培养出符合党、国家与时代新要求的新闻工作者，首先要牢固树立科学的马克思主义新闻观，培养未来新闻工作者的政治责任意识、大局意识、为民意识，成为“党的政策主张的传播者、时代风云的记录者、社会进步的推动者、公平正义的守望者”。

在教学过程中，还要培养未来新闻工作者对新传播环境的认识与把握，培养出能够理解、把握并引领新环境的人才。新闻教育还要强化创新意识与实践精神，用创新思维为人民提供丰富的精神产品；要不断强化实践能力，培养全媒型、专家型高级人才；要锻炼学生的调查能力、思考能力与传播能力。在实践中创新，在创新中锻炼；以实践精神造就“接地气”的学生，以创新意识培养未来的新闻人。

对新闻人才培养提出更高要求

西北大学新闻传播学院院长杨立川常年从事新闻教育工作，感触很深。

杨立川说，新闻人才首先要具备良好的政治素养，要牢固树立马克思主义新闻观，要建立起正确的价值观。新闻工作者要及时、真实地报道新闻事实，要以积极的价值追求为指导，生产、传播对于受众真正有价值的信息，对社会发展真正有积极意义的信息。新闻人才还要拥有精湛的业务能力，深刻把握我国社会现实及发展趋势，尤其是在与自己业务相关的领域，要具备相当丰厚的专业知识，成为真正优秀的新闻人才。

要向学生传授专业知识和技能

习近平总书记的重要讲话在西北政法大学引起热议，该校新闻传播学院副院长王俊荣说，党的新闻舆论工作座谈会的召开具有重大的现实指导意义，习近平总书记的讲话为新闻舆论工作的发展指明了前进的方向。他表示，新闻媒体要承担职责、完成使命，最根本的就是要牢固树立马克思主义新闻观，坚持党性原则，在思想上政治上行动上与党中央保持高度一致，坚持正面宣传为主，坚持正确舆论导向。

王俊荣认为，人才是做好新闻舆论工作的关键。作为高校新闻教育工作者，我们不仅要向新闻传播专业学生传授专业理论知识和技能，更要重视和强化对学生的马克思主义新闻观教育，加强政治意识、大局意识教育，培养学生具有强烈的社会责任感和历史使命感，时刻关心国家的前途和命运，将学生培养成为政治立场坚定、人文素质高、业务能力强的新闻人，只有这样新闻传播教育才是完整的教育，成功的教育。在新闻人才培养上要注重创新，传媒的创新是全方位的创新，涉及传播理念、内容、体裁、形式、方法、手段、业态、体制、机制等许多方面，只有创新，才能增强传播的针对性和实效性。

二、创新能力的特征

（一）综合性

创新能力是在创新过程、创新活动中所体现出来的各种创新能力的合成。创新思维是创新能力的核心。

创新思维需要一个人具备自我创新、预测角色、应变、处理信息、组织协调和语言沟通表达能力。

（二）可塑性

创新并不是与生俱来的，也不是固定不变的，是可以通过教育、实践被不断激发培养的。创新能力不是天才的专利，人人皆可是创新之人，天天皆可是创新之时，处处皆可是创新之地。

创新的灵感不局限于某种固定的思维模式、程序和方法，它既不同于别人的思维框架，也不同于自己以往的思维框架，而是一种开创性的、开放性的、灵活多变的思维活动，并伴随想象、直觉、灵感等非规范性的思维活动。因而，创新具有极大的随机性、灵活性，能做到因人、因时、因事而异。

（三）倍增性

大量实践证明，开发和提升人的创新能力可以创造出比传统经济时代高出多倍的效益。

相关领域专家指出，尝试与创新是紧密联系在一起的，没有尝试，永远不会有创新，创新是在不断地尝试中获得的。创新源于尝试，同时又高于尝试，所以在某种意义上，一个人的创新能力是由他敢于进行大胆尝试的程度所决定的。因此，我们要敢于尝试，因为实践出真知，大胆尝试，这有助于培养人们的创新能力。

有这样一则寓言：蛹看着美丽的蝴蝶在花丛中飞舞，非常羡慕，就问："我能不能像你一样在阳光下自由地飞舞？"蝴蝶告诉它："第一，你必须渴望飞翔；第二，你必须有脱离你那非常安全、非常温暖的巢穴的勇气。"蛹问蝴蝶："这是不是就意味着死亡？"蝴蝶告诉它："从蛹的生命意义上说，你已经死亡了；从蝴蝶的生命意义上说，你获得了新生。"这则寓言讲的就是生命的升华。用它来比喻工作和生活，也是非常合适的。工作需要创新，有时就不得不对其进行"破坏"、解构、重建，只有这样，才能打破旧有的思维方式，取得更好的发展。

三、创新能力的构成

创新能力通常包括六种基本能力，即发现问题的能力、流畅的思维能力、变通的能力、独立创新的能力、方案制订能力和评价能力。创新能力是由这几种基本能力组成的一个有机整体，只有在这六种基本能力协调一致时，创新能力才能得到充分发挥。

（一）发现问题的能力

发现问题的能力是一种发现那些让人难以觉察的、隐藏在习以为常现象背后的问题的能力。其表现为意识到存在于周围环境中的矛盾、冲突、需求，意识到某种现象的隐蔽未解之处，意识到寻常现象中的不寻常之处。

发现问题能力的前提是好奇心和怀疑。好奇心会提高人们对外界信息的敏感性，发现问题并追根溯源，提出一连串问题；怀疑是对权威的理论、既有的学说和传统的观念等，不是简单地接受与信奉，而是持怀疑和批判的态度。

发现问题在创新活动中通常是由认知风格和工作风格来体现的。认知风格是指个人所具有的在打破思维定式和理解复杂问题过程中表现出来的气度、能力与心理特点。

（二）流畅的思维能力

流畅的思维能力是指就某一问题情境能顺利产生多种不同的反应，给出多种解决办法和方案的能力，常用"文思泉涌""下笔如行云流水""口若悬河，滔滔不绝"等来形容思维流畅的人。思维流畅对创新有重要的意义。因为形成大量设想，就有更多机会产生有创新意义的想法。提出的设想不一定每个都正确，创新性的设想也不是一下子就能在头脑中形成的。但是，提出的设想越多，出现有创新性想法的机会也就越多。

思维流畅是以丰富的知识和较强的记忆力为基础的，并能够根据当前情况所得到的印象和所观察到的事物激活知识，调出大脑中储存的信息并进行创造性思维，从而提出大量新观点。

（三）变通的能力

变通的能力是指思维迅速、能轻易地从一类对象转变到另一类对象的能力。它能够从某种思想转换到另一种思想，或者从多角度思考问题，能用不同分类或不同方式研究问题。具有变通能力的人一般都能根据客观情况的变化机智地解决问题，在思维中灵活应变，不囿于条条框框，敢于提出新观点，思想活跃。而缺乏变通能力的人往往机械呆板，墨守成规，没有创新精神，思想陈旧，观点保守。

创新实践证明，凡是在创新上大有作为的人，大多思路开阔，思如泉涌。因为创新需要找到不同的应用范畴或许多新的观念，越能带来重大突破的创新，越需要借助其他领域的知识来吸取外来的思想。

创新需要多向思维，仅有流畅的思维能力是不够的，还需要变通的能力。因为流畅性强调产生设想的数量，如果只在同一类型的问题上做出众多反应，那么就会形成思维定式。

（四）独立创新的能力

独立创新的能力是一种寻求不同寻常的思想和新奇的、独特的解决问题的能力。独立创新能力是创新能力最本质、最重要的核心要素，它反映了一个人创新能力水平的高低。

具有独立创新能力的人能想出别人想不出来的观念，看出别人看不到的问题，它是一种求新求异的能力。

（五）方案制订能力

创新的设想能否实现取决于方案的制订和实施。所谓制订方案的能力，是指把一个创新的想法变成一个具体的实施方案。方案是为了解决特定问题、达到预期目标而采用的方法和手段。从设想、构思、证明到具体的设计、修改、完善，需要做大量的创造性工作。

创新是一项探索性工作，没有现成的方法和模式可以照搬，它不是对人类已有认识和实践的重复，而是在此基础上进行新的创造。

（六）评价能力

评价的能力是指通过评审从许多方案中选择一种方案的能力。在创新活动中，需要冲破任何约束，解放思想，从而提出大胆的设想、构思和方案。评价还可以促进创新过程中方案的优化。如果没有正确的评价，没有正确的筛选，就无法保证得到最优或较优的创新方案。

四、创新能力的形成

创新能力的形成有一定的原理，掌握了这些原理可以更好地培养自己的创新能力，但是与此同时，也应十分清楚影响创新能力形成的因素，以便采取相应的措施。

（一）遗传素质

遗传素质又称天赋、禀赋或者天资，是指个体先天继承的、与生俱来的生理解剖特点，主要包括脑和神经系统的结构、机能特性，感觉器官和运动器官的机能，身体的结构和机能，等等。其中，大脑是人的创新能力形成的物质基础，是人的创新能力发展的物质载体。离开了这个物质基础，人的创新能力的形成和发展就成了无源之水、无本之木。新时代遗传素质是人类创新能力的物质基础，因此人类创新能力的形成首先要遵循遗传规律。但同时，事实也证明，一些天才人物的遗传因素和一般人无显著区别，所以不能将遗传素质当作人类创新能力形成的唯一因素，而应该采取“承认天赋，不唯天赋”的态度。

（二）外部环境

外部环境也是人的创新能力形成和提高的重要条件，是创新能力形成的第二原理，环境的优劣会影响个体创新能力发展的速度和水平。人是社会的人，人的创新实践不可能在“真空”中进行，必然受到环境的影响。马克思所说的“人创造环境，同样环境也创造人”就是这个道理。环境包括自然环境和社会环境，其中社会环境包括家庭、学校和社会等。

（三）实践

实践是人的创新能力形成的唯一途径，也是检验创新能力水平和创新活动成果的标准，是创新能力形成的第三原理。创新能力只有在创新实践中才能得到施展发挥，实践是创新能力变成现实的唯一平台。

人类改造实践的活动就是创新活动。人类只有通过社会实践，才能把创新意识变成现实，而创新能力必须通过实践才能形成，因此实践是创新能力形成的唯一途径。同时，实践还是检验人类创新成果的唯一标准。

（四）创新思维

创新思维是人的创新能力形成的核心与关键。创新思维的一般规律是：先发散后集中，最后解决问题。

第四节　创新思维

创新思维是人的创新能力形成的核心与关键。创新思维的一般规律：先发散后集中，最后解决问题。创新能力与创新思维关系密切。创新思维是人的创新活动的灵魂和核心，创新思维能力是人的创新能力的灵魂和核心，没有创新思维就没有创新活动。

一、创新思维的内涵

创新思维是人类思维的高级过程，在人类社会生活的一切领域都发挥着非常重要的作用。

（一）创新思维是一种顿悟

顿悟又称“灵感”式的洞见，是指人们在认识某一事物或思考某一问题，百思不得其解的时候，由于某种偶然因素的启发，创新的答案突然在大脑中产生，这个思维过程便是顿悟。

人类早期的创新思维研究是与发明、发现、革新、设计、写作、绘画、雕塑、作曲等创造性实践活动联系在一起的，因此，这一时期的大部分研究成果是通过对艺术家、科学家和技术革新者的工作进行分析而获得的。

创新没有捷径，创新思维不是一瞬间的顿悟，而是一辈子的坚持。只有时刻保持创新意识，激发创新的思维方式，才能在众多思考中豁然开朗，得到创新的顿悟和答案。

（二）创新思维是发散思维

1950 年，美国心理学家乔伊·保罗·吉尔福特（Joy Paul Guilford）在美国心理学年会上发表了题为“创造性”的著名演讲，此后，这一领域的研究开始繁荣起来。1967 年，吉尔福特在详尽阐述创造力影响因素的基础上提出了“智力三维结构”模型。

吉尔福特认为，创新思维的核心是上述三维结构中处于第二维度的发散思维。他认为，发散思维有以下四个主要特征。

（1）流畅性。流畅性即在短时间内能连续地表达出观念和设想的数量。

（2）灵活性。灵活性即能从不同角度、不同方向灵活地思考问题。

（3）独创性。独创性即具有与众不同的想法和别出心裁的解决问题的思路。

（4）精致性。精致性即能想象与描述事物或事件的具体细节。

（三）创新思维是低买高卖

史登堡在其著作《不同凡响的创造力》中用“买低和卖高”的形象比喻揭示了创新思维的本质。在史登堡看来，创新并不是科学家和艺术家的专利，用有新意的方式解决日常生活中的问题，在普通的工作岗位上创造性地工作，都应该属于创新。

二、创新思维的特征

（一）创新思维的普遍性

创新思维并不是个别天才人物所独有的神秘之物，而是每个正常人都具备的能力。不管是日常学习、工作、生产、经商、经营家庭，还是政府决策，都在使用创新思维解决问题。

（二）创新思维的灵活性

创新思维不是按照常规思维的思路来看问题，而是打破常规，质疑、批判已有的理论和做法，不拘泥于某种思维方式，灵活运用、转换各种思维方式，既有抽象思维也有形象思维，既有发散思维也有聚合思维，既有逻辑思维也有直觉和灵感等非逻辑思维，另辟蹊径，多角度看问题，运用独特的方法来解决问题。

（三）创新思维的实践性

创新思维需要人们付出艰苦的脑力劳动，往往不是漫无边际、轻轻松松就能即兴提出一个好的创意，也不是偶尔运用几次创新思维就能造就创新思维的利刃。创新思维需建立在大量实践的基础上。一项创新思维成果往往要经过长期的探索甚至多次的挫折才能取得，而培养创新思维能力也要经过长期的知识积累、实践磨砺，充分发挥主观能动性。创新思维需要跳出事物内部，大量、广泛地吸收外界各种信息，如观察、收集资料、思想的交流碰撞等，在与外界各种信息的交换和反馈中汲取养分，甚至直接获得解决问题关键点的灵感。因此，要开放思维空间，多角度、宽领域地吸取各种信息，创造出新的成果。

（四）创新思维的价值性

创新思维成果是独创的、新颖的，能转化为知识、信息、技术、产品等，创造出巨大的价值和社会意义，甚至对生产力产生推动和变革。但是，通过创新思维创造价值不是一劳永逸的，新成果不断推陈出新，如果不继续创新价值就会贬值，甚至被更有价值的创新成果替代。

（五）创新思维的导向性

问题是创新的起点，也是创新的动力源。也就是说，创新思维要以问题为导向，彰显出强烈的“问题意识”。

三、创新思维的基本形态

创新思维使人能够突破思维定式来思考问题，按新的思路去寻找解决问题的方法。常见的创新思维基本形态有逆向思维、侧向思维、求异思维、类比思维、综合思维、发散思维等。

（一）逆向思维

逆向思维是指对似乎已成定论、司空见惯的事物或观点，从反面提出问题、分析问题、解决问题的一种思维方式。逆向思维往往能够突破常规的束缚，产生出奇制胜的效果。需要注意的是，逆向思维并不是主张人们在思考时违背常规，不受限制地胡思乱想，而是一种小概率思维模式，即在思维活动中关注小概率可能性的思维。

（二）侧向思维

侧向思维是指既不与一般思维方向相同，也不正好相反，而是从旁侧开拓出思路的一种思维方式。侧向思维与逆向思维一样，都是相对常规思维活动而言的。它们的区别在于：逆向思维在许多场合表现为与他人的思维方向相反，但轨迹一致，而侧向思维在方向和轨迹上有所不同，偏重于另辟蹊径。

侧向思维的关键是能否摆脱他人常规的思维方式或习惯性思维（思维定式）的束缚，换一种观察角度去思维的途径，主动寻求“柳暗花明又一村”的效果，这种新角度应是不引人注目的侧路。

（三）求异思维

所谓求异思维，是指思维主体对某一问题进行求解时，不受已有信息或以往思路的限制，从不同方向、不同角度去寻求解决问题的不同答案的一种思维方式。求异思维通常包括发散求异和转换求异等独具特效的思维方式。

（四）类比思维

类比思维包括两方面的含义：一是联想，即由新信息引起的对已有知识的回忆；二是类比，在新、旧信息间找相似和相异的地方，即异中求同或同中求异。通过类比思维，在类比中联想，从而升华思维，做到既有模仿又有创新。

（五）综合思维

综合思维是把某一事物的某些要素分离出来，组接到另一事物或事物的某些要素上的创造性、创新性思维的过程。综合思维是多种思维方法在思维活动中的全息式整合，是人脑综合运用多种思维方法的思维过程和思维方式。

综合思维又称集中思维，它具有以下四个特征。

（1）综合思维方式的对象是外在客观事物，综合思维把外在客观事物看作多种要素相互联系、相互作用的有机整体。

（2）综合思维是多角度、多途径的想象组合。

（3）综合思维是超越时空、大范围、大跨度的想象组合，是思维想象的飞升。

（4）综合思维渗透着非逻辑因素，可以是基本逻辑框架内超常规的甚至非逻辑的要素组合。

（六）发散思维

发散思维又称辐射思维、放射思维或扩收思维，是指大脑在思维时呈现的两种扩散状态的思维模式，它表现为思维视野广阔，且思维呈现出多维发散状。如采用“一题多解”“一事多写”“一物多用”等方式培养发散思维能力。不少心理学家认为，发散思维是创新思维最主要的特点，是测定创造力的主要标志之一。

具体来说，发散思维有以下五个特点。

（1）流畅性。流畅性是指观点的自由发挥。它要求在尽可能短的时间内生成并表达出尽可能多的思维观念，以及较快地适应、消化新的思维观念。流畅性反映的是发散思维的速度和数量特征。因为流畅性也是指智力活动灵活迅速、畅通无阻，所以机智与流畅性密切相关。

（2）变通性。变通性就是人克服头脑中某种自身形成的僵化的思维框架，按照某一新的方向来思考问题的过程。变通性需要借助横向类比、跨域转化、触类旁通，使发散思维沿着不同的方面扩散，表现出极其丰富的多样性和多面性。变通的过程就是人们克服头脑中某种自己设置的僵化的思维框架和陈旧观念，按照某一新的方向来思考问题的过程。

（3）广泛性。广泛性是发散思维的根本特征。它是指发散思维是广泛的，具有普遍性。

（4）独特性。独特性是指人们在发散思维中做出不同寻常的、异于他人的新奇反应的能力。独特性是发散思维的最高目标，是在流畅性和变通性基础上形成的发散性思维的高级层次。没有发散思维的变通性和流畅性，就没有它的独特性。实际上，要达到思维的变通和流畅，需要广博的知识和多方面的生活经验。知识和经验为发散思维的独特性创立了条件。实践证明，凡在历史上作出独特贡献的人，他们的思维都具有变通性和流畅性的特点。

（5）多感官性。发散思维不仅运用听觉思维和视觉思维，而且充分利用其他感官接收信息并进行加工。发散思维还与情感有密切关系。如果思维者能够想办法激发兴趣，产生激情，把信息感性化，赋予信息以感情色彩，就会提高发散思维的效果和速度。

四、创新思维障碍的排除

（一）勇于打破传统观念

传统观念是思维创新的重要障碍，它顽强地维护着其赖以存在的实践和社会基础，反对思维对现存事物进行超越。受传统观念的影响，人们会因循守旧、墨守成规，用老眼光、老套路、老办法面对新问题。

（二）敢于质疑固定观念

固定观念指的是人们在特定的实践领域和学科范围内形成的观念。在该实践领域、该学科范围内，某种观念是适用的，但是超出这个范围就可能变得不适用了。

（三）善于打破思维定式

所谓思维定式，是指心理活动的一种准备状态，它影响人们思考、解决问题的倾向性。

思维定式与上面说的传统观念或固定观念不同。虽然观念也会形成定式，但这里所说的定式则更多的是来自以往思维过程中形成的习惯。

思维定式和思维习惯对于解决经验范围内的常规性问题是有用的，它可以使人们的思维驾轻就熟，简捷、快速地对问题做出反应。在思维习惯和思维定式中，特别值得重视的是那种“唯上唯书”的习惯。这种习惯使人们不管遇到什么问题，首先去想：书上是怎么说的？上级是怎么说的？

（四）乐于发掘兴趣

兴趣是求知欲的外在表现，是促进人思考、探索、创新、发展思维、主动学习的原动力。

思考与讨论

1. 创新精神有哪些内涵与特征？
2. 创新意识的构成要素有哪些？
3. 说一说创新能力与外部环境、遗传因素的关系。
4. 创新思维的内涵是什么？
5. 如何排除创新思维障碍？

第七章 志愿服务

第一节　志愿服务概况

一、志愿服务概述

（一）志愿服务的概念

自2017年12月1日起，国务院颁布的《志愿服务条例》（简称《条例》）正式施行。《条例》指出，志愿服务是指志愿者、志愿服务组织和其他组织自愿、无偿向社会或者他人提供的公益服务。

志愿服务包含以下三方面含义。

1. 志愿服务是内在精神驱动的人的活动

在社会中有这样一群人，他们自愿奉献自己的闲暇时间，到社区去帮扶他人；他们放弃优渥的生活条件，去大山深处帮助那里的孩子们；他们自愿冒着生命危险，奋战在抗击疫情的第一线。他们有一个共同的称呼——志愿者。

志愿服务并不是简单的一项服务活动，它是由志愿者的精神内在驱动的活动，是志愿者自愿地、自发地开展的有组织的社会公益活动。按照联合国志愿人员对志愿者精神的理解，可以对志愿精神做如下解释：志愿精神是一种在自愿的、不计报酬的条件下参与推动人类发展、促进社会进步和完善社区工作的精神，是公众参与社会活动的一种重要方式，是个人对生命价值、社会和人生观的一种积极态度。

奉献精神是志愿精神的核心。正是在这种精神的驱动下，志愿者才会无怨无悔地将个人的时间、精力投入到帮助他人的活动中，把关怀带给社会，传递爱心，传播文明，给社会以温暖。

2. 志愿活动是一项非营利性质的活动

志愿活动不是志愿者用来谋生或者获取利润的活动，而是出于个人对社会的回馈这种意愿之下开展的社会服务，是一项非营利性质的服务，虽然志愿者不以营利为目的，但这不表明志愿组织不需要资金。我国《民法典》第八十七条规定，为公益目的或者其他非营利目的成立，不向出资人、设立人或者会员分配所取得利润的法人，为非营利法人。志愿机构的运转和发展需要资金的支持，但是不管怎样，任何机构和个人都不得在志愿服务中为自己谋取经济利益，更不得向自己的服务对象收取经济报酬。

3. 志愿服务是一种具有组织性的社会公益服务

志愿者服务并不等同于助人为乐、做好事这种简单的利他活动，而是有组织、自发开展的社会公益活动。它作为社会建设和社会管理的重要组成部分，弥补了政府、社会和个人的不足，起到了维护社会稳定和切实帮助他人的作用。

（二）志愿服务的特征

1. 志愿性

志愿服务必须是由个人自愿参加的，而不是被胁迫或被欺骗参加的。组织与个人可以通过各种形式来动员个人参加志愿活动，但不得强制或者欺骗他人参加，也不得对志愿者进行单位化管理。上述行为都不符合志愿活动的志愿性。

2. 无偿性

志愿服务必须为无偿行为。志愿服务的提供者不得通过各种形式向被服务者收取或者变相收取利益，利益包括货币、物质或其他需要货币支付的活动。

3. 公益性

公益性是志愿服务的核心。这意味着营利行为不属于志愿服务，偶发的帮助行为、基于情感基础的情谊行为、民法中的无因管理、突发事件中的帮助或互助行为都不属于志愿服务。

对于志愿活动的组织者来说，志愿服务不得用以达到其他个人目的，否则就会破坏志愿活动的公益性。

对于志愿者而言，在提供志愿服务的同时要把公益性贯穿于志愿服务的始终，不能私下进行志愿服务以外的活动。例如，提供志愿服务的同时传播宗教，在提供志愿服务的时候宣传与志愿服务无关的内容等。

4. 组织性

仅仅凭借个人的能力很难回应社会纷繁复杂的服务需求。因此，志愿服务必须要有组织性，这也是区别于其他惠他活动的主要因素之一。志愿服务的组织性可以通过多种形式来表现，如社会团体、公益基金会、社会服务机构等组织性质开展社会服务，既可以帮助他人，又可以促进志愿服务的发展。

中国青年志愿者协会简介

中国青年志愿者协会成立于1994年12月5日，是共青团中央主管的，由青年志愿者组织和个人自愿结成的，全国性、专业性、非营利性社会组织，是共青团在实践中培养社会主义事业建设者和接班人的重要组织平台。

中国青年志愿者协会是全国青联团体会员，是联合国国际志愿服务协调委员会（CCIVS）联席会员，2010年获得联合国经济及社会理事会特别咨商地位。

中国青年志愿者协会高举中国特色社会主义伟大旗帜，以马克思列宁主义、毛泽东思想、邓小平理论、“三个代表”重要思想、科学发展观、习近平新时代中国特色社会主义思想为指导，奉行奉献、友爱、互助、进步的志愿精神，通过组织和指导全国青年志愿服务活动，为社会提供志愿服务，促进社会文明进步，服务青年全面发展，推动志愿者事业发展，为实现中华民族伟大复兴的中国梦贡献力量。

二、志愿服务的兴起

（一）国内志愿服务的起源

志愿服务起源于19世纪初西方国家宗教性的慈善服务，志愿活动在世界上已经存在和发展了100多年。在我国最早的志愿者是联合国志愿人员组织。1979年第一批联合国志愿者来到中国相对偏远的地区，从事多方面的志愿服务。直至20世纪80年代，民政部号召推进社区志愿服务，天津和平区新兴街就是早期开展社区服务的典型。20世纪90年代，中国青年志愿者协会成立。社区志愿者和青年志愿者是目前国内最大的两支志愿队伍。

（二）国内志愿服务的兴起

1963年3月5日，《人民日报》和《解放军报》同时刊发了毛泽东同志的“向雷锋同志学习”的题词。随后又发表了多位党和国家领导人的题词。“学雷锋”活动便是新中国建设初期的最具有志愿服务色彩的活动，虽然“学雷锋”本质上还不属于志愿活动，但为新中国志愿服务事业的发展奠定了良好的基础。从志愿服务在中国的发展历史来看，中国特色的志愿者服务离不开“学雷锋”活动的发展，雷锋精神也是中国特色志愿者服务的重要标志。

1988年10月，天津市和平区新兴街道朝阳里社区13名积极分子组成的服务小组，开展义务包户服务，是我国志愿服务的雏形。1989年3月18日，新兴街道成立了全国首家社区志愿者组织——新兴街社区志愿服务协会。

1993年年底，共青团中央决定实施中国青年志愿者行动。12月19日，2万余名铁路青年率先打出了“青年志愿者”的旗帜，在京广铁路沿线开展了为旅客送温暖志愿服务。之后，

40余万名大中学生利用寒假在全国主要铁路沿线和车站开展志愿者新春热心行动，青年志愿者行动迅速在全国展开。

1998年8月，团中央青年志愿者行动指导中心正式成立，负责规划、协调、指导全团的青年志愿服务工作，承担起中国青年志愿者协会秘书处的职能。为使志愿服务落实到基层，深入千家万户，从1995年开始进行了社区青年志愿者服务站建设工作。

2000年年初，江泽民同志在杰出青年志愿者的来信上作出重要批示："青年志愿者行动，是当代社会主义中国一项十分高尚的事业，体现了中华民族助人为乐和扶贫济困的传统美德，是大有希望的事业。努力进行好这项事业，有利于在全社会树立奉献、友爱、互助、进步的时代新风。希望你们在新的世纪里继续努力，发扬我国青年的光荣传统，不懈奋斗，不断创造，奋勇前进，为实现中华民族的伟大复兴作出新的更大的贡献。"

在政府部门及志愿服务组织的大力推广下，志愿服务在全国范围内迅速发展。"志愿者"这一称呼不仅仅是对从事志愿服务的人的一种称呼，并且逐渐成为人们的一种生活方式、精神内涵与价值观。

进入21世纪以来，2001年被联合国确定为"国际志愿者年"，经共青团发起成立了"中国2001国际志愿者年委员会"，中国志愿服务事业开始为世界所了解。志愿服务活动向多元化、规范化、法制化方向发展。

2001年党和国家以"国际志愿者年"为契机更加重视志愿服务事业的发展，各种形式的志愿服务活动发展加快，党员志愿者、社区志愿者、职工志愿者、青年志愿者等各类志愿服务队伍十分活跃。由此，我国进入了包含党群组织、社区组织、企业组织以及个人自愿参与的中国志愿服务事业的多元化发展的年代，而不再是受以前传统的职能部门的限制，比较单一的发展模式。

2006年4月，国务院下发了《关于加强和改进社区服务工作的意见》，指出："积极组织开展社区志愿服务活动。培育社区志愿服务意识，弘扬社区志愿服务精神，推行志愿者注册制度。"该文件的颁布，使我国社区志愿服务进入了规范化建设阶段。

2006年10月8日，党的十六届六中全会做出的《中共中央关于构建社会主义和谐社会若干重大问题的决定》，首次提出了建立社会志愿服务体系，并指出要"以相互关爱、服务社会为主题，深入开展城乡社会志愿服务活动，建立与政府服务、市场服务相衔接的社会志愿服务体系"。

拓展阅读

青年志愿者服务日简介

青年志愿者服务日（Youth Volunteer Service Day）又称学雷锋纪念日，共青团中央确定3月5日为中国青年志愿者服务日，团中央、中国青年志愿者协会下发通知，从2000年开始，把每年3月5日作为"中国青年志愿者服务日"，组织青年集中开展内容丰富、形式多样的志愿服务活动。

自1963年3月5日毛泽东等老一辈党和国家领导人号召“向雷锋同志学习”以来，3月5日成为社会各界特别是广大青年传统的学雷锋活动日。

2000年3月5日，各地广泛动员和引导青年围绕西部大开发、社区服务、环境保护等社会关注的重点领域集中开展“心手相连，情系西部”“百万志愿者进社区”“绿化周围环境，建设美好家园”等主题志愿服务活动。同年，共青团中央、中国青年志愿者协会共同决定把每年的3月5日作为“中国青年志愿者服务日”，组织青年集中开展内容丰富、形式多样的志愿服务活动。在3月5日广泛开展多种形式和内容的志愿服务活动，已成为近年来许多地区通行的做法。志愿者（即“义工”），是指利用业余时间，不为任何报酬参与社会服务的人。

联合国志愿组织负责中国项目的官员说，“2008年是中国志愿服务的元年”。的确，2008年是在中国志愿服务史上具有重要意义的一年，2008年汶川地震中，中国志愿者所展现的力量让世界对中国志愿者刮目相看，北京奥运会上中国志愿者的微笑让世界和国人难忘。

2008年5月，“5·12”汶川特大地震发生之后，全国491.4万名志愿者在各地参与各种形式的抗震救灾志愿服务工作。中国志愿者在灾难面前所爆发出来的力量让世界难忘。中国志愿者在其他大型赛事中也表现突出，让人印象深刻。在2008年第29届北京奥运会、残奥会期间，170万名青年志愿者成为“有特色、高水平”奥运会的一个重要组成部分。2010年上海世博会中的“一抹绿白”或是广州亚运会中的志愿者“绿羊羊”，已成为各种大型活动及突发事件中不可或缺的一部分。

之后，中国相继出台了有关志愿者服务的多份规范性文件，2008年，中央文明委印发《关于深入开展志愿服务活动的意见》，指出要深入开展多种形式的志愿服务活动，为人们关爱他人、奉献社会搭建平台。2012年，中共中央办公厅发布《中共中央办公厅关于深入开展学雷锋活动的意见》，民政部印发《关于加强减灾救灾志愿服务的指导意见》和《志愿服务记录办法》等，分别对学雷锋志愿服务活动、参与减灾救灾服务和志愿服务记录提出了针对性建议。2014年，《关于推进志愿服务制度化的意见》，要求建立完善志愿服务长效工作机制和活动运行机制，推进志愿服务制度化。中国志愿者服务发展逐渐法制化、规范化、多元化。

从2016年开始，中国志愿服务开始纳入“国家发展战略”阶段。国家大力支持和推动志愿服务的发展，志愿服务在政策制定、信息化建设、成果转化、国际化等四个方面做出了前所未有的成绩。随着志愿服务逐步上升到国家战略，中国的志愿服务由“民间推动”为主逐步转变为“国家推动”为主的模式，志愿服务得到快速发展。

拓展阅读

国家冬季两项中心的志愿者们服务细致周到

2022年3月13日13时，北京冬残奥会张家口赛区国家冬季两项中心的最后一项比赛结束，负责通行安全的残疾人志愿者杨旭仍然坚守岗位。

杨旭是秦皇岛市的一名英语老师。北京冬奥会与冬残奥会期间，他主要负责在场馆的关键通行点位，查验相关人员的证件是否具有进入对应区域的权限。工作内容看似简单，但丝毫马虎不得。

他还“兼职”国家冬季两项中心的无障碍环境“体验官”。在冬残奥会开始前，在场馆工作人员和其他志愿者的陪同下，杨旭坐着轮椅模拟残疾人观众观赛全过程，对场馆无障碍环境进行了全流线体验。从坡道到电梯按钮再到观赛位置的安排，每发现有可以提升的细节，他都拍照存档，并提出改进意见。

北京冬残奥会开赛后，看到残疾人观众坐在自己建议设立的观赛区，全程享受着无障碍环境带来的便利，杨旭的自豪感油然而生。

北京冬残奥会期间，国家冬季两项中心的志愿者们细致周到的服务，得到了运动员、随队官员、观众等的普遍认可。

第二节　志愿服务精神的内涵与原则

志愿者参加志愿服务在促进社会和谐稳定的同时也满足了自己的需求，在多年的志愿服务活动积累中，志愿服务的精神内涵与原则已较为明确，为志愿者、志愿服务组织等提供了指导与约束。

一、志愿服务精神的内涵

志愿服务精神是指一种精神体现，志愿服务的精神概括起来就是奉献、友爱、互助、进步。具体如下。

（一）奉献

奉献是指志愿者以不要求任何利益为前提的实施惠他活动的方式来回馈社会，奉献精神是高尚的，是志愿服务精神的精髓。志愿者在不计报酬、不求名利、不要特权的情况下参与推动人类发展、促进社会进步的活动。

1938 年，白求恩大夫放弃优越的物质条件，不远万里从加拿大来到中国，为八路军提供医疗救治服务，帮助创办了军区卫生学校，亲自编写各种教材并讲课。

1939 年秋，他在抢救伤员时不幸感染病毒而牺牲。白求恩大夫将自己的生命奉献给了中国，这种国际主义精神就是奉献精神的重要体现。

（二）友爱

志愿服务精神提倡志愿者欣赏他人、与人为善、有爱无碍、平等尊重，这便是友爱精神。志愿者之爱跨越了国界、职业和贫富差距，是没有文化差异，没有民族之分，不论高低贵贱的平等之爱，它让社会充满阳光般的温暖。

如无国界医生，他们不分种族、政治及宗教信仰，为受天灾、人祸及战火影响的受害者提供人道援助。他们奉献的是超国界之爱。

日常生活中的邻里互助，街头上的爱心搀扶，寒冬中的捐衣捐物，走进福利院送上问候，走近留守儿童送上关爱，走近孤寡老人送上快乐，这些看似微不足道的生活细节，都是友爱精神淋漓尽致的体现。“众人拾柴火焰高”，人人秉持向善之心，人人伸出友爱之手，不仅能提升人们的道德的素养，更能促进志愿服务的常态化、持久化与多元化。

（三）互助

志愿服务包含着深刻的互助精神，它提倡“互相帮助、助人自助”。志愿者凭借自己的双手、头脑、知识、爱心开展各种志愿服务活动，帮助那些处于困难和危机中的人们。志愿服务者以“互助”精神唤醒了许多人内心的仁爱和慈善之情，使他们付出所余，持之以恒地真心奉献。“助人自助”帮助人们走出困境，自强自立，重返生活舞台。受助者获得生活的能力后，也会投入到关心他人、帮助他人、为社会作贡献的志愿活动中。

帮助他人的同时也就是在帮助自己，人与人间的互助让志愿精神抵达更高的道德境界。在志愿者通过自己的行动对他人提供帮助的同时，志愿者也在享受着他人的帮助。从短期来看，伴随着奉献而来的主要是精神的愉悦，而从长期来看，当志愿者的志愿行为带动起更多的人投入志愿活动时，当志愿活动伴随着社会的发展而延续时，任何人都可能成为志愿服务的对象，从别人的志愿服务中受益。

（四）进步

进步精神是志愿服务精神的重要组成部分，志愿者通过参与志愿服务，使自己的能力得到提高，同时促进了社会的进步。在志愿活动中无处不体现着“进步”的精神，正是这一精神使人们甘心付出，追求社会和谐之境的实现。

志愿服务最大的好处，就是在服务他人的过程中，同样会让自己找到自身存在的社会价值；在扶助他人的过程中，同样滋养了自己的人格和品德；在感动温暖他人的过程中，同样净化和救赎了自己的思想和灵魂。

而志愿精神的进步不只是个体的，更是社会的。一个人进步是一种思想的觉醒，一个志愿者的进步是一颗火红之心的跳动，一个志愿团体的进步是一种力量的感染、信仰的传递。独进步不如众进步。志愿者是分散的人，来自不同的岗位，却因为同样的热忱，一起让社会变得更清新，让文明变得更贴近。

拓展阅读

无国界医生简介

无国界医生（Doctors Without Borders，缩写 MSF）于 1971 年 12 月 20 日在巴黎成立，是一个由各国专业医学人员组成的国际性的医疗人道救援组织，是全球最大的独立人道医疗救援组织之一。该组织的资金主要由私人捐助。

该组织的国际协调办公室位于瑞士日内瓦，五个行动中心分别位于布鲁塞尔、阿姆斯特丹、日内瓦、巴塞罗那、巴黎。行动中心负责管理和监察全球70多个国家和地区的援助项目，中心的人员亦会留意各地发生的天灾人祸，并在最短时间内动员紧急支持人员及物资协助救灾。

此外，该组织在全球设有21个办事处，负责招募救援人员、筹款和推广该组织的工作。这些分部包括澳大利亚悉尼、奥地利维也纳、比利时布鲁塞尔、加拿大多伦多、丹麦海勒鲁普、法国巴黎、德国波恩、希腊雅典、荷兰阿姆斯特丹、中国香港、意大利罗马、日本东京、卢森堡、挪威奥斯陆、西班牙巴塞罗那、瑞典斯德哥尔摩、瑞士日内瓦、阿拉伯联合酋长国阿布扎比、英国伦敦、美国纽约。该组织派出医疗救援人员和后勤人员到受到天灾、战乱、发生疫症的地区，为战争、疫症及天灾的受害者提供紧急医药救援，亦为一些医疗设施不足甚至完全缺乏的地区提供基本医疗和手术、重建医院和药房、推动营养和卫生项目及培训当地医护人员。

现其成员已遍及全世界，每年有3000多位救援人员在超过70个国家和地区服务。

1999年10月15日获诺贝尔和平奖后，无国界医生开始受到世人的注目，全球捐款者已超过630万人次。

二、志愿服务精神的原则

志愿服务应当遵循自愿、无偿、平等、诚信与合法的原则，不得违背社会公德、损害社会公共利益和他人合法权益，不得危害国家安全。具体包括以下几方面。

（一）自愿原则

自愿原则体现为两方面：一是任何人都有权利按照自己的意愿决定是否参加以及以什么形式参加志愿活动；二是任何人和组织不得以胁迫、欺骗等手段强迫他人从事志愿活动。只有“自愿”成为“志愿者”才能发自内心地积极参加志愿活动，只有“自愿”才能调动志愿者的积极性和主动性。自愿是开展志愿活动的前提。

（二）无偿原则

无偿原则是指一切志愿活动都不得收取任何费用，志愿活动不得成为组织或个人牟利的手段。志愿者提供志愿服务应当坚持利他和公益的基本出发点。虽然志愿者在志愿活动中允许获得回报，但是志愿者不得以营利为目的从事志愿活动，即使在志愿活动中完全没有回报，也应当尽心尽力地完成志愿活动。因此无偿是从志愿服务的动机中确定的志愿服务的基本原则之一。

（三）平等原则

在志愿服务活动过程中，志愿者应当平等地对待被服务者。志愿者不应有“施惠者”与“救世主”的心理与态度。志愿者在志愿活动过程中应当尊重和爱护受助者，保护他们的名誉、隐私，同时尊重他们的人格，保障受助者的合法权益不受侵犯。

（四）诚信原则

志愿者在从事志愿活动的同时应当遵循诚信原则，秉持诚实，恪守承诺，正当行使志愿服务中的权利，履行志愿服务中的义务，这对建设诚信社会，规范志愿服务行业的秩序，引领社会风尚具有重要意义。

诚信原则的内容具体体现在以下几方面。

（1）任何志愿服务都要对他人诚实不欺、恪守承诺、讲究信用。

（2）志愿者应当以善意的方式从事志愿服务，充分尊重他人利益和社会利益。

（3）诚信原则有利于弘扬道德观念、保障社会秩序。

（五）合法原则

志愿服务要遵守我国一切的法律法规。这里的法律指的是广义的法律法规，也就是既包括全国人大及其常务委员会所制定的法律，如《刑法》《民法典》等，也包括各种行政法规、规章与政策等，如《志愿服务条例》《中国注册志愿者管理办法》等。

近年来，我国志愿服务越来越趋向于规范化、制度化，广大志愿者应严格按照应有的流程从事志愿服务，既要遵守法律法规，也要遵守公序良俗。同时志愿者还应注意量力而行，要在公益组织自身的人力、财力允许的条件下从事志愿服务。

志愿服务要从社会的实际需要出发，同时也要从自身出发，志愿服务不仅仅是一个美好的愿望，要注意主观与客观相结合，把社会需求与自身服务能力结合起来，实事求是。对于超出自己能力范围的志愿工作，志愿者不可勉强接受。

社会上需要关注与帮助的人很多，但是志愿者的力量毕竟有限，要认清现实，志愿服务不可能满足所有社会需求。志愿者要知道自己能做什么，既不能无所作为，也不能大包大揽。

拓展阅读

热爱冰雪运动　热心志愿工作

“今天的工作内容是提醒志愿者们进行核酸检测，登记上报核酸检测信息，管理保障物资的出库、入库、搬运、发放……”2022 年 1 月 31 日，是中国传统节日除夕。晚上 7 点，冬奥会志愿者丁一结束一天的工作，正认真记录着工作日志。

丁一是石家庄铁道大学的一名教师，目前正在北京 2022 年冬奥会张家口赛区颁奖广场做志愿服务工作。“作为新晋冰雪运动爱好者，同时也在俄罗斯那样的冰雪国度生活过十几年的我，成为冬奥会志愿者是在大学时代就拥有的梦想，现在终于能够得偿所愿！”当谈及为什么想做冬奥会志愿者时，丁一的言语中流露出激动与憧憬。

而为了奔赴梦想，丁一付出了许多努力。

“我先后共参加过四次冬奥会骨干志愿者交流营活动，培训课程内容安排密集，强度大。

特别是体能加强项目，要求清晨6点出操，进行15公里的山地拉练，在瑟瑟寒风中我感受到前所未有的吃力。”在意识到体能是弱项后，丁一积极参加各项体育锻炼，主动自学滑雪、滑冰，挑战自身，增强体能，弥补弱项。每日汗水随风散去，留在她记忆中的唯有收获的喜悦。

此外，如何合理安排时间，协调好学校基本的日常教学、科研、团学工作，成为她参加冬奥会志愿者培训工作面临的又一难题。“逢山凿路，遇水架桥。”统筹规划，主动加班，丁一力争做到“今日事今日毕”，不轻言放弃的态度，成为她化解问题的最佳方式。

不仅如此，空闲之余，丁一还充当起学校学生志愿者队伍的“知心大姐姐”，为他们解答心理困扰、排解紧张情绪，注重从心理层面增强学校志愿者团队的信心与决心，提升凝聚力。

现在，丁一正和来自石家庄铁道大学的44名冬奥会、冬残奥会志愿者一起奋斗在工作岗位上，共同见证祖国的强大时刻。

“虽然在相对固定的岗位上，但是我们每时每刻都会遇到不同的人、不同的事、不同的问题，只要想到我是来服务国家的，我就有用不完的力量！”石家庄铁道大学土木学院学生王宏杰兴奋地说。

石家庄铁道大学机械学院学生任邦华说：“一想到我是代表铁道大学、代表河北来服务冬奥会的，我就不自觉地提高工作标准，让大家都为河北点赞。”

“微笑、微笑、微笑，在这里，我微笑着面对每一个人、每一项工作，我微笑着感悟国家的强大与力量，我微笑着见证自己的成长。”石家庄铁道大学经管学院志愿者杨静雯说。

……

学生们的话语也让丁一备受鼓舞，使她对此次志愿服务工作充满信心，“成为冬奥会志愿者是我最宝贵的人生经历，我愿意奉献自己全部的热爱，与同学们一起全身心投入冬奥会志愿服务中，用实际行动践行志愿服务理念，为北京2022年冬奥会和冬残奥会贡献青春力量”。

第三节　志愿服务的时代特征

在不同时期、不同的社会环境及制度背景下，志愿者服务有着不同的时代特征。这些时代特征深受国家文化背景、经济发展水平、人民受教育水平等社会因素的影响。可以说，在不同时期，志愿服务有着不同的时代特色。

如今我们实现了第一个百年奋斗目标，正在向第二个百年目标迈进，中国特色社会主义已经进入了新时代，现阶段我国社会主要矛盾是人民日益增长的美好生活需要和不平衡不充分的发展之间的矛盾。在这样的背景下志愿服务也具有新的时代特色。

一、志愿服务制度化和规范化

志愿服务在我国虽然起步较晚，但是发展迅速。在志愿服务发展的过程中，相关部门制定了一系列的规章与政策，为我国志愿活动走向制度化、规范化提供了保障。

2016 年 7 月 11 日，中央宣传部、中央文明办、民政部、教育部、财政部、全国总工会、共青团中央和全国妇联联合印发《关于支持和发展志愿服务组织的意见》（以下简称《意见》）。《意见》指出，志愿服务组织是以开展志愿服务为宗旨的非营利性社会组织，是汇聚社会资源、传递社会关爱、弘扬社会正气的重要载体，是形成向上向善、诚信互助社会风尚的重要力量。要坚持以党的建设为正确引领，坚持以培育和践行社会主义核心价值观、满足人民群众日益增长的社会服务需求为出发点，以能力建设为基础，以建立健全政策制度、完善体制机制、增强法律保障为重点，积极扶持发展志愿服务组织，为加强和创新社会治理，为实现“两个一百年”奋斗目标、实现中华民族伟大复兴的中国梦凝聚力量。同时《意见》提出，到 2020 年，基本建成与经济社会发展相适应，布局合理、管理规范、服务完善、充满活力的志愿服务组织体系。志愿服务组织发展环境得到优化，初步形成登记管理、资金支持、人才培育等配套政策。志愿服务组织服务范围不断扩大，基本覆盖社会治理各领域、群众生活各方面，涌现一批公信度高、带动力强的志愿服务组织。志愿服务组织功能有效发挥，成为推进人们相互关爱、传递文明的重要渠道，提升社会服务水平、改善民生福祉的有力助手，增进社会信任、维护社会稳定、促进社会和谐的有生力量。

2017 年 12 月 1 日，为贯彻落实党的十八大和十八届三中全会的精神，引导广大团员青年和社会公众广泛参与志愿服务，根据共青团十七大及《中国青年志愿者行动发展规划（2014—2018）》的要求，共青团中央对 2006 年的《中国注册志愿者管理办法》进行了修订。新修订的《中国注册志愿者管理办法》对于进一步规范注册志愿者管理工作，大力弘扬“奉献、友爱、互助、进步”的志愿精神，推动志愿服务项目化运作、社会化动员、制度化发展，深化青年志愿者活动具有重要的意义。

2017 年 12 月，为了保障志愿者、志愿服务组织、志愿服务对象的合法权益，鼓励和规范志愿服务，发展志愿服务事业，培育与践行社会主义核心价值观，促进社会文明进步，《志愿服务条例》正式施行，这是志愿服务工作的最高准则和制度依据。《志愿服务条例》明确了志愿服务的概念、志愿服务者、志愿服务的原则、志愿活动的管理单位、志愿组织的操作规范、国家对志愿活动的促进措施等。

二、志愿服务群众化和广泛化

志愿服务符合志愿者愿望和社会需求，在我国，志愿者活动具有强烈的社会感召力和广泛的群众基础，从“雷锋活动”开始至北京奥运会，再到新冠肺炎疫情，我国的志愿者展现的风采都让世界刮目相看，令人印象深刻，体现出我国的志愿活动精神一脉相承。我国志愿活动是一项以青年为主体、全社会广泛参与、充满生机与活力的群众性活动。它超越了职业、地域等方面的局限，遍及社会的各个方面，在全社会形成了强烈的辐射效应，影响了广大的群众。各地、各阶层、各个职业的志愿服务组织结合自己的实际开展活动，使志愿服务从内容到形式都体现出广泛的群众基础。

拓展阅读

李海燕的志愿服务路

李海燕是一名基层办事员，工作十年来，她早与员工之间形成了“有事找李姐”的默契。“凡事亲力亲为、踏踏实实为员工办好每件事”是她对自己的要求，大家都亲切地称她“知心大姐”。

工作中，员工出现诉求问题，她会第一时间将问题收集、整理、上报、跟踪，及时解决并给予回复；生活中，员工遇到困难，她也会及时调研、走访上报作业区及分厂，组织人员到家里送温暖。2010年，轧钢厂志愿者服务队招募志愿者时，她毫不犹豫地选择并加入这支队伍，跟着志愿服务队队长奔走困难户、看望孤寡老人、关注留守儿童等。每次活动下来，她都口干舌燥、双腿疼痛，但看着这些自己帮助过的人露出满意的笑容时，她觉得自己所做的事情是有意义的。十年的志愿活动下来，让她更加理解了“奉献、友爱、互助、进步”的志愿精神，更加坚信了自己的选择，也带动更多的人参与到公益事业中。

“每做一次志愿者，就点亮一个希望，快乐就多了一份。”这是李海燕常说的一句话。

随着城市打工人的增多，留守儿童也随之增多，这些孩子怎么办？怎样呼吁更多的爱心人士关注到他们？这个问题让李海燕“牵肠挂肚”。

于是，她和志愿服务团队带着募捐的爱心物资、购买的学习用具，走进韩城市林源小学。看着一张张冻得通红的小脸和一双双冻裂的小手，她决定要为孩子们做些什么。得知这些留守孩子的父母常年在外打工，由家中老人代为照顾，她为自己制订了一项长期的帮扶计划，每逢周末她都会和志愿服务团队一起走进这些孩子家中，了解孩子们的成长环境、身体状况，帮助他们解决困难，也会把一些特殊的孩子接到自己家中进行家庭聚会，让他们感受到家庭的温暖。如今，只要孩子们看见她的身影，都会兴高采烈地飞奔过来，亲切地叫她“海燕妈妈”。

这就是李海燕，一个普通平凡的志愿者，她用小举动传播大爱，用平凡的力量，坚持不懈的行动，践行社会主义核心价值观，传递正能量。

三、志愿服务时代化和主题化

不同时期的志愿服务的主题和时代特征也不同。我国的志愿服务集中在一些大规模的活动，如扶贫救灾、应急救援、大型赛事和环保活动等方面。例如，2008年的汶川地震救援志愿服务、2008年北京奥运会志愿服务、2010年上海世博会志愿服务、2020年新冠肺炎疫情志愿者服务、2022年冬奥会志愿者服务等。从志愿服务关注的人群来看，近年来，除我国尚未脱贫的群众、困难职工、残疾人外，空巢老人、留守妇女儿童等其他社会弱势群体也逐渐成为志愿服务重点关注的对象。

拓展阅读

从冬奥到冬残奥，奥林匹克和志愿服务精神接续“飞扬”

2022 年 3 月 4 日下午，石景山团区委联合区残联等多部门，在石景山区冬奥城市志愿者之家（首钢全民畅读书店），开展“薪火相传展志愿‘锋’范服务冬奥创城市美景”——“爱满京城”石景山区学雷锋志愿主题实践活动。活动模拟了火炬传递环节，预示着奥林匹克精神和志愿服务精神从冬奥会到冬残奥会接续“飞扬”。

火炬传递体验中，区残联副理事长刘景柱与冬残奥火炬手、区青联副主席、石景山区小飞象训练发展中心理事长赵星分别手持冬奥火炬与冬残奥火炬，通过“圣火”交接，将奥林匹克和志愿服务精神从冬奥会传递到冬残奥会。随后，伴随《一起向未来》的音乐，赵星与石景山区少先队员、城市志愿者们以“心”形队列，“心”手相传冬残奥火炬。

“希望每一个孩子通过体验冰雪运动能够更好地认知自我、认知伙伴、认知世界，让冬残奥会的火种点亮孩子们心中的冰雪梦，助力他们顽强拼搏、突破自我。”赵星从事自闭症儿童及各类残障人士康复事业和社区公益服务多年，在各类公益慈善帮扶工作中积极贡献力量。

活动上，来自电厂路小学的少先队员张金浩分享了他的冬奥故事，作为电厂路小学第二届“小小冬奥组委会”主席，他和小伙伴一起筹备学校“模拟冬残奥会”。在他的带动下，他和爸爸妈妈以“冬奥志愿家庭”的形式加入助力冬奥、宣传冬奥的队伍中来，张金浩家庭在 2020 年获评“首都最美家庭”，2021 年获评“全国最美家庭”。

冬奥会火炬手、石景山区体育局冰雪体育科科长贺琼瑶分享说：“作为冬奥会火炬手在首钢园参加火炬接力倍感荣幸，这是一种荣耀，更是一种责任。作为一名石景山区体育局工作人员，自北京冬奥会成功申办以来，一直从事石景山区冰雪体育事业，见证了石景山区冰雪运动产业的发展，希望未来有更多的人可以体验冰雪运动的快乐。”

随后，石景山区城市志愿者代表、各小学师生家长代表、各单位的青年骨干参与了在首钢三高炉城市志愿服务站点组织的实践活动。城市志愿者为少先队员讲解垃圾分类常识，区残联为少先队员组织了生动的冰壶课程，区红十字会在服务站点为来往市民发放宣传手册，现场教学急救知识，提升市民安全自护意识。

四、志愿服务专业化和多样化

随着经济的不断发展，人们的物质生活和精神文化生活也逐渐丰富，人民对于志愿服务的需求也随着经济的发展趋于多样化与专业化，这促使志愿服务的类型不断丰富，中国志愿服务逐渐分化为以下六个方向。

（1）便民利民类。例如提供家电维修、家政联络、信息咨询等服务。

（2）扶贫帮困类。例如为下岗失业职工、残疾人、老年人、失学儿童、特殊困难家庭等弱势群体，提供力所能及的帮扶。

（3）就业指导类。例如提供技能培训、岗位推荐、维权援助等服务。

（4）治安维稳类。例如开展义务巡逻、矛盾调解、法律咨询、青少年帮教等服务。

（5）卫生保健类。例如为病人、残疾人、老年人进行健康检查、康复保健、卫生防疫、计划生育等服务。

（6）环境维护类。例如提供环境保洁、绿化维护、家庭美化指导等服务。

近年来，专业志愿服务已成为我国志愿服务发展的一大趋势。根据中国慈善发展蓝皮书的志愿服务指数调研数据，参与专业志愿服务的志愿者占全部志愿者的比率，从 2013 年的1%上升至 2017 年的 21.7%，增长显著。同时，专业志愿服务也为公益慈善行业创造了巨大的价值。以 2017 年为例，该年有 1400 多万名志愿者参与到专业志愿服务之中，累计为社会提供超过 4 亿小时的服务，贡献约 650 亿元的市场服务价值（《中国专业志愿服务发展报告（2018）》）。中国志愿服务正在走向专业化与多样化。

中国志愿者走向专业化社会服务之路

每次出门，藏族女医生寒梅都会带上跟随她 20 多年的“百宝箱”，里面有预防高原反应的常备药，治疗高山肺水肿、脑水肿的药，还有感冒药、氧气瓶等。这个药箱为青藏高原的环保志愿者们提供了医疗保障。

寒梅今年 64 岁，曾是青海省海西藏族自治州格尔木市人民医院心血管主任医生，高山病专家。没退休前她就志愿为各类科考队、环保组织做医疗保障，每年得请假两个月左右。退休后，她的时间宽裕了，便经常参加环保活动，也会直接参与清理塑料袋行动。

寒梅说，人们的生存发展与生态环境有直接关联，保护好当地环境不仅是为了生活，也是回报自然，感恩拥有。

清理青藏铁路沿线垃圾、为志愿者提供医疗保障、做藏汉语翻译……寒梅已经做了十几年环保志愿者，尽其所能用行动保护生态环境。

“当初做志愿者，先是因为索南达杰书记为保护藏羚羊而牺牲，触动了我保护生态的意识，之后结识了来自全国各地的志愿者，他们的环保行动和奉献精神感染了我。”她说，做环保工作说大了是社会责任，说小了就是心向环保。

和寒梅一样，越来越多的中国志愿者利用各自领域的专业优势服务社会，逐渐使中国的志愿者服务走上了专业化道路。

成立于 2013 年的甘肃蓝天救援队的在册志愿者已超过 700 人，平日里，他们大都是普通的上班族。当救援任务来临时，他们便成为准专业救援队员奔赴“前线”。

今年 4 月参加尼泊尔地震救援工作的甘肃蓝天救援队队长於若飞介绍，与普通志愿者不同，该救援队的大多数队员都经过专业的救援训练，训练内容包括救灾、处理突发事件、反恐和密集现场人群管理等内容。

2015 年 4 月 16 日，甘肃临洮发生 4.5 级地震，造成 1 人死亡，500 多间农舍倒塌。“我们救援队在 2 小时内就赶到现场进行搜救，72 小时内就组织了 2 家爱心企业捐助方便面、纯净水等救援物资近 7 万元人民币。”於若飞说。

中国人民大学公共管理学院的魏娜教授认为，越来越多的专业化志愿者已成为中国社会服务体系的重要力量，为社会服务提供优质的人力资源储备，这些专业化志愿者可以帮助全社会高效地完成公益服务。

五、志愿工作全球化和国际化

当前，中国正处于国际舞台的中央，在中国推动人类命运共同体的进程中，中国的志愿者服务也逐渐国际化与全球化。从 2002 年到现在，中国海外志愿服务得到蓬勃发展。一是得益于全球化。在推动全球发展的大背景下，中国推进南南合作、南北合作，实质是在联合国的推动下开展一些国际援助。二是与中国的改革开放密切相关。中国从恢复了联合国席位并成为安理会常任理事国后，就加大了国际对外援助力度。三是经济发展和改革开放为海外志愿服务发展提供了重要的物质基础。

新时代中国志愿者应当站在人类命运共同体的历史高度，用更加宏伟的事业和格局审视志愿精神的内涵，通过自身的行动，展现中国人民为世界担责的博大胸怀，让世界人民更真诚、更广泛地接纳中国，致力于构建人类命运共同体的宏伟目标，共同铸造全世界的美好未来。

拓展阅读

每天早上五点半，来自北京第二外国语学院的国际学生志愿者路修远（Takudzwa Duncan Maluwa）会准时起床，简单地洗漱后，准时在六点半前吃完早饭，然后匆匆地赶往指定的地点，搭上 7 点发车的志愿者公交车，到冬奥村访客中心开始他一天的工作。

22 岁的路修远来自津巴布韦，他所在的冬奥村访客中心，在美丽的海坨山脚下，主要接待国际奥委会官员和工作人员。路修远说：“来中国一直是我的梦想，做冬奥志愿者是我回馈中国所能做的最美好的事情，冬奥会是世界瞩目的体育盛会，我会用细致耐心的服务为冬奥会尽一份力。”

正式进入冬奥村之前，路修远已经在学校接受了四个多月的线上线下结合的冬奥志愿者培训。作为冬奥志愿者，路修远要完成冬奥组委会规定的 23 门志愿者培训线上课程，包含奥运基础知识、冰雪运动基础知识、急救与防护知识、防疫知识等；北京第二外国语学院也开设了“冰雪语者”冬奥志愿训练营，建立“1+8”冬奥志愿者培训体系。路修远说：“这些培训都非常实用，对我上岗后的工作有直接帮助，让我对冬奥服务工作有了信心。”

他所在的接待与访客中心，在工作中会面对高风险国家或地区过来的人员，对于工作可能面临的风险，路修远说自己一点也不害怕，“随行老师告诉我们如何正确防护，各方面防护的培训做得很好。最重要的是，2020 年疫情刚开始的时候，我和同学都选择留在中国，学校把我们保护得很好，中国人很配合疫情防控工作，我待在中国心里一直是踏实的，安全的”。

2018 年来中国，当预科生学习汉语，2019 年，20 岁的他进入北京第二外国语学院政党外交学院读本科。问及为何选择外交专业，路修远说未来想去联合国工作，他在津巴布韦的时候就与家人一起参加过联合国的活动，“联合国是一个很大的舞台，在维持国际和平及安全等方面发挥着重要作用，多元碰撞、‘高压’工作的氛围也让我很向往。在那里工作还能把自己国家文化介绍给世界，理解其他国家的文化，我很期待毕业后能够有机会到梦想的地方工作”。

第四节　践行志愿服务精神

大学生是新时代志愿精神的主要践行者，当代中国经济快速发展，中国社会对大学生志愿服务工作有了新的需求，同时对志愿服务工作有了新的期望和要求。高校对于大学生进行志愿服务精神的形成具有重要的作用。高等学校要采取相关措施积极探索对大学生志愿精神培育的多样化模式。

一、志愿者注册流程与方法

志愿者可以将其身份信息、服务技能、服务时间、联系方式等个人基本信息，通过国务院民政部门指定的志愿服务信息系统自行注册，也可以通过志愿服务组织进行注册。

1. 注册志愿者的基本条件

（1）年满十八周岁或十六至十八周岁以自己劳动收入为主要生活来源者；十四至十八周岁者，须经其法定监护人同意；未满十八周岁的在校学生申请注册的，按学校有关规定办理。

（2）具备参加志愿服务相应的基本能力与身体素质。

（3）遵守国家法律和注册机构的相关规定。

2. 志愿者的注册机构

市（地、州、盟）、县（市、区、旗）、乡（镇、街道）以及大中专院校团组织及其授权的志愿者组织为志愿者注册机构。

3. 注册志愿者的权利与义务

志愿者的权利：

（1）参加志愿服务活动。

（2）接受相关的志愿服务培训，获得志愿服务活动真实、必要的信息。

（3）获得从事志愿服务的必需条件和必要保障。

（4）优先获得志愿者组织和其他志愿者提供的服务。

（5）对志愿服务工作提出意见和建议。

（6）相关法律、法规、政策所赋予的权利。

（7）可申请取消注册志愿者身份。

志愿者的义务：

（1）遵守国家法律法规、志愿者组织的相关规定。

（2）每名注册志愿者根据个人意愿至少选择参加一个志愿服务项目或活动，每年参加志愿服务时间累计不少于 20 小时。

（3）履行志愿服务承诺，完成志愿服务任务，传播志愿服务理念。

（4）自觉维护志愿者组织和志愿者的形象。

（5）在志愿者职责范围内，自觉维护服务对象的合法权益。

（6）自觉抵制任何以志愿者身份从事的营利活动或其他违背社会公德的活动（行为）。

（7）依法应当承担的其他义务。

拓展阅读

中国青年志愿者已超 9000 万人

2022 年 4 月 21 日，国务院新闻办公室发布《新时代的中国青年》白皮书。

白皮书提到，截至 2021 年年底，全国志愿服务信息系统中 14 岁至 35 岁的注册志愿者已超过 9000 万人，他们活跃在社区建设、大型赛事、环境保护、扶贫开发、卫生健康应急救援、文化传承等各个领域，弘扬“奉献、友爱、互助、进步”的志愿精神，在全社会形成团结互助、平等友爱、共同前进的新风尚。

中国青年志愿者扶贫接力计划研究生支教团、大学生志愿服务“西部计划”连续 18 年派遣 41 万余名研究生、大学毕业生，到中西部 2100 多个县（市、区、旗）开展扶贫支教、卫生医疗等志愿服务。青年始终是大型赛会志愿服务的主体力量，给千家万户乃至全世界留下深刻印象。

二、志愿服务组织活动的规范

2017 年 12 月 1 日起执行的《志愿服务条例》，对志愿服务组织和志愿活动规范进行了详细的规定。其中，对志愿服务组织活动的规范有以下规定。

（1）志愿服务组织可以招募志愿者开展志愿服务活动；招募时，应当说明与志愿服务有关的真实、准确、完整的信息以及在志愿服务过程中可能发生的风险。

（2）需要志愿服务的组织或者个人可以向志愿服务组织提出申请，并提供与志愿服务有关的真实、准确、完整的信息，说明在志愿服务过程中可能发生的风险。志愿服务组织应当对有关信息进行核实，并及时予以答复。

（3）志愿者、志愿服务组织、志愿服务对象可以根据需要签订协议，明确当事人的权利和义务，约定志愿服务的内容、方式、时间、地点、工作条件和安全保障措施等。

（4）志愿服务组织安排志愿者参与志愿服务活动，应当与志愿者的年龄、知识、技能和身体状况相适应，不得要求志愿者提供超出其能力的志愿服务。

（5）志愿服务组织安排志愿者参与的志愿服务活动需要专门知识、技能的，应当对志愿者开展相关培训。

开展专业志愿服务活动，应当执行国家或者行业组织制定的标准和规程。法律、行政法规对开展志愿服务活动有职业资格要求的，志愿者应当依法取得相应的资格。

（6）志愿服务组织应当为志愿者参与志愿服务活动提供必要条件，解决志愿者在志愿服务过程中遇到的困难，维护志愿者的合法权益。

志愿服务组织安排志愿者参与可能发生人身危险的志愿服务活动前，应当为志愿者购买相应的人身意外伤害保险。

（7）志愿服务组织开展志愿服务活动，可以使用志愿服务标志。

（8）志愿服务组织安排志愿者参与志愿服务活动，应当如实记录志愿者个人基本信息、志愿服务情况、培训情况、表彰奖励情况、评价情况等信息，按照统一的信息数据标准录入国务院民政部门指定的志愿服务信息系统，实现数据互联互通。

志愿者需要志愿服务记录证明的，志愿服务组织应当依据志愿服务记录无偿、如实出具。

记录志愿服务信息和出具志愿服务记录证明的办法，由国务院民政部门会同有关单位制定。

（9）志愿服务组织、志愿服务对象应当尊重志愿者的人格尊严；未经志愿者本人同意，不得公开或者泄露其有关信息。

（10）志愿服务组织、志愿者应当尊重志愿服务对象的人格尊严，不得侵害志愿服务对象个人隐私，不得向志愿服务对象收取或者变相收取报酬。

（11）发生重大自然灾害、事故灾难和公共卫生事件等突发事件，需要迅速开展救助的，有关人民政府应当建立协调机制，提供需求信息，引导志愿服务组织和志愿者及时有序开展志愿服务活动。

志愿服务组织志愿者开展应对突发事件的志愿服务活动，应当接受有关人民政府设立的应急指挥机构的统一指挥、协调。

（12）任何组织和个人不得强行指派志愿者、志愿服务组织提供服务，不得以志愿服务名义进行营利性活动。

（13）任何组织和个人发现志愿服务组织有违法行为，可以向民政部门、其他有关部门或者志愿服务行业组织投诉、举报。民政部门、其他有关部门或者志愿服务行业组织接到投诉、举报，应当及时调查处理；对无权处理的，应当告知投诉人、举报人向有权处理的部门或者行业组织投诉、举报。

三、志愿者志愿活动的规范

《志愿者服务条例》对志愿者的活动也进行了详细的规定。

（1）志愿者可以参与志愿服务组织开展的志愿服务活动，也可以自行依法开展志愿服务活动。

（2）志愿者接受志愿服务组织安排参与志愿服务活动的，应当服从管理，接受必要的培训。

（3）志愿者应当按照约定提供志愿服务。志愿者因故不能按照约定提供志愿服务的，应当及时告知志愿服务组织或者志愿服务对象。

四、志愿者志愿服务的领域与类别

（一）志愿者服务的领域

志愿服务在我国经过长时间的发展，目前志愿服务主要领域包括：扶贫济困、助老助残、社区服务、生态建设、大型活动、抢险救灾、社会管理、文化建设、西部开发、海外服务等。

（二）志愿者服务的类别

志愿者服务的类别一般涉及助学、助老、助残、其他弱势群体关注、青少年问题关注、环保以及一些社会公益性宣传活动。

1. 助学类的志愿服务主要为参与收集调查贫困学生资料、整理贫困学生资料、宣传助学活动、募集助学款、助学后续工作跟进等；

2. 助老类的志愿服务主要包括进入社区或者敬老院，给老人一些情感的关怀、为老人做些力所能及的事情等；

3. 助残类的志愿服务主要包括宣传全社会公平对待参加人，协助残疾人学习基本生活技能，促进减少社会公众与残疾人的交流障碍等；

4. 弱势群体关注志愿服务包括为贫困重症患者募捐救助、对流浪人员物资关怀等；

5. 青少年问题关注志愿服务包括单亲家庭青少年关爱、问题家庭青少年关爱、家庭暴力干涉、孤儿关爱等；

6. 环保类志愿服务包括环境保护宣传工作及一些身体力行的环保活动开展等；

7. 社会公益类志愿服务一般包括戒毒宣传、敬老院慰问等。

随着志愿队伍的壮大，志愿服务组织的增多，志愿制度的逐渐规范化，志愿活动的范围逐步拓宽。未来，志愿服务将更加深入社会的更多方面，成为社会不可或缺的一部分。

拓展阅读

更好发挥志愿服务积极作用

志愿服务是现代社会文明进步的重要标志，是加强精神文明建设、培育和践行社会主义核心价值观的重要内容。从冬奥会的“小雪花”，到疫情防控一线的“大白”；从进博会的“小叶子”，到防汛抗洪、抢险救灾的“红马甲”……广大志愿者把服务他人、服务社会与实现个人价值有机结合起来，用实际行动诠释志愿精神的内涵。志愿服务已经成为各个领域、各项工作中的亮丽风景，释放出暖心的正能量。

近年来，我国志愿服务事业快速发展，志愿服务组织不断涌现，志愿服务活动广泛开展，对推进精神文明建设、推动社会治理创新、维护社会和谐稳定发挥了重要作用。志愿服务事业的发展，离不开党和国家的重视和支持。党的十九届四中全会将“健全志愿服务体系”作为坚持以社会主义核心价值观引领文化建设制度的重要内容；“十四五”规划和 2035 年远景目标纲要提出“广泛开展志愿服务关爱行动”；《关于支持和发展志愿服务组织的意见》《志愿服务条例》等陆续出台，进一步夯实了促进志愿服务事业发展的制度基础。

志愿服务扎根基层，分布广泛、触达直接、方式灵活，能够倾听不同诉求，整合利用社会资源，协调社会关系，畅通社会运行，成为不同群体的“黏合剂”“连心桥”，排解矛盾的“解压阀”“缓冲器”。当前，我国已转向高质量发展阶段，这对志愿服务提出了更高要求。比如，关爱老龄人口，需要志愿者具有更多护理知识；守护绿水青山，需要志愿者具有更高的生态保护专业素养；服务乡村振兴，需要志愿者更好把握农业农村发展规律；等等。广泛弘扬奉献、友爱、互助、进步的志愿精神，持续提高服务的精准化、专业化水平，志愿服务才能不断适应经济分工越来越复杂、社会治理越来越精细的趋势，在经济社会发展中更好发挥积极作用。

展望未来，志愿服务大有可为，也大有作为。志愿者用实际行动彰显了责任意识、使命担当，画出了人人参与、人人享有的同心圆。在新征程中，同心协力推进志愿服务事业高质量发展，更好发挥志愿服务的积极作用，广大志愿者必将续写无愧时代、不负人民的新篇章。

思考与讨论

1. 志愿者精神的内涵有哪些？
2. 志愿者精神的原则有哪些？
3. 从事志愿服务需要遵守哪些规范？
4. 志愿者服务的领域包括哪些？

第八章

职 业 道 德

一个优秀的员工必须有良好的职业素养，同时良好的职业道德也是每一个社会工作人员都必须具备的基本素质。只有拥有良好的职业道德才能担负起自己的工作责任。推动践行以爱岗敬业、诚实守信、办事公道、服务群众、奉献社会为主要内容的职业道德建设，鼓励人们在工作中做一个好的建设者，是新时代公民道德建设的重要内容，也是培育和践行社会主义核心价值观、弘扬民族精神和时代精神的内在要求，对于推进中国特色社会主义事业、建设社会主义现代化国家具有重要意义。对于大学生来说，在学生时代培育良好的职业道德，培养基本的职业素养，有利于以后参与社会生活劳动，应对纷繁复杂的社会环境。

第一节　职业道德概述

道德是社会意识形态之一，是人们共同生活及其行为的准则和规范，一个社会是否和谐安定，很大程度取决于全社会成员的道德素质。没有良好的道德规范是无法实现社会和谐的。学生是未来社会发展的中坚力量，关系到未来社会与经济的发展，甚至关系到国家的未来，因此在学生时代培养好学生的职业道德至关重要。良好的职业道德要建立在科学的世界观和正确的价值观上，要求从业人员具有集体荣誉感、责任感与谦虚谨慎的态度，有良好的修养与宽大的胸怀。

一、职业道德的概念

职业道德是同人们的职业活动紧密联系的符合职业特点要求的道德准则、道德情操和道德品质的总和。它既是对本职人员在职业活动中行为的要求，又是职业对社会所附的道德责任和义务。

恩格斯曾指出“每一个阶级甚至每一个行业，都各有各的道德”，职业道德是社会道德的特殊形式，与社会分工相联系。职业道德作为一种社会意识，是社会、阶级的道德在职业生活中的具体体现，反映着行为道德调解的特殊方向，是一般道德原则和道德规范的重要补充。例如，2016 年 12 月，最高人民检察院召开第十二届检察委员会第五十七次会议，通过《中华人民共和国检察官职业道德基本准则》（以下称《准则》），《准则》共有五条，第一条为坚持忠诚品格，永葆政治本色。第二条为坚持为民宗旨，保障人民权益。第三条为坚持担当精神，强化法律监督。第四条为坚持公正理念，维护法制统一。第五条为坚持廉洁操守，自觉接受监督。这要求检察官不仅要遵守社会公德，而且对于本职业特有的职业道德准则也应当严格遵守。

加强职业道德建设是社会主义物质文明和精神文明建设的重要内容，是提高职工整体素质，建设有道德、有技能、有理想、有文化的职工队伍的内在要求。

公民道德建设的主要内容

（1）为人民服务作为公民道德建设的核心，是社会主义道德区别和优越于其他社会形态道德的显著标志。它不仅是对共产党员和领导干部的要求，也是对广大群众的要求。每个公民不论社会分工如何、能力大小，都能够在本职岗位，通过不同形式做到为人民服务。

（2）集体主义作为公民道德建设的原则，是社会主义经济、政治和文化建设的必然要求。在社会主义社会，人民当家作主，国家利益、集体利益和个人利益根本上的一致，使集体主义成为调节三者利益关系的重要原则。要把集体主义精神渗入社会生产和生活的各个层面，引导人们正确认识和处理国家、集体、个人的利益关系，提倡个人利益服从集体利益、局部利益服从整体利益、当前利益服从长远利益，反对小团体主义、本位主义和损公肥私、损人利己，把个人的理想与奋斗融入广大人民的共同理想和奋斗之中。

（3）爱祖国、爱人民、爱劳动、爱科学、爱社会主义作为公民道德建设的基本要求，是每个公民都应当承担的法律义务和道德责任。必须把这些基本要求与具体道德规范融为一体，贯穿公民道德建设的全过程。要引导人们发扬爱国主义精神，提高民族自尊心、自信心和自豪感，以热爱祖国、报效人民为最大光荣，以损害祖国利益、民族尊严为最大耻辱，提倡学习科学知识、科学思想、科学精神、科学方法，艰苦创业、勤奋工作，反对封建迷信、好逸恶劳，积极投身于建设有中国特色社会主义的伟大事业。

（4）社会公德是全体公民在社会交往和公共生活中应该遵循的行为准则，涵盖了人与人、人与社会、人与自然之间的关系。在现代社会，公共生活领域不断扩大，人们相互交往日益频繁，社会公德在维护公众利益、公共秩序，保持社会稳定方面的作用更加突出，成为公民个人道德修养和社会文明程度的重要表现。要大力倡导以文明礼貌、助人为乐、爱护公物、保护环境、遵纪守法为主要内容的社会公德，鼓励人们在社会上做一个好公民。

（5）职业道德是所有从业人员在职业活动中应该遵循的行为准则，涵盖了从业人员与服务对象、职业与职工、职业与职业之间的关系。随着现代社会分工的发展和专业化程度的增强，市场竞争日趋激烈，整个社会对从业人员职业观念、职业态度、职业技能、职业纪律和职业作风的要求越来越高。要大力倡导以爱岗敬业、诚实守信、办事公道、服务群众、奉献社会为主要内容的职业道德，鼓励人们在工作中做一个好建设者。

(6) 家庭美德是每个公民在家庭生活中应该遵循的行为准则，涵盖了夫妻、长幼、邻里之间的关系。家庭生活与社会生活有着密切的联系，正确对待和处理家庭问题，共同培养和发展夫妻爱情、长幼亲情、邻里友情，不仅关系到每个家庭的美满幸福，也有利于社会的安定和谐。要大力倡导以尊老爱幼、男女平等、夫妻和睦、勤俭持家、邻里团结为主要内容的家庭美德，鼓励人们在家庭里做一个好成员。

二、职业道德的原则

社会主义职业道德的三个原则分别为为人民服务的原则、集体主义原则和主人翁原则。

1. 为人民服务的原则

社会主义的一切经济活动、职业活动的宗旨是为了满足人民群众的需要，这是由社会主义职业的根本性质所决定的。服务群众是社会主义职业道德的核心，它是贯穿于社会共同的职业道德之中的基本精神。人民是历史的创造者，是物质财富和精神财富的创造者。因此道德作为一种社会规范必须服务于人民。

社会主义消除了人与人之间剥削与被剥削的关系，这就在根本上使职业利益同整个社会利益得以保持一致，由于各种职业都是社会主义事业的有机部分，因此，各行各业可以形成共同的道德要求。即把为人民服务作为职业工作的出发点，以满足公民需要作为自己职业行为的目的。

中共中央《关于加强社会主义精神文明建设若干重要问题的决议》指出“大力提倡爱岗敬业、诚实守信、办事公道、服务群众、奉献社会的职业道德”，其体现出社会主义职业道德为人民服务原则。

2. 集体主义原则

社会主义职业道德的基本原则是集体主义。因为集体主义贯穿于社会主义职业道德规范的始终，是正确处理国家、集体、个人关系的最根本的准则，也是衡量个人职业行为和职业品质的基本准则，是社会主义社会的客观要求，是社会主义职业活动获得成功的保证。具体体现为：

（1）坚持集体利益高于个人利益，全局利益高于局部利益。

（2）兼顾集体利益与个人利益。

（3）坚持集体主义，反对极端个人主义。

拓展阅读

集体主义在战“疫”中绽放光芒

集体主义原则写在中国的历史长河中，写在中国人民的生活实践中，体现为古已有之的“天下兴亡，匹夫有责”的情怀，体现为战火纷飞年代的“苟利社稷，死生以之”，体现为和平建设时期的“敢教日月换新天”，体现为复兴路上的“个人梦融入中国梦”，更体现为抗击新冠肺炎疫情中的齐心协力、众志成城、同舟共济、守望相助。

集体主义强调国家利益、社会整体利益与个人利益的辩证统一。国家强大，国民才有坚强后盾；国民奋斗，国家才能继续向前。新冠肺炎疫情发生后，个人的生命安全受到威胁，社会生活受到影响，我们更加清楚地认识到个人利益与集体利益休戚相关，更加自觉地将个人作为与集体贡献对接。14 亿中国人响应政府号召履行各自义务，自觉将支持疫情防控成为分内之事、应尽之责。

集体主义强调国家利益、社会整体利益高于个人利益。集体利益高于个人利益，是集体主义原则的根本出发点和归宿点。武汉人民识大体顾大局，全力以赴抗击疫情，这是对全国人民生命健康和国家利益的保护。疫情面前，医务工作者冲锋在前，科研人员强化攻关，建筑工人日夜奋战，防控人员坚守岗位，社会各方捐款捐物，普通民众自律禁足。300 多支医疗队 4.2 万多名医疗队员为了 14 亿人的安危义无反顾驰援武汉，舍小家为大家，以生命践行使命，他们是守卫家国安宁的时代英雄。正是个体的甘于牺牲和无私奉献，保障了防疫工作全国一盘棋，成全了全国人民的集体福祉。

集体主义重视和保障个人正当利益。集体主义原则肯定集体利益高于个人利益，但更要求重视和保障个人正当利益。党中央始终把人民群众生命安全和身体健康放在首位。中央应对疫情工作领导小组出台了薪酬待遇、工伤认定等关爱医护人员的 10 项措施。各地出台更有针对性的举措，确保一线医务人员健康安全。中央财政提前下拨千亿元资金保障困难民众基本生活。这生动体现了国家重视和保障个人正当利益。

集体主义精神在抗疫中迸发释放。面对传播迅速的新冠肺炎疫情，党中央集中统一领导，全国各地、各部门各司其职，集中全党、全社会力量，万众一心、团结一致，凝聚成联防联控、抗疫战疫的巨大合力。从个体到家庭、社区、城市乃至国家，从自我主动隔离、家庭服从抗疫安排到无疫情小区的实现，从全国各地纷纷启动应急预案封闭管理到武汉解封，都是集体主义精神在危机之中的释放和迸发。在抗疫斗争中，没有孤岛只有共济，没有你我只有我们。一个个最美逆行者，一份份请战书，一笔笔捐助款，上演着一幕幕中华大爱，凝聚起亿万人心，中国人民以“不破楼兰终不还”的决心与行动书写出集体主义恢宏篇章。各级财政安排疫情防控资金超千亿元；工信部立即安排中央医药储备紧急调用；国家发改委等部门建立重点医疗物资国家临时收储制度；海关总署为疫情防控物资入境开辟“绿色通道”……各部委全力调配，各省区市伸出援手。医护人员践行“疫情不退战斗到底”的承诺冲在前线；

基层党员坚定“困难在前党员先行”的信念坚守基层；基层社区群防群治构筑严密防线；防控物资相关生产企业及时复工全力保供；社会各方捐款捐物……抗疫中的每个个体都用行动诠释着勇敢无畏、牺牲奉献、舍己为人的集体主义精神，彰显出上下一条心全国一盘棋的中国优势和中国力量。

中华民族在磨难中成长，中华民族的伟大精神也在不断磨砺中催生。一次次伟大的斗争，一次次辉煌的胜利，其间闪耀的集体主义精神激励着中国人民团结一心，凝聚起风雨无阻的磅礴力量，实现中华民族伟大复兴。

3. 主人翁原则

主人翁心态是对自己所做的事情认同感强，为自己做事，对结果负责，有强烈的责任心，全力以赴地调动一切资源完成任务，做事投入、主动积极。在社会主义社会里，所有劳动者都是国家的主人，劳动者的主人翁地位是由社会主义制度所决定的，充分认识劳动者的主人翁地位有利于激发劳动者的积极性。

三、职业道德的特征

1. 社会主义职业道德的内容具有人民性

各行各业既有各自行业的职业道德，又有行业共同遵守的职业道德，社会主义制度下各行业职业道德的本质要求是为人民服务。在社会主义社会里，各职业人员应热爱本职工作、忠于职守、恪守职业操守，把为人民服务作为自己工作的出发点，并以努力满足人民的需求作为自己的工作目的。例如《中华人民共和国法官法》中的第三条即法官必须忠实执行宪法和法律，维护社会公平正义，全心全意为人民服务，第四条即法官应当公正对待当事人和其他诉讼参与人，对一切个人和组织在适用法律上一律平等。《中华人民共和国检察官法》第三条即检察官必须忠实执行宪法和法律，维护社会公平正义，全心全意为人民服务。这些都体现出社会主义制度下职业道德的本质要求是为人民服务。

社会主义职业道德要求把从事各种职业的人的利益同广大人民群众的利益有机统一起来，使职业道德服从于人民的利益，构成了区别于以往各种职业道德的本质特征，也使得其能在调整人与人之间的关系方面发挥历史上前所未有的重要作用。

2. 社会主义职业道德是社会主义道德体系的组成部分

社会主义社会的道德要求是一个复杂的、多层次的、交叉的规范结构。从纵的方向看，它包括社会主义集体主义道德原则，包括以“爱祖国、爱人民、爱劳动、爱科学、爱社会主义”和“社会主义人道主义”为基本内容的道德规范，包括具有全人类性的社会公共生活规则，包括“义务”“良心”“荣誉”“幸福”“正义”“价值”“善恶”等道德范畴，还包括最高层次的共产主义道德的某些要求。这里，社会主义的道德原则、道德规范和道德范畴是三个不同的层次。其中，道德原则是其他一切道德规范和范畴的统帅，而其他一切道德规范和范畴都是它的具体化和补充。它决定着整个社会主义社会道德要求的性质和方向，从根本上指导人们如何处理人与人之间、个人与社会之间的关系。从横的方向看，在社会主义制度下，人们的社会生活可以分为三大领域：家庭生活、职业生活和公共生活。与此相适应，用以指导和调整个人与社会之间的关系的社会主义道德规范也分成三大部分：婚姻家庭道德、职业道德和公共生活规则。正是在这个意义上，我们说所谓社会主义职业道德就是职业范围内社会主义道德的特殊道德要求，也就是社会主义道德在职业生活中的具体体现。

3. 社会主义职业道德的核心是树立新的劳动态度

在社会主义社会里，劳动是每个有劳动能力的公民应尽的义务和光荣的职责；决定每个公民在社会上的地位的，不再是私人占据财产的状况、传统门第和民族、出身、性别、职业，而是个人的能力和个人的劳动及其对社会所做出的贡献；劳动成了社会生活中重要的道德标准。此外，职业生活在社会主义社会已经成为最基本的实践形式，职业道德所倡导的“热爱本职工作”和“忠于职守”，其核心恰恰就是劳动态度。因此，树立新的劳动态度，就从根本上解决了社会主义职业道德问题。

4. 社会主义职业道德具有相对独立的规范体系

社会主义职业道德是社会主义道德在职业生活中的特殊表现，反映着行为的道德调节的特殊方向。前面说过，社会主义职业道德是同总的道德体系密切统一的，它们分别以适用于本职业的更具体化的形式体现社会主义道德原则、基本规范和范畴的要求。但是，各种不同的职业，又对劳动者或工作者有特殊的道德要求。这种特殊的道德要求显然不能由社会道德代替；必须在社会主义道德的基本原则和规范的指导下，建立一些具体的职业道德规范和范畴，保护和发展某些特殊职业所流传的健康的风俗和习惯，作为社会主义道德的具体化和补充。这里体现着社会主义时期的社会主义道德的多样性和规范的层次性。没有这种多样性和层次性，社会主义道德就不能在社会生活和职业生活中得到生动体现和有效发挥。正因为如此，职业道德具有相对独立的规范范畴体系。

5. 社会主义职业道德的形成和发展具有“灌输性”

社会主义社会的职业道德，是在以公有制经济为主体的社会主义经济基础上建立的职业道德。因此，它的主体内容不像旧的职业道德那样，可以自发形成，而是在马克思主义思想的教育下，通过社会主义社会中有觉悟的成员的努力建立起来的。社会主义职业道德是社会主义道德体系的有机组成部分，它必然也是在马克思主义思想的教育下，特别是在伦理学的理论教育下成长起来的。要使工人和其他社会成员具有社会主义职业道德的意识，也只能是“从外面灌输进去”。因此，加强对广大群众的马克思主义思想和党的路线方针的教育，使他们认清社会主义职业的性质和特点，了解本职业在社会主义社会中的地位和职责，是十分重要的。

四、职业道德的作用

职业道德是社会道德体系的重要组成部分，它一方面具有社会道德的一般作用，另一方面它又具有自身的特殊作用，具体表现在以下几方面。

（一）调节职业交往中从业人员内部以及从业人员与服务对象之间的关系

职业道德的基本职能是调节职能。它一方面可以调节从业人员内部的关系，即运用职业道德规范约束职业内部人员的行为，促进职业内部人员的团结与合作。如职业道德规范要求各行各业的从业人员，都要团结、互助、爱岗、敬业、齐心协力地为发展本行业、本职业服务。另一方面，职业道德又可以调节从业人员和服务对象之间的关系。如职业道德规定了制造产品的工人要怎样对用户负责；营销人员怎样对顾客负责；医生怎样对病人负责；教师怎样对学生负责；等等。

（二）有助于维护和提高本行业的信誉

一个行业、一个企业的信誉，也就是它们的形象、信用和声誉，是指企业及其产品与服务在社会公众中的信任程度，提高企业的信誉主要靠产品的质量和服务质量，而从业人员职业道德水平高是产品质量和服务质量的有效保证。若从业人员职业道德水平不高，很难生产出优质的产品和提供优质的服务。

（三）促进本行业的发展

行业、企业的发展有赖于高的经济效益，而高的经济效益源于高的员工素质。员工素质主要包含知识、能力、责任心三个方面，其中责任心是最重要的。而职业道德水平高的从业人员有责任心是必要的，因此，职业道德能促进本行业的发展。

（四）有助于提高全社会的道德水平

职业道德是整个社会道德的主要内容。职业道德一方面涉及每个从业者如何对待职业，如何对待工作，同时也是一个从业人员的生活态度、价值观念的表现；是一个人的道德意识、道德行为发展的成熟阶段，具有较强的稳定性和连续性。另一方面，职业道德也是一个职业集体，甚至一个行业全体人员的行为表现，如果每个行业、每个职业集体都具备优良的道德，那么对整个社会道德水平的提高肯定会发挥重要作用。

五、加强职业道德建设的意义

（一）加强职业道德建设，是把“以人为本”的思想与各行各业业务工作有机结合起来的重要途径

职业道德建设要把共同理想同各行各业、各个单位的发展目标结合起来，同个人的职业理想和岗位职责结合起来，这样才能增强员工的职业观念、职业事业心和职业责任感，干一

行，爱一行，脚踏实地干事业，才是真正体现了“以人为本”的思想。职业道德要求员工在本职工作中不怕艰苦，勤奋工作，既讲团结协作，又讲个人贡献；既讲经济效益，又讲社会效益。在我们的社会里，各行各业都有它的地位和作用，也都有各自的责任和职权。但有些人凭借职权钻空子，谋私利，这是缺乏职业道德的表现。加强职业道德建设，就要紧密联系本行业本单位的实际，以“为人民服务，对人民负责”为准绳，查优质服务的现状，查不正之风的表现，有针对性地解决存在的问题。

（二）加强职业道德建设是构建和谐社会的迫切要求

和谐社会的构建不是少数人、少数企业能够完成的，必须有全民族、全社会各行各业的广泛参与，必须从各行各业的职业道德基础抓起。现在，各行各业从宏观到微观都建立了经济责任制，并与企业、个人的经济利益挂钩，从业者的竞争观念、效益观念、信息观念、时间观念、物质利益观念、效率观念都很强，这使得各行各业产生了新的生机和活力。但另一方面，由于社会观念相对转弱，又往往会产生只顾小集体利益，不顾大集体利益；只顾本企业利益，不顾国家利益；只顾个人利益，不顾他人利益；只顾眼前利益，不顾长远利益等问题。因此，加强职业道德建设，教育员工顾大局、识大体，正确处理国家、集体和个人三者利益之间的关系，防止各种旧思想、旧道德对员工的腐蚀就显得尤为重要。要促进企业内部党政之间、上下级之间、干群之间团结协作，使企业真正成为一个具有社会主义精神风貌的和谐集体。

（三）加强职业道德建设，有利于社会主义市场经济可持续发展

当前市场竞争激烈，各行各业都讲经济效益，这就促使企业的经营者必须在竞争中不断开拓创新，才能生存发展，这是极大的好事。但行业之间为了自身的利益，会产生很多新的矛盾，使一些企业的经营者在竞争中单纯追求利润、产值，不求质量，或者以次充好，以假乱真，不顾社会效益，损害国家、人民和消费者的利益。这不仅影响社会主义市场经济的可持续健康发展，违反了科学的发展观，而且带来了不安定、不稳定的因素，用职业道德来规范各行各业、各从业者的行为，使他们从思想、感情、作风、意识和行为方面按照国家有关政策办事，这既能保持科学的发展观，促进社会主义市场经济的可持续健康发展，又能正确处理好职业外部的各种关系，构建和谐社会。

（四）职业道德是学生就业的客观要求

随着教育逐渐与市场接轨，能适应市场需求为经济建设服务已经成为评价教育成功与否的重要指标。在经济大潮中，用人单位已向教育系统培养的人才提出了新的、更严格的要求。开展职业道德教育，可以适应人才市场对青年学生提出的要求，适应人才市场向教育提出的要求。

六、从业人员职业道德标准

职业道德是所有从业人员在活动中应当遵循的基本行为准则，建设良好的职业道德，促进经济发展，对于提高服务质量、建立人与人之间的和谐关系、落实为人民服务的宗旨、纠正行业的不正之风都具有其他手段不可替代的作用。

在现实生活中，无论从事何种行业，都无高低贵贱之分，社会中的从业人员是作为社会中的一分子进行活动的，都具有社会意义，同样具有社会责任感、使命感和光荣感。

（一）公务员的职业道德

公务员职业道德的主要内容有“坚定信念、忠于国家、服务人民、恪尽职守、依法办事、公正廉洁”。

（1）“坚定信念”要求公务员坚定对马克思主义的信仰，坚定对社会主义和共产主义的信念，不断增强道路自信、理论自信、制度自信、文化自信。坚持中国共产党的领导，坚持党的基本理论、基本路线、基本纲领、基本经验、基本要求不动摇。

把牢政治方向，坚定政治立场，严守政治纪律和政治规矩，增强党性修养，做到对党和人民绝对忠诚。

（2）“忠于国家”要求公务员弘扬爱国主义精神，坚决维护国家安全、荣誉和利益，维护党和政府形象、权威，维护国家统一和民族团结。保守国家秘密和工作秘密，同一切危害国家利益的言行做斗争。

（3）“服务人民”要求公务员坚持以人为本、执政为民，全心全意为人民服务，永做人民公仆。坚持党的群众路线，密切联系群众，以人民忧乐为忧乐，以人民甘苦为甘苦。坚持人民利益至上，把实现好、维护好、发展好最广大人民根本利益作为工作的出发点和落脚点，切实维护群众切身利益。

（4）“恪尽职守”要求公务员服务大局、奋发有为、甘于奉献，为党和人民的事业不懈奋斗。坚持原则、敢于担当、认真负责，面对矛盾敢于迎难而上，面对危机敢于挺身而出，面对失误敢于承担责任，面对歪风邪气敢于坚决斗争。精通业务知识，勤勉敬业、求真务实，兢兢业业做好本职工作。

（5）“依法办事”要求公务员牢固树立社会主义法治理念，努力提高法治素养，模范遵守宪法和法律；严格依法履职，做到权由法定、权依法使，法定职责必须为、法无授权不可为；坚持依法决策，严格按照法定的权限、程序和方式执行公务。

（6）“公正廉洁”要求公务员坚持秉公用权、公私分明，办事出于公心，努力维护和促进社会公平正义；严于律己、廉洁从政，坚守道德法纪防线；为人正派、诚实可信，尚俭戒奢、勤俭节约。

（二）管理工作者的职业道德

管理者执行着一种检查督导的职责，因而，管理工作者的职业道德对社会影响是非常大的，所以，管理者要做到以下几点。

（1）一心为公。管理工作者要把国家利益和集体利益放在第一位，这样他才能在管理工作中全心全意，以不断取得成绩为目标。

（2）掌握科学的管理方法。要做一名合格的管理工作者，必须具有相关专业的管理知识，掌握一定的管理方法。

（3）处理好人际关系。管理工作者直接与人打交道，必须具备谦逊的态度、耐心的作风、公而忘私的品格，才能使别人自愿愉快地接受管理。

（三）商贸工作者的职业道德

随着社会主义商品经济的发展，商贸工作者必须遵守的道德规范变得更加明确和重要。

（1）平等待客，一视同仁，对所有的顾客都要做到热情、主动、耐心、周到。

（2）讲究商贸信誉，公平，诚实无欺。要做到货真价实，不以次充好，不欺骗顾客，实事求是地宣传商品，信守合同，严格履行协议。

（3）廉洁奉公，热情服务。商贸工作者应严格执行国家的价格政策和有关规定，不滥用职权，不损公肥私，满足顾客需求，热情地为所有顾客服务。

（四）教育工作者的职业道德

教师的职业道德被称为“师德”，教师的职业道德水平对后代起着不可估量的影响，主要表现在以下几个方面。

（1）教师要追求道德的完善，做一名社会文化思想的优秀传播者。作为一名教师，自觉树立“园丁”精神，要热爱自己的职业，热爱自己的学生，忠诚于人民的教育事业，为祖国培养合格的社会主义建设人才。

（2）教师要有极端负责的职业道德，这样才会对学生产生强烈的责任感。诲人不倦，才能克服一切困难，献身于祖国的教育事业。

（3）教师要把培养德、智、体全面发展的优秀青年作为自己职业道德的核心。因此，要有强烈的历史使命感和自豪感，把国家的兴旺发达看作己任，把祖国的前途和自己的工作密切联系起来。

（五）医护工作者的职业道德

衡量一个社会道德发展水平的高低，医护工作是最具有代表性的，医护工作者的职业道德被称为“医德”。“医德”是人类道德水平的集中体现，是人性的表露和张扬，主要表现在以下几方面。

（1）救死扶伤，实行社会主义的人道主义。时刻为病人着想，千方百计为病人解除病痛。

（2）尊重病人的人格与权利，对待病人，不分民族、性别、职业、地位、财产状况，都应一视同仁。

（3）文明礼貌服务。举止端庄，语言文明，态度和蔼，同情、关心和体贴病人。

（4）廉洁奉公。自觉遵纪守法，不以医谋私。

（5）为病人保守医密，实行保护性医疗，不泄露病人隐私与秘密。

（6）互学互尊，团结协作。正确处理同行、同事间的关系。

（7）严谨求实，奋发进取，钻研医术，精益求精，不断更新知识，提高技术水平。

（六）律师的职业道德

律师职业道德是法律职业道德的重要组成部分。律师职业道德是指导律师执业行为的准则，是评判律师执业行为是否符合律师职业要求的标准，是对违规律师追究职业责任的重要依据。具体体现为以下几方面。

（1）律师应当忠于宪法和法律，坚持以事实为根据，以法律为准绳，严格依法执业。

（2）律师应当忠于职守，坚持原则，维护国家法律尊严与社会正义。

（3）律师应当诚实守信，勤勉尽责，尽职尽责地维护委托人的合法利益。

（4）律师应当敬业勤业，努力钻研业务，掌握执业所应具备的法律知识和服务技能，不断提高执业水平。

（5）律师应当珍视和维护律师职业声誉，模范遵守社会公德，注重陶冶品行和职业道德修养。

（6）律师应当严守国家机密，保守委托人的商业秘密及委托人的隐私。

（7）律师应当尊重同行，同业互助，公平竞争，共同提高执业水平。

（8）律师应当自觉履行法律援助义务，为受援人提供法律帮助。

（9）律师应当遵守律师协会章程，切实履行会员义务。

（10）律师应当积极参加社会公益活动。

（七）会计的职业道德

会计职业道德是会计人员在其工作中正确处理人与人之间、个人与社会之间关系的行为规范和准则。它体现了社会主义经济利益对会计工作的要求，是会计人员在长期实践中形成的。加强会计职业道德建设，提高会计人员的道德素质，对于正确贯彻国家有关政策法令、加强企业管理、提高经济效益具有十分重要的意义。

（1）坚持原则，遵纪守法。会计人员肩负双重任务，一方面他同单位其他人员一样，按照法律的规定，维护所在单位合法的经济利益；另一方面，他又直接担负着国家赋予的严格执行财经纪律的职责，要求会计人员坚持原则，遵纪守法。

（2）忠于职守，廉洁奉公。会计人员要把自己的工作同国家建设联系起来，应当忠于职守，尽职尽责，不徇私情，廉洁奉公。

（3）实事求是。会计人员在任何条件下，对会计预测和核算的内容都要如实反映，当老实人、办老实事、说老实话，绝不弄虚作假，保证会计数字和信息的真实性。

（4）爱岗敬业。会计人员应当热爱本职工作，努力钻研业务，使自己的知识和技能适应所从事工作的要求。爱岗敬业是做好一切工作的出发点。

（八）编辑的职业道德

一本好书的出版离不开一个好编辑，编辑是作者与消费者之间的桥梁，加强编辑的职业道德建设不仅有助于中国特色社会主义文化事业的发展，还有助于社会的和谐安定。具体体现为以下几方面。

（1）遵守法律、行政法规与其他规范性法律文件 。编辑应遵守宪法和法规，遵守《公民基本道德规范》，追求更高的道德情操；坚持为人民服务、为社会主义服务的宗旨，以诚信为本，做有理想、有道德、有文化、有纪律的社会主义编辑。

（2）增强政治意识，坚持正确导向。编辑在办刊中应以马列主义、毛泽东思想、邓小平理论、“三个代表”重要思想、科学发展观和习近平新时代中国特色社会主义思想为指导，牢记全党全国工作的大局，唱响社会主义主旋律，坚持社会主义主流意识形态，维护安定团结和社会稳定，为全面建设小康社会、开创有中国特色的社会主义事业提供舆论引导、精神动力和智力支持。

（3）廉洁自律，反对学术腐败。编辑应加深对学术腐败的认识，永远保持拒腐防变的清醒头脑，自觉抵制和纠正行业不正之风，坦诚接受社会监督；应克己奉公，自律、自尊、自强，严守学术道德，防止商业社会的不良风气侵袭学术的神圣领域，杜绝关系稿、人情稿、条子稿、提职稿、有偿稿。

（4）爱岗敬业，打造学术精品。编辑要养成敬业、乐业、创业的品格，追求卓越，精益求精；打造学术精品，为社会奉献优质的精神食粮。

（5）维护知识产权，推动学术繁荣。编辑应增强办刊的现代意识、法律意识，学习贯彻著作权法，捍卫作者和编辑部的合法权益，维护知识产权，保护自主创新，充分调动作者、编者的积极性，从制度上保障理论创新和学术繁荣。

（九）房地产从业人员的职业道德

（1）遵纪守法。遵守国家法律、法规，在国家法律、法规授权和行业主管机关许可的范围内开展业务，做到依法执业，令行禁止。

（2）爱岗敬业。热爱行业，忠于职守，有高度的事业心和责任感，具有勤奋务实、团结奋进、勇于创新、甘于奉献的职业精神。

（3）重视质量。严格执行行业技术标准，把好房屋产品质量关，不以次充好，不以假乱真，不粗制滥造，不“缺斤少两”，为社会提供合格产品。

（4）恪守职业道德。诚实守信，不做虚假、不实的房地产广告，在房屋销售中不制造虚假房源，不故意隐瞒、修改应当公示的规划设计内容。

（5）公平竞争。不诋毁同行，不误导舆论，不侵犯知识产权，不参与非任职机构的同业竞争业务，不泄露任职机构的商业秘密，维护行业共同利益。

（6）加强学习。不断提高思想道德素质、科学文化素质和技术业务素质。

（7）承担社会责任，履行应尽义务。积极参与公益、慈善事业，发挥爱心，奉献社会。

拓展阅读

法官应当具备的职业道德

法官代表国家行使审判权，是正义的化身。法官是社会矛盾纠纷的终局裁判者，在保护最广大人民群众根本利益的过程中起着最后一道屏障作用，法官职业道德的好坏关系到国家的司法职能能否正常发挥。什么是法官职业道德？顾名思义，法官职业道德是指从事审判工作的人员在履行其职责活动中应当具备的与该职业的职能、性质相适应的基本素质和应当遵循的社会道德规范及行为准则。它是法官履行职责所必须具备的业务素质、思想情操、品行修养、价值观念、行为准则的总和，包括政治上的高标准，思想上的高境界，廉政上的高风尚，业务上的高水平以及工作上的高效率，等等。结合相关法律法规的规定和审判实践活动，笔者认为法官职业道德的主要内容，可概括为以下六个方面。

1. 政治素质高。具体体现是爱党、爱祖国、爱人民，对党的路线、方针政策、国家制度、国家体制等都有比较清楚的理解，在职业中处处以党和国家以及人民的利益的大局出发，站在一定的政治高度去处理问题。政治素质是政治知识和政治思想二者的有机结合，缺乏政治知识，政治素质就没有基础；政治思想不过硬，政治素质就没有灵魂。换句话说，政治知识是知识素质，政治思想是思想素质。因此，每一位法官都应当不断地深入学习政治知识，不断地强化自己的政治思想，也就是说，在这两方面不断地加强修养，政治素质才能不断提高，才能适应时代发展的需要。政治素质的高低直接表现出法官的职业道德修养水准，也影响着法官的各种“形象”和造成的“社会效果”。

2. 业务素质高。具体体现是熟悉、理解国家各种法律、法规。当然，能够达到精通的程度更好。因为执法是法官的根本任务。同时，还应当具有一定的哲学、文学、经济学、社会科学、自然科学等相关科学的知识面，知识应当广泛些。业务素质的高低，直接关系到法官职业的能力和水平以及职业的效果。法官的业务素质也存在着一个不断学习和加强修养的问题。实践中，业务素质较高的法官处理的案件，案件的质量就好，当事人对该法官以及所在的法院就会信任，容易息诉胜判。进一步说，当事人对法律以及国家的信任程度就会增加。这不但树立了法官和法院的良好形象，而且党和国家的形象在当事人心目中增辉，法律也增加了威严，方方面面都有好处。反之，方方面面都会受到损害。可见，法官业务素质问题不可小觑。

3. 爱憎分明，疾恶如仇。从司法实践看，这驱动着法官如何把握自由裁量权的问题。“法有限，情无穷。”法律不管怎么细，它都授予法官一定的自由裁量权，职业道德决定着法官如何把握自由裁量权，这也是法官除了法律和良心之外，别无其他上司的原因。

4. 公正不偏，刚正不阿。司法公正是法治国家的基本特征，是执法活动内在的价值追求，好的法律制度能否实现，关键在于执法人。古代人们敬仰的铁面无私的包公，虽然是人们的一种希望和要求，但这正是人们的一种期望，人们所要求的法官职业道德的形象体现。人们要求法官从其自身职业活动的特殊性和高尚的道德情操中凝聚足够的力量，树立足够的权威，不畏权势，顶住来自社会各方面的不当干预，确保司法公正。

5. 忠于事实，执法如山。这是法官职业道德的核心。要说不唯权，不唯上，那么法官只能唯法，就是宪法、法律、法规，包括行政法规和地方法规，可以参照的规章，除此以外都不能作为一种准绳，不能作为法官职业道德的依据。因为法律是共产党领导下制定的，反映党和人民的利益，忠于事实、忠于法律，就是忠于党的表现，两者是一致的。当然这里的“事实”是指以依法查证属实的证据为根据的法律事实，而非抽象的客观事实。

6. 克己奉公，清正廉洁。“公生明，廉生威”，尤其在当前执法环境、社会环境不尽如人意的情况下，法官要以强烈的职业使命感来抵制和克服“相对剥夺感”。所谓“相对剥夺感”是指人们认为自己本应获得的利益没有得到，而被他人或社会“剥夺”了。这是一种主观心理感受，是自认为没有得到公平待遇的不满与埋怨的结合，总觉得自己的所得与贡献比获得太少了。如果有了这种“相对剥夺感”，心理就会失衡，无疑肩上的天平就会失去平衡，从而导致不良的后果。

西方有位哲人这样要求法官：“如果社会上追求完人的话，那么法官就应该是完人。”我国公众也呼吁：法官不是大众化的职业，而应当是社会的精英。人民法官站起来就是一把伞，为人民群众遮风挡雨；俯下去是一头牛，为人民群众辛勤耕耘。无知者不能当法官，无能者不能当法官，无德者同样不能当法官。法官不仅应该是一个精通法律者，而且应该是一个德高望重者。

第二节　职业道德规范要求

职业道德规范是社会从业人员处理社会关系、解决社会矛盾应当遵守的行为准则，是从业人员必须遵守的道德规范。从“最美奋斗者”到获得“共和国勋章”的人，他们在各自的岗位都取得了优异的成绩，在我国的发展中各自留下了浓墨重彩的一笔。他们身上散发出来的职业之光充分诠释出以爱岗敬业、诚实守信、办事公道、服务群众、奉献社会为主要内容的职业道德。

一、爱岗敬业

“职业是天然的医生，对人类的幸福来说是根本性的。”如果一个人想要获得真正的幸福，那必少不了对自己职业的热爱与尊重。

（一）爱岗敬业的含义

爱岗就是热爱自己的工作岗位，热爱本职工作，敬业就是要用一种恭敬严肃的态度对待自己的工作。爱岗敬业的人会在自己的岗位上勤劳工作、认真负责、任劳任怨、精益求精。爱岗敬业作为最基本的职业道德规范，是对人们工作态度的一种普遍要求。爱岗与敬业相辅相成，如车之双轮，鸟之两翼，不可偏废。爱岗是敬业的前提，而敬业是爱岗的体现。

弘扬职业道德，真正做到干一行爱一行，就要脚踏实地，实事求是，要在平凡的工作中过出不平凡的人生，体现出人生价值。把工作变成人生爱好，并滋润自己的品德。职业价值与职业品德正是参与工作的意义所在。

（二）爱岗敬业的基本要求

爱岗敬业作为公民道德和职业道德的基本规范，它并不是宽泛的、模糊的，而是具体的、明确的。爱岗敬业要求社会工作人员做到乐业、勤业与精业。

1. 乐业

乐业顾名思义就是发自内心地热爱自己的职业和岗位，并在完成工作中找到快乐。乐业具体体现为职业情感和职业行为两个方面。

职业情感就是人们对所从事的职业的好恶态度与情绪。热爱一项工作就意味着对其有一种崇高的职业尊严感和荣誉感、明确的事业心与成就感、强烈的自信心和自尊心，自始至终相信自己从事的工作是有益于国家、社会与他人的。从事一项工作就应对它抱有浓厚的兴趣，全力以赴地做好这份工作，把它当作一种人生乐趣，是生活中不可或缺的一部分，在刻苦奋斗并取得成就后感到无比的快乐与兴奋。

此外，内心的情感必然表现在职业行为中。职业行为是指人们在职业活动中的所作所为，对所从事的职业和岗位的热爱必然体现在日常工作态度与工作作风中。把乐业的精神通过职业行为表现出来。

2. 勤业

勤业就是忠于职守、勤奋刻苦、认真负责。韩愈在《进学解》中写道：“业精于勤，荒于嬉；行成于思，毁于随。”可见一个人要想在一个行业有所建树就必须要勤奋，但是这个勤奋不是用蛮力——用蛮力只会让人越来越累，最终不堪重负。真正的勤奋是有思考的勤奋，在工作中不断总结、反思、精进。从业人员要保持一种张弛有度、乐观向上的精神态度。

3. 精业

精业的字面意思就是精通我们自己从事的专业，在工作中它是一个人工作能力的体现，是创造财富的基本技能。在工作中我们要时刻根据自己所从事的工作，不断学习与自己工作有关的专业知识，把自己的分内工作做到位，一切行动围绕设定好的工作目标服务，尽职尽责地完成自己的工作。精于我们的专业就是在我们的能力范围内做到最好的程度。

在社会中就业并不是一件难事，难的是我们可以热爱自己所从事的工作，并把它做到最好，一个恪尽职守、忠诚敬业的人必能有所成就，而一个好高骛远、眼高手低、无所用心的人，最终将一事无成。

每个人对自己的职业都有不同的心理体验。如果一个人只是把自己的职业当作“赚钱工具”，很害怕失去它，那么他对自己的工作虽然尽职尽责，但心理上却没有快乐可言，会缺少对工作的激情与创造力，而乐业的人则能自立自强，在工作中无怨无悔。

（三）爱岗敬业的意义

爱岗敬业是人类社会最普遍的职业精神，它看似平凡，实则伟大，是很多职业人的精神支柱。

1. 爱岗敬业是服务社会、奉献社会的重要途径

人们在热爱中做好自己的职业工作也是对社会的一种奉献。从业人员无论在什么岗位都要有敬业奉献的精神，正所谓“我为人人，人人为我”。如果一个从业人员没有敬业奉献精神，那必然不会被该行业所容纳，更不可能在自己的行业中有所成就。

2. 爱岗敬业是行业正常运作不可或缺的精神

无论什么行业，想要正常运作与发展，都脱离不了人，只有该行业的工作人员对自己所从事的工作、行业热爱，行业中的风气才是积极进取的，行业才能不断发展。现在社会本质上是社会分工与社会协作，这些都离不开人，而工作人员的爱岗敬业精神是行业正常运作不可或缺的因素。

3. 爱岗敬业是促进良好社会风气形成的重要因素

爱岗敬业能帮助人们正确处理与人的关系，解决、调解各种矛盾。一个具有爱岗敬业精神的人会有一种宽广的胸怀，不会斤斤计较。一个具有爱岗敬业精神的团队，大家都会把精力放在自己的本职工作中，而不会产生团队的“内耗”，这个团队一定是和谐的。同时一个人的爱岗敬业精神可以感染同事，使他们与自己同心同德，齐心协力地做好自己的本职工作。每个人都应该在日常工作中进行“苦其心志、劳其筋骨”的磨炼，耐得住寂寞、坐得住冷板凳，从大处着眼，从小处着手，让爱岗敬业成为自己自觉的道德行为。

拓展阅读

成大匠必须“敬业、勤业、精业”

对一名工人来讲，树立工匠精神，使自己成为富有创造价值的工匠，必须做到“敬业、勤业、精业”。热爱岗位工作，“敬业”是职业道德的基础和核心；勤奋学习和工作，“勤业”是成为工匠的条件；精益求精，不断创新，“精业”既是一种追求也是一种目标。

我是南京晨光集团公司的装配调试工，工作30多年，从一名普通工人成为航天科工集团首席技师、全国技术能手，荣获全国五一劳动奖章，并享受国务院特殊津贴，“敬业、勤业、精业”成就了我的工匠之路。

敬业

1975年，18岁的我高中毕业，下乡插队3年，后来考上了当时的晨光机器厂技工学校。学了两年机械制造，分配到厂里做了一名装配工。这一干，就是30多年。后来也有机会做技术管理工作，但我放弃了。因为，在我看来，适合自己的就是最好的，当工人一样会有成就感，关键是“要做有价值的工人”。

敬业，是职业道德的基础和核心。作为一名工人，想做出一番事业，首先要树立工匠精神，做到爱岗敬业，要用一种严肃认真的态度对待自己的工作，忠于职守，尽职尽责。岗位意味着责任。实际上，敬业是对工作态度的普遍要求，只有敬业，才会全力以赴，高标准、高质量地完成工作。反之，如果没有起码的敬业意识，就不可能产生工作热情，不会有认真负责的工作态度，也就做不好本职工作。正因为敬业，30多年来，我始终在研制生产一线，日复一日默默地精心装配、检测、调试，我装配调试的各类型油泵，没有一套因装配调试质量发生问题。

培育工匠精神，成为有用人才，需要始终不断地坚持勤奋学习和工作，日积月累，用一点一滴的努力，成就今天或将来。

我刚工作时，难免有些束手束脚，请教师父后才知道，要想掌握技能，还要有专业理论知识，用知识指导生产。从此，我处处留心，不懂就问；有时间就找书看，琢磨自己手上的活儿。

由于工作勤奋，师父就交给我一个任务，设计一个配油盘（油泵中的一个部件）泄漏量检测工装，有了它，今后在油泵的装配调试中，就可以根据泄漏量的大小，在装配过程中提前采取调整措施，把泄漏量减小到最小，提升产品的品质。我怀着试试看的想法，开始了第一次生产技术革新。在这期间，我向技术员、向师父请教，通过一番努力，终于设计出了检测工装。经过实际使用，确实最大限度地减小了油泵在高速运转时配油盘端面的泄漏量，提升了油泵装配的品质，同时提高了生产效率。

我有个“宝贝”，就是一个笔记本，上面密密麻麻地记录着这些年的工作心得和技术经验。每当遇到技术问题，我总是记录在笔记本上，然后查阅书籍资料，与设计工艺人员沟通，寻求解决办法。

这些年，我还注意总结创新成果，先后撰写了10篇技术论文。我还在工作之余结合生产编写了《装配钳工基础知识》《液压系统基础知识》《班组管理》《生产管理》等专用教材。

精业，是一种追求，也是一种目标，是工匠精神的最终体现。

我认为，“精益求精”是对工匠精神的集中诠释。也许，所谓工匠精神，就是要不惜一切代价制造品质最高的产品，不断追求完美，不放过任何一个细节。

二、诚实守信

诚实守信不仅是中华民族传统美德之一，也是和谐社会的必然要求，在我国的各个方面均有体现。例如，在《民法典》中诚实守信作为一项重要原则贯穿于我国民法的始终，对我国民法法律规范具有指导、补充与约束的作用。诚实守信是从业人员对社会所承担的义务与职责，是人民在职业生活中处理人与人之间关系的道德准则。

（一）诚实守信的含义

诚实，即忠诚老实，就是忠于事物的本来面貌，不隐瞒自己的真实思想，不掩饰自己的真实感情，不说谎，不作假，不为不可告人的目的而欺瞒别人。守信，就是讲信用，信守承诺，忠实于自己承担的义务，答应了别人的事就一定要去做。诚实守信原则是各行各业的行为准则，也是做人做事的准则，是社会主义最基本的道德规范之一。

（二）诚实守信的基本要求

（1）在社会合作中，工作人员必须将有关事项和真实情况如实告知对方，禁止隐瞒事实真相与欺骗对方。

（2）在双方达成协议后，必须重合同、守信用。正当行使自己的权利与义务，法律禁止当事人背信弃义，擅自毁约的行为。

（3）在双方合作过程中发生损害，双方应及时采取补救措施，减少损失。

（三）诚实守信的意义

无论是过去还是现在，诚实守信对于建设人类文明都有着重要的意义。

（1）对于个人，诚实守信是立身之本，是从业之要。做人是否诚信，是一个人道德修养与人格是否高尚的重要体现。做人是否诚信，是能否赢得别人尊重的重要前提之一。

（2）诚实守信也是各行各业中企业的生存之道。各行各业中从业者的协作，其中看重的重要因素之一就是诚信。企业有了诚信的经营理念，才能赢得消费者的青睐。但是遗憾的是，在如今的社会中仍然可以看见一些为了追求眼前利益而置诚信于不顾的行为，如 2022 年 3 月 15 日“3·15 晚会”曝光的“康师傅老坛酸菜牛肉面”“双汇肉肠”等食品。这些行为严重影响了市场的良性运作，甚至让诚实守信的社会体系受到冲击。

（3）诚实守信是维护良好的市场经济秩序必不可少的道德准则。诚实是市场秩序的基础，没有诚实，秩序也就无从谈起，市场经济就不可能健康发展。

三、办事公道

办事是否公道，其实从行为本身和行为过程中判断是否公正是很难的，因此就要从结果是否符合公正的标准来评价，如春秋时期著名的“内举不避亲，外举不避仇”的故事，祁黄羊在推荐人选时本着对国家最有利的选择来推荐人员，这便是办事公道原则的重要体现。

（一）办事公道的含义

办事公道就是指我们在办事情、处理问题时，要站在公正的立场上，对当事双方公平合理、不偏不倚，不论对谁都是按照一个标准办事。

公正是几千年来为人所称道的职业道德，人是有尊严的，人们都希望自己与别人一样受到同等的对待，企盼在法律面前人人平等，自古就有“王子犯法与庶民同罪”的说法。因此人们一直歌颂那些秉公办事，不徇私情的清官明主。如宋朝的包拯，家喻户晓，老少皆知。当前我们正处于市场经济的大潮中，市场经济中有平等互利原则，这体现了买卖双方的平等地位，因此在经济领域中要求处事公平、办事公道。

（二）办事公道的基本要求

1. 热爱真理，追求正义

办事是否公道关系到一个以什么为衡量标准的问题。要办事公道就要以科学真理为标准，要有正确的是非观，公道就是要合乎公认的道理，合乎正义。不追求真理、不追求正义的人办事很难合乎公道。而现实生活中，许多人是非观念非常淡漠，在他们眼中无所谓对与错，只有自己喜欢不喜欢，把自己摆在一个非常突出的地位。

2. 坚持原则，不徇私情

只停留在知道是非善恶的标准是不够的，还必须在处理事情时坚持标准，坚持原则。为了个人私情不坚持原则，是做不到办事公道的。

3. 不谋私利，反腐倡廉

俗话说：“利令智昏。”私利能使人丧失原则，丧失立场，从古至今有多少人拜倒在金钱的脚下。拿了人家的钱就要替人家办事，那是无法做到办事公道的。因此，只有不谋私利，才能光明正大、廉洁无私，才能主持正义、公道，如人民的好法官——谭彦拒收贿赂。

4. 提高识别能力

真正做到办事公道，一方面与品德相关，另一方面也与认识能力有关。如果一个人认识能力很差，就会搞不清分辨是非的标准，分不清原则与非原则，就很难做到办事公道。所以，要做到办事公道，还必须加强学习，不断提高认识能力，能明确是非标准，分辨善恶美丑，并有敏锐的洞察力，这样就能公道办事。

（三）办事公道的意义

1. 办事公道有助于社会文明程度的提高

在职场社会中，有些人做不到公事公办，大刮“人情风”，做事只凭人情不凭能力，社会风气长此以往难以良好，社会难以和谐。办事不一视同仁，“走后门”“看人情”，都是不公道的表现。

2. 办事公道是市场经济的内在要求

办事公道是市场经济良性竞争的有效保证，市场经济是一种充满自由竞争的经济。但竞争中各方要遵守“游戏规则”，不能不择手段或参与不公平竞争，市场经济是一种十分注重信誉的经济，它反对欺诈和言而无信。

3. 办事公道是企业能够正常运行的基本保证

办事公道是企业赢得市场、生存和发展的重要条件，是抵制行业不正之风的重要内容。企业管理者办事公道，才能创造和谐的企业氛围，如果企业管理者亲疏有别、处事不公就会导致人心涣散、人才流失，一切目标都难以实现。

四、服务群众

（一）服务群众的含义

我国是人民民主专政的社会主义国家，人民是国家的主人，一切以人民的利益为出发点和归宿。服务群众就是社会全体从业者通过互相服务促进社会发展、实现共同幸福。服务群众既是一种现实生活方式，也是职业道德要求的一项基本内容。

（二）服务群众的基本要求

1. 要充分尊重群众，做到倾情关爱、倾心帮助

尊重群众，就是要心中装着群众。始终做到权为民所用、情为民所系、利为民所谋；就是要视群众呼声为第一信号、视群众需要为第一选择、视群众利益为第一责任、视群众满意为第一标准。具体到企业就是管理者要心里装着员工，一切工作的出发点都是为员工的利益着想的。

2. 真心贴近群众，做到倾注感情、满怀热情

一个对群众没有感情的干部，绝不是好干部，也绝不能做好工作。任何管理者都是从基层做起的，要坚持“从群众中来，到群众中去”，一个管理者如果疏远群众，就是自断根脉，脱离群众，等于自掘坟墓。

3. 要倾情关心群众，做到体察民情、倾情奉献

我们清醒地认识到，人民群众既是我们的服务对象，又是社会发展的主体，是生产力中最活跃的要素。因此要切实体会群众的困难，为他们排忧解难，倾情奉献。

（三）服务群众的意义

在市场经济下做好服务具有重要的意义和作用。当代企业生产产品的目的就是取悦自己的目标用户，因此服务好自己的目标群众，对自己的目标群众上心，贴切地体会他们的需求，才是企业的第一要务，只有“不脱离群众”的企业才能被群众所喜爱、所认可，才能长久生存。

五、奉献社会

奉献社会就是要求从业人员树立在自己的工作岗位上奉献社会的职业精神，并通过兢兢业业的工作自发地为社会和他人做贡献。奉献社会的道德要求体现了社会主义职业道德目标指向。所有的社会主义职业道德规范，即爱岗敬业、诚实守信、办事公道、服务群众等，都要体现奉献社会的职业精神。

（一）奉献社会的含义

奉献社会就是积极自觉地为社会做贡献，这是社会主义职业道德的本质特征。奉献社会自始至终体现在爱岗敬业、诚实守信、办事公道和服务群众的各种要求中，奉献社会并不意味着完全抛弃个人利益，抛弃个人幸福。恰恰相反，一个自觉奉献社会的人才能真正找到个人幸福的支撑点。奉献和个人幸福是辩证统一的。

（二）奉献社会的基本要求

1. 要立足本职，尽职尽责

奉献社会不仅有明确信念，而且有崇高的行动。奉献是一种精神，但是只有把这种精神落实到行动上，躬行实践，才能做出有益于社会和他人的贡献。最有效的途径，就是自觉主动地在本职岗位上恪尽职守，尽职尽责，有一分热，发一分光。

2. 要树立正确的义利观

“义”，即道义，是指人们的思想和行为符合一定的道德标准或原则；“利”，即功利，是指人们的各种利益，特别是物质利益。我们要坚持义利统一观。

首先，肯定物质利益的作用。其次，反对见利忘义、唯利是图。最后，把国家、集体利益放在首位。总之，新的科学的义利观，把“义”放在首位，既反对见利忘义、重利轻义的思想和行为，又反对离利谈义、重义轻利的道德说教，它要求把道义的价值和功利的价值统一起来，也就是“以义导利、义利统一”的道德价值观。

3. 正确处理奉献与索取的关系

奉献是指个人劳动对社会利益的增益；索取是指个人向社会提出的补偿性或回报性要求。多数人与社会的关系都包含了奉献与索取两个方面，差别仅在于两者的比值有大有小。

那些奉献社会越多的职业劳动者，使社会利益出现正向增长，他的人生也超出了个人生命的局限，具有广泛的、恒久的社会意义，获得了升华。相反，一味索取，“拔一毛利天下而不为”的人，最终会成为社会的弃儿，他的生活也将黯然失色，他的人生也就失去了社会价值和尊严。

4. 关心社会公益事业，为社会公益事业贡献一份力量

奉献社会不只是一句口头禅，它应该落实在行动上。当别人有困难的时候，我们能伸出

援助之手，有钱的出钱，有力的出力，帮困难者渡过难关；当祖国和人民需要我们的时候，我们能挺身而出，甘愿为祖国、为人民献身。

（三）奉献社会的意义

奉献社会是一种高标准的职业道德规范要求，对于现代化转型过程中的职业及其从业人员的发展具有以下重要意义。

（1）有助于克服极端个人利己主义思想的蔓延，确保职业发展的社会主义性质。

（2）有利于倡导风险，提升职业道德水平，促进职业健康发展。

（3）有利于形成良好的职业风尚，促进和谐社会的发展。

（4）有利于实现人生价值。人作为具有价值性的事物存在，而人的这种价值性主要表现为人的社会价值性，其主要是通过职业工作的社会贡献性来得以衡量与体现的。

第三节　职业道德培养方法

职业道德对一个人的职业发展具有至关重要的作用，只有用正确的方法培养自身的职业道德，才能具备社会所需要的、对自身有帮助的职业道德。

一、自我修养

职业道德修养是一种自律行为，关键在于“自我锻炼”和“自我改造”。只有在实践中，通过努力学习提升自己的职业道德素质，一方面靠他律，即社会的培养和组织的教育；另一方面取决于自己的主观努力，即自我修养。两个方面是缺一不可的，而且后者更加重要。德国哲学家康德活了80岁，在他有限的生涯里，他每天从书房走向自己的办公室，日夜忙于自己的哲学研究，生活规律不曾改变，将自己的一生奉献于哲学研究。他对时间的控制精确到了细致入微的地步，他每天晚上10点入睡、早上5点起床，其余时间全在研究哲学。康德具有很强的自我控制能力与强烈的自律意识，良好的习惯对于事业的成功有着至关重要的作用。

大学生正值人生的青春年华，外界影响因素较多，对于自我管理与自我约束的能力相对较差，但具有很强的可塑性，要有自己的目标，有计划并从内心深处培植职业道德，懂得自我约束。在工作中爱岗敬业、谦逊礼让，以对社会贡献为荣，从而更好地在自我教育中提高职业道德水平。

二、职业道德理论与社会实践活动相结合

实践是认识的来源、动力，是检验真理的唯一标准、目的和归宿，同时认识对实践具有反作用。这意味着职业道德理论来自日常工作，并服务于社会实践。正确的职业道德理论对社会实践有促进作用，错误的职业道德则对社会实践具有阻碍作用。

学习职业道德理论对于社会实践至关重要，因此我们着重学习马克思列宁主义、毛泽东

思想、邓小平理论、“三个代表”重要思想、科学发展观和习近平新时代中国特色社会主义思想，同时要多注意自己的道德观建设，职业道德是道德的特殊领域，一个人只有自身道德不出问题，才能在职业道德中不出差错。

其次，要学习职业道德基本理论与原则规范，明确职业道德的目的、方向与原则，才能提高职业道德修养的主动性与自觉性，培养相应的职业道德情感、意志与信念，形成良好的职业道德行为习惯。要注重将学校的学习生活与校外的实习生活相平衡，大学生作为民法中的“完全民事行为能力人”，意味着可以从事民事活动，享受民事权利，承担民事义务，虽然还未完全从学校脱离，但可以尝试去接触社会工作，这样有助于自己的职业选择，也可以提前感受职业道德在自身工作中所处的位置，明白职业道德的重要性。

大学生在学习职业道德理论的基础上，只有不断融入社会，才能更深刻地认识自身的价值，正确对待自己的不足，并在社会实践中锻炼自己、陶冶自己、完善自己，最终提高职业道德素养。

三、自觉地进行内省和慎独

内省实际上是一种自我观察、自我检讨，使自己的言行符合大众的道德标准要求，树立正确的道德观念。《论语·学而》中“吾日三省吾身”“君子需严于律己”等语句都反映了自省的重要性，没有自我审查的过程，也就不可能达到自律的目的。如果从业者不能对自己的职业思想与行为及时进行反省，不能认真检查自己的言行，对于小错误忽视不见，慢慢地就会积累成大错误。

一个人只有在内心严于剖析自己，行为上善于反省自己，在思想与行为上时刻纠正自己的错误，才能成为一个符合时代精神的有高尚职业道德的人。大学生在提高自身道德修养的同时，应该经常内省，善于认识自己，勇于正视自己的缺点，敢于批评、自我批评与自我检讨，并决心改正自身的缺点，扬长避短，在实践中不断完善自己的职业道德品质。

《中庸》中云：“莫见乎隐，莫显乎微，故君子慎其独也。”即使没有人监督，也要严格要求自己，自觉遵守道德准则，不做任何不道德的事。当代大学生能否做到慎独，以及慎独所达到的程度，是衡量大学生能否坚持自我修养及在修身中取得成绩大小的重要标尺。

四、积极投身实践

职业实践是职业道德的根本。只有在职业活动中，从业者才能获得真实的道德体验，才能提高道德认识，培养职业道德情操，磨炼职业道德意志，树立职业道德信念，养成良好的职业道德行为习惯。

职业道德不仅关系到个人名誉与形象，还与公司、企业乃至整个行业的声望和礼仪密切相关，良好的职业道德会给企业带来额外的收益。大学生培养良好的职业道德素质不是一朝一夕就能做好的，一定要坚持不懈，时刻保持对自己思想和行为上的严格要求，从日常生活中的小事做起。

五、从我做起，从小事做起，循序渐进

大学生正处在培养良好职业道德和练就技能本领的大好时期，只有在平凡的日常学习和生活中从点滴小事做起，通过长期积累，才能逐步培养，形成优秀的道德品质。因此，在道德修养中，要从自我做起，严格要求自己，不能因为他人没有做到而原谅自己或自己也不去做，也不能因为社会上存在不正之风，还有许多不道德的现象而放纵自己，甚至放松对自己的要求。相反，更应该高标准、严要求，去追求高尚的职业道德境界，这样才能自觉形成一种道德习惯、形成良好的职业道德信念和品质。

目前，人们的思想观念发生很大变化。职业道德建设面临新的形式和许多新的问题。尽管如此，职业道德修养仍然是职业道德建设中一个重要的方面，对于个人道德品质的形成和发展都具有重要的作用。当代大学生应奋勇向前，从我做起，从小事做起，不断提高自己的职业道德水平，向更高的职业道德水平迈进。

拓展阅读

大山里的女校长，让1600多名贫困女孩走进大学

与十多年前记者采访她时相比，张老师苍老虚弱了很多——脸色暗黑，身体羸弱佝偻，连爬楼梯都困难。“前两个月吃不下饭，瘦了二十斤。”她告诉我。

她叫张桂梅，丽江华坪女子高中党支部书记、校长，华坪县儿童福利院院长。熟悉她的人都知道，她一没家庭，二没财产，还没有健康。但凭着共产党人的信念和忠诚，张桂梅走过“大有大无”的“强悍人生”。

这十多年来，张老师爆发出惊人的能量——创办面向贫困山区孩子的免费女子高中。在女子高中，张桂梅和学生一起住宿舍，每天五点多起床，十二点后才休息。她是校长，也是保安，每天检查水电安全、熄灯与否，赶走路上的蛇，拿着小喇叭催促学生起床吃饭做操，是严厉的批评者，也是和困难学生抱头痛哭的师长，十多年如一日。

办学十一年来走过十一万公里的家访，她走进一千三百多名学生家里。那是何等艰辛的山路啊！那是些怎样困难的家庭啊！包车司机都不愿去，爬山常常几个小时，坐摩托车曾颠断两根肋骨，早出晚归两头黑，她握住家长黝黑皲裂的手，擦去她们脸上的泪水，“命令”随行者捐出随身的钱，脱下外套塞给人家，自己冻成伤寒……张桂梅说，女高不是普通的学校，是党委政府和山区贫困群众的桥梁。

这十多年来，她把一千六百多名女孩子送入大学改变命运，这背后是她作为校长“超人”般的意志和付出。

县城边上，狮子山挺拔秀丽、色彩斑斓。山下，“速度与激情”每天在女子高中上演。正在采访，突然惊觉一阵旋风般的咚咚声。张老师微微一笑，说：“是课间操，走，下去看看。”

记者来到院坝，学生们早已列队整齐，她们的课间操是歌舞《南泥湾》：“学习那南泥湾，

处处呀是江南，是呀江南，又战斗来又生产。”阳光下一片红色校服熠熠生辉，《红色娘子军》的现场犹如穿越。

先看看“女高速度”：学生五点半起床，晨起五分钟洗漱完毕，跑步上下楼梯；课间出操一分钟站好队；从下课铃响，跑到食堂排队、打饭，到吃完十分钟内完成。

回过头看看年迈的张老师：她没有孩子、没有家，也没有房子，连独立的卧室都没有；她没有财产，把所有的工资、奖金累计 100 多万元，全部捐给山区教育和社会事业，每天往返于儿童之家和女子高中，坐的是四块钱的“摩的”，当然师傅们都竭力不收她钱。

张老师说过这样一段话——

有人说我爱岗敬业，有人说我疯了，也有人说我为了荣誉，也有人不理解。一个人浑身有病却不死，比正常人还苦得起，男老师被我拖垮，女老师累得直哭，两个单位来回跑，我没倒下。有种精神撑着我，说到底是共产党员的初心和使命，让我直面这片热土时，心里无愧。

思考与讨论

1. 职业道德的规范要求有哪些？
2. 职业道德的原则有哪些？
3. 如何做才能称作爱岗敬业？
4. 谈谈你身边爱岗敬业的人。

第九章

劳动安全

对于大学生而言，劳动安全是指在家庭劳动、勤工助学、实习实训、实验活动、志愿服务等过程中防止发生财产损失和人身伤害。要确保劳动安全，既要遵守学校和单位的相关制度，又要加强自身防护意识，做自己力所能及的事情，始终将“安全第一，生命至上”当成头等大事。

第一节　顶岗实习安全

加强安全管理工作是职业学校顶岗实习工作顺利进行、切实提高顶岗实习质量的重要保障。2021 年来，职业学校学生顶岗实习安全事故频发，职业学校学生顶岗实习期间缺乏必要的安全保障。教育部办公厅于 2016 年公布了《关于公布首批〈职业学校专业（类）顶岗实习标准〉目录的通知》（以下简称《通知》），《通知》中涉及 30 个专业（类）的 70 个顶岗实习标准，内容包括适用范围、实习目标、时间安排、实习条件、实习内容、实习成果、考核评价、实习管理等九部分。目的就是切实保障参与顶岗实习学生的人身和财产安全。同时，职业学校也要采取有效的防范措施，妥善化解学生实习的风险，保障实习学生的权益，促使顶岗实习安全有序地进行。

在顶岗实习中一旦出现安全问题，不仅影响顶岗实习的正常秩序，更会对学生及其家庭造成无法挽回的损失。

一、顶岗实习安全事故原因

顶岗实习是职业学校教育的教学核心之一，是人才培养中不可或缺的一部分。顶岗实习安全事关人才培养是否能顺利实施和学校是否安全稳定，是学校教学管理的重中之重。加强职业学校顶岗实习学生安全教育工作是职业学校实习教学任务得以完成的重要保证，因为职业学校学生实习是实现职业教育培养目标，增强学生综合能力的基本环节，是教育教学核心部分。发生顶岗实习安全事故，学校、企业和学生都负有不同程度的责任。

1. 学校对实习过程中的安全问题重视不足

一些职业学校对顶岗实习过程中安全问题的重要性和紧迫性认识不足，未能将顶岗实习过程中的安全责任落实到位，人员配备不足，管理效率低下。因此，教师在学生的安全监控、跟踪指导、实习安全宣传等方面未能起到预期的作用，学校对事故发生的控制强度相对较低。

在顶岗实习的过程中，由于老师不能深入至学生的工作领域，师生沟通渠道和次数较少，学生实习过程中可能会出现信息获取不及时或不对称的现象，从而影响教师对事故事态发展的控制与处理。

一旦学生在顶岗实习过程中发生安全事故，学校职能部门及相关人员无法第一时间赶到事故现场处理问题，往往会出现事故处理的滞后。因此，顶岗实习安全管理中的不确定因素往往成为日后处理事故纠纷的关键。

2. 企业安全教育不到位

企业的安全教育是学生从事顶岗实习前的一剂“预防针”，是对员工生命权、身体权、健康权的尊重。顶岗实习作为学生完成学校和教育行政主管部门规定的“最后一公里”，既是对学生知识学习和技能总和考核的重要指标之一，也是对企业是否能承担起社会责任的重要考核指标。

学生到企业参加顶岗实习，某些企业就认为学生在校期间已经完成了安全教育，企业无须再花费时间进行教育培训，正是基于这种错误的认知使得企业对于参与顶岗实习学生的安全问题不够重视，认为只要不出大事即可。然而，往往这种情况下最容易出事，因此企业不应当有既定的认知，对于学生更应该着重强调安全问题，培养学生的安全意识，在实践过程中以“传帮带”的形式帮助学生安全、顺利地完成顶岗实习。

3. 学生自我安全意识淡薄

在顶岗实习中，有的学生是人生中第一次参加实习，之前从未有过实习经历，因此，自我保护意识淡薄、技能有限。当自己遇到紧急情况或不可抗力时，求救方法单一、模糊，缺乏对他人的信任，而对学校与老师却过于依赖。

大多数学生对安全事故的发生没有预期与自我防护的意识，面对伤害不知所措。顶岗实习的学生从校园走进社会，缺乏社会经验，思想相对单纯，这些初入社会的学生对社会上的不良风气和一些坏人坏事不能做出理性的分析与认识，自我保护能力较弱。因此学生要增强自我保护的意识，在遇到紧急情况时灵活应对。

职业院校学生顶岗实习安全事故频繁 谁来保障安全

2010 年 8 月 13 日，在北京某企业顶岗实习的河北省石家庄市某职业学校学生小相，由于电梯故障导致其意外身亡。经协调，企业同意向学生家长赔偿 48 万元。目前只赔付了 40 万元，家长仍在准备继续索赔的材料。

云南昆明一名职业院校学生顶岗实习发生意外死亡事故以后，校长害怕承担相应赔偿责任一走了之，导致家长与亲属到当地党委、政府所在地上访。

教育部有关负责人透露，从去年下学期至今，各地出现了职业院校学生顶岗实习发生意外死亡的事故：河北省 4 起，云南省 6 起，贵州省 1 起。“这是已经统计上报的事故数据，不排除还有部分省区市隐瞒事故未上报。”这位负责人说。

据调查，部分企业把职业院校顶岗实习的学生当作廉价劳动力，每天从事洗瓶子、搬箱子等体力劳动，工作时间长达 9～12 小时，与实际所学的专业知识无关。当学生向校方反映情况时，有的校方则表示不在企业顶岗实习就拿不到毕业证书。

而且，职业院校学生顶岗实习期间缺乏必要的安全风险保障。现行的企业职工工伤保险相关条例没有确立在校生与顶岗实习单位之间的劳动关系。职业院校、企业与顶岗实习生三方很少签订协议，一旦学生在顶岗实习中发生了安全事故，学校与企业就会互相推诿，推卸责任。

有关职业教育的类型与属性决定了学生在读期间，必须到专业对口的相关企业进行半年或一年的顶岗实习。可现在由于一些安全事故，导致部分企业与学生对顶岗实习“谈虎色变”。

二、常见岗位操作安全事故

岗位操作安全主要是指学生在顶岗实习中所从事的工作面临的安全问题，基本方针是安全第一、预防为主。岗位操作安全关系着顶岗实习学生的实践操作能否在符合安全要求的物质条件和工作秩序下进行，关系着顶岗实习学生能否有效避免伤亡事故、设备事故及各种意外，关系着顶岗实习学生的安全健康和岗位操作过程能否正常进行。

因缺乏工作经验和实践经验，顶岗实习学生在工作期间可能会出现岗位操作的安全问题，如实习单位本身的设备问题引发的事故，生产过程中实习学生的违规操作造成的人身伤害事故，学生自身的过激行为引发的安全问题，等等。因此，造成事故的最直接原因是顶岗实习学生的不安全行为和设备的不安全状态。

1. 不安全行为

顶岗实习中的不安全行为是指实习人员违反安全生产制度和安全操作规程的行为。其主要表现为：在正常或非正常精神状态下判断错误而进行的错误操作，因知识和经验缺乏而进行的不安全作业，不使用或不按规定正确使用劳动保护用品，忽视确保安全的操作与警告，岗位操作中使用不安全的工具，在不安全的位置进行作业等。

拓展阅读

企业职工伤亡事故分类

《企业职工伤亡事故分类》（GB 6441—1986）中将人的不安全行为归纳为 13 大类，具体如下。

（1）操作错误，忽视安全，忽视警告。

（2）造成安全装置失效。

（3）使用不安全设备。

（4）手代替工具操作。

（5）物体（成品、半成品、材料、工具、切屑和生产用品等）存放不当。

（6）冒险进入危险场所。

（7）攀、坐不安全位置（如平台护栏、汽车挡板、吊车吊钩等）。

（8）在起吊物下作业、停留。

（9）机器运转时进行加油、修理、检查、调整、焊接、清扫等工作。

（10）有分散注意力行为。

（11）在必须使用个人防护用品用具的作业或场合中忽视其使用。

（12）不安全装束。

（13）对易燃、易爆等危险物品处理错误。

2. 不安全状态

顶岗实习中的不安全状态是指导致事故发生的物质条件，主要包括物体、作业环境潜在的危险。不安全状态具体表现为防护、保险、信号灯装置缺乏或有缺陷，岗位设施、工具等有缺陷，实习学生个人防护用品或用具有缺陷，岗位或生产环境差等。

拓展阅读

安全警句

（1）违章不在乎，事故猛如虎。

（2）违章不在乎，出事谁保护。

（3）劳保用品常不戴，事故定会找你来。

（4）遵章守纪有保障，违章操作会遭殃。

（5）与安全为友，海阔天高；与安全为敌，寸步难行。

（6）不绷紧安全的弦，就弹不出生产的调。

（7）秤砣不大压千斤，安全帽小救人命。

(8) 骄傲自满是事故的导火线，谦虚谨慎是安全的铺路石。

(9) 愚者用鲜血换取教训，智者用教训避免事故。

(10) 不怕千日紧，只怕一时松。

三、岗位操作安全事故的预防及处理

（一）安全事故的预防

安全是一切工作的第一前提。在顶岗实习中，学生无论从事什么工作，都会面临安全问题，只是不同的岗位和工作性质面临的安全环境有所区别罢了。学生对企业的生产安全经营活动不是非常了解，没有从事相关工作的经验，比企业正式员工更容易出现安全问题。因此，学校和企业都应该重视学生的安全问题。

在顶岗实习前，学校应根据学生将要参与的顶岗实习企业及岗位做好安全教育工作，安排专题安全教育。学校应积极创新安全教育学习方式，在集中培训、专题讲座等常规模式的基础上，充分利用新媒体如微博、微信、QQ 手机新闻报、电子杂志等形式，或者组织一些安全法治宣传晚会等文娱活动，通过大家喜闻乐见且教育意义深刻的相声、小品等进行安全法治宣传，组织正、反面典型的宣讲活动进行示范、警示教育。

学校应建立安全教育考核制度，对参加顶岗实习的学生进行培训考核，参加安全教育考核不及格的实习学生不得参加顶岗实习，直至安全教育考核成绩达标。安全教育考核制度是对学生、学校、企业三方负责，强化学生的安全意识，提高学生的劳动纪律观念，能够降低安全隐患。

在顶岗实习前，实习单位要对实习学生进行安全生产培训。针对学生的顶岗实习实际情况，重点培训安全实习的相关制度，如安全用电制度、安全生产制度、产品的安全包装制度等，要求学生提高劳动纪律观念，在操作过程中要步调一致，不得随便拆卸机械零件或按不熟悉的按键；遵守安全操作规程，防止发生刀伤、碰伤、撞伤、砸伤、烫伤、踩空跌倒及身体被卷入转动设备等人身事故和设备事故；要服从实习指导教师的工作安排，对重大问题应事先向实习指导教师反映，共同协商解决，学生不得擅自处理。学校和实习单位要保证顶岗实习学生具备必要的安全生产知识及本岗位的安全操作技能。未经安全生产教育和培训的实习学生不得上岗作业。

在顶岗实习中不可避免地会发生安全事故，但只要采取有效的预防措施，就能够做到将事故发生率控制到最低，将各方的损失降到最低，保证顶岗实习顺利进行。在顶岗实习中，工作环节是最容易发生安全问题的。因此，安全教育不仅是实习前的动员教育，更应该贯穿于顶岗实习的全过程，在任何时候都不能松懈。在顶岗实习进行阶段，实习指导教师要引导学生学会做安全分析，发现问题及时纠正，帮助学生养成每天进行安全小结、定期向实习指导教师汇报的习惯。实习指导教师要将安全教育贯穿于顶岗实习的整个过程中，促进学生形成良好的职业习惯，培养学生良好的职业道德。

安全事故具有突发性和偶然性。学校必须与实习单位、保险公司建立应急预案，设定专门的应急负责人，保持相互间的密切联系，保证信息沟通的顺畅。在遇到突发情况的时候，应急负责人应能够在第一时间获取信息，赶赴现场进行处理。

学校通过上述方式对学生进行生产安全、厂规厂纪教育，可以强化顶岗实习学生的安全意识，增强学生的自我保护意识和自我保护能力。此外，学校还应安排学生学习生产安全方面的法律法规，强化学生的法律意识。通过岗位操作安全教育，让学生学会应对简单的安全问题。同时，针对顶岗实习岗位让学生了解相应岗位可能存在的安全问题，以及如何规避风险，保障安全。

（二）生产岗位安全操作规范

1. 明确生产实习任务，遵守安全操作规程，严格遵守劳动纪律。严格执行交接班制度、巡回检查制度，禁止脱岗，禁止做与生产无关的一切活动。

2. 实习学生应在短时间内与自己的实习指导教师建立起较好的师生关系，在工作中要积极主动，遵守纪律，认真执行生产岗位安全操作规程，防止发生人身伤害事故和设备事故。

3. 开机前，必须全面检查设备有无异常情况，对转动设备应确认无卡死现象、安全保护设施完好、无缺漏电等情况。

4. 严格遵守特种设备管理制度，禁止无证操作。正确使用特种设备，开机时必须注意检查，发现不安全因素应立即停止使用并挂上故障牌。

5. 按章作业，搞好岗位安全文明生产，发现隐患（特别是对泄漏易引起火灾的危险部位）应及时处理及上报。及时清理杂物、油污及物料，切实做到安全通道畅通无阻。

（三）岗位操作安全事故处理

岗位操作安全事故大多是机械性伤害。若是轻伤事故，则应立即关闭运行中的机械设备，保护现场，对伤者采取消毒、止血、包扎、止痛等急救措施，尽快将伤者送往医院进行处理。若是重伤事故，则应立即关闭运行中的机械设备，保护现场，及时向有关部门汇报，立即对受伤部位进行临时处理，并立即拨打 120 急救电话求救。

在顶岗实习中一旦有学生发生安全事故，实习指导教师首先应马上赶赴现场，拨打急救中心电话，说明发生安全事故的准确地理位置，告知现场情况及人员的受伤程度，冷静回答救护人员的询问，随时向急救中心人员汇报情况；其次，通知学校应急预案领导小组，让他们派人过来处理相关事宜；再次，通知受伤学生的家属：最后，向保险公司报备，说明学生受伤的经过及伤势情况。实习指导教师按照顶岗实习保险的理赔处理流程与保险公司协调办理理赔等相关事宜。

拓展阅读

织密保障网，为实习生的职业安全兜底

据《工人日报》2021年10月11日报道，当下，职业教育发展驶入快车道，不少职校生进入工厂和车间顶岗实习。根据《工伤保险条例》的规定，工伤保险保障的是与用人单位建立劳动关系的职工。因此，实习生若在岗位上意外受伤，将面临难以被认定为工伤的尴尬。近日，浙江杭州印发文件，将职业技工院校统一安排学期性实习且年龄不小于16周岁的实习学生等群体，纳入工伤保险覆盖范围。

应该说，此举较具现实针对性，扩大了工伤保险的覆盖面，也为一些实习生的健康和安全提供了兜底保障。

根据我国《劳动合同法》的相关规定，用人单位为劳动者缴纳社会保险是其法定义务。社会保险指由用人单位及其职工依法参加社会保险并缴纳的职工基本养老保险、职工基本医疗保险、工伤保险、失业保险和生育保险，即通称的“五险”。《社会保险费申报缴纳管理规定》同时要求，用人单位应当自用工之日起30日内为其职工申请办理社会保险登记并申报缴纳社会保险费。

现实中，在实习企业，诸多职校生虽然与企业职工从事着相同工作，但其身份本质上仍然是学生，实习企业对其往往仅提供必要的工作保障，而与其并无法律意义上的劳动关系，因而不必也无须为其缴纳工伤保险。

2009年，教育部、财政部、保监会联合印发了《关于在中等职业学校推行学生实习责任保险的通知》，指出要“真正做到中等职业学校参加实习的学生人人参保、应保尽保”；2016年，《职业学校学生实习管理规定》明确，职业学校和实习单位应根据国家有关规定，为实习学生投保实习责任保险。责任保险范围应覆盖实习活动的全过程，包括学生实习期间遭受意外事故及由于学生疏忽或过失导致的学生人身伤亡，学生依法应承担的责任，以及相关法律费用等。不难看出的是，有关部门对学生实习期间的安全问题高度重视，也在推动相关制度的完善和落实。

尽管如此，近年来，学生实习期间发生的相关“工伤纠纷”、赔偿纠纷仍不少，学校、实习单位等相互“踢皮球”的情况不时出现。这不仅不利于问题的实质性解决，甚至可能造成学生因迟迟拿不到赔偿而延误治疗。当前环境下，能否为非劳动关系特定人员提供单项工伤保险，呼声不少。

为此，浙江杭州、广东等地进行了有益探索。2021年年初，广东出台相关规定提出，单位可按“自愿参保”原则，选择为未建立劳动关系的人员参加单项工伤保险、缴纳工伤保险费。此次杭州更是提出“一个人可以多次缴纳工伤保险”，即在两个及以上用人单位、网络平台从业的人员，各用人单位、网络平台可按相关规定分别为其办理单险种工伤保险。

将保障的关口前移，有利于职业安全和各方权益的保护，也有利于定纷止争。因而有专

家提出，制度落实还需进一步细化和严格执法，比如为特殊劳动者购买商业强制保险，将企业的实习人员、岗位也列入劳动监察的范围。

当然，单险种参加工伤保险只是为包括职校实习生在内的，部分未建立劳动关系人员提供的兜底保护，并不能作为确认双方存在劳动关系的依据。有关部门在处理相关劳动争议时，仍需按照相关规定依法进行。同时，有必要对用人单位加强教育和引导，避免将正式职工也纳入单项参加工伤保险范畴等行为的情况出现。

此外，企业要加强对实习生的职业安全教育和培训，要把职业风险降到最低，给实习生更给力的保障。

第二节 勤工助学

勤工助学（或勤工俭学），指学生在学校的组织下利用课余时间，通过劳动取得合法报酬，用于改善学习和生活条件的实践活动，是学校学生资助工作的重要组成部分，也是学生学校生活的经济来源之一，是提高学生综合素质和资助家庭经济困难学生的有效途径。

提倡和组织学生在课余时间通过参加勤工助学活动获取合法报酬，是贯彻教育与生产、劳动相结合，推进素质教育全面实施，加强和跟进学生思想政治教育的重要举措，同时，通过参与勤工助学，能够有效地帮助学生培养劳动观念和职业道德，锻炼品格毅力，提高综合素质，实现德智体美劳全面发展。

一、勤工助学岗位

高校中的勤工助学岗位分为教学科研、助管、校内生活服务三个方面，这些工作大多相对轻松，具有工作时间短、可持续、不脱离校园等特点，勤工助学是经济困难的学生具有稳定、可靠的经济来源的一种主要方式。勤工助学活动由学校统一组织和管理。

从岗位来源看，勤工助学的岗位分为校内岗位和校外岗位。校外岗位也归学校统一管理。

从勤工助学的时间来看，勤工助学有固定岗位和临时岗位。固定岗位中固定的意思是时间持续一学期以上的长期岗位，有些学校还包括寒暑假短期工，帮助学生切实解决生活经济困难；临时岗位是通过一次或几次勤工助学活动即完成任务的工作岗位。

从岗位工作内容来看，勤工助学的岗位主要分为以下几种。

（1）教学辅助工作，如系、科实验室的实验员，资料室的资料员、教学科研秘书等。其主要任务是协助主讲教师工作，起辅助教学的作用。

（2）科研辅助工作，如兼职实验员，参与教师科研工作，承接校内外研究项目等。这些工作可以说是对励志从事科学研究的学生的不二之选。

（3）院内管理工作，如党支部工作助理、学生工作助理、共青团工作助理、图书管理员、校内治安员等。

（4）校内生活服务、环境美化、卫生保洁工作。如教室的保洁工作、图书馆的图书整理工作等。

（5）临时搬运和卫生、绿化工作。

（6）家庭辅助教师。

（7）校外科技实践活动。

（8）其他适宜大学生从事的工作。

二、勤工助学安全保护

2018 年 8 月，教育部联合财政部印发了《高等学校勤工助学管理办法（2018 年修订）》，对于学生在校期间勤工助学的管理办法做出了相关规定。要求各高校保障学生的合法权益，切实帮助家庭经济困难的学生顺利完成学业。高校学生虽然已经成年，具有独立的工作能力，但大多数没有工作经验，很多都是第一次工作，对于工作中应当注意的安全事项意识较弱，而勤工助学活动绝大部分在校内，高校对于勤工助学活动中学生的安全有着不可推卸的保护义务。

1. 勤工助学中的劳动保护

对于学生在勤工助学活动中的保护，主要责任人是学校，因此学校要加强对用人单位和学生工作过程进行监督，对有损学生合法权益的行为应予以纠正，甚至取消用人单位招聘学生勤工助学的资格，要保障学生参加勤工助学时依法享有劳动保护的权利。

2. 勤工助学中的人身安全

一方面高校安排勤工助学工作不得组织学生参加有毒、有害和危险的生产作业以及超过学生身体承受能力、有碍学生身心健康的劳动。禁止学生参加高空作业、环境污染、放射性强等易对人体造成伤害和威胁的工作以及其他不适合学生承担的工作。

另一方面学生自身也要提高安全意识，对于劳动中可能出现的危险要有心理准备，同时多学习相关安全知识，做到事前预防，事中冷静处理，事后妥善处理。

三、勤工助学侵权应对

在勤工助学过程中，如果出现权益受到侵害的情况，学生要第一时间通知家长与学校，对于自己处理不了的事情不要逞能。

在校外开展勤工助学活动的，学生及其用人单位需遵守国家及学校勤工助学相关管理规定。学生在校外开展勤工助学活动的，勤工助学管理服务组织必须经学校授权，代表学校与用人单位和学生三方签订具有法律效力的协议书。签订协议书并办理相关聘用手续后，学生方可开展勤工助学活动。协议书必须明确学校、用人单位和学生等各方的权利和义务，开展勤工助学活动的学生发生意外伤害事故的处理办法及争议解决方法的宣传教育。在勤工助学活动中，若出现争议时争取协商解决。若不能达成一致意见，按照有关法律法规规定的程序办理。

第三节　社会实践安全

社会实践是学生生活的重要部分，是提高学生的实践能力、创造能力，对促进学生就业和创业有重要作用。近年来，在党和政府的大力支持下，社会实践在育人环节中的作用更加突出。然而，学生在实践实训过程中往往需要离开学校，走进企业与基层，但由于学生的安全意识薄弱与实践经验相对不足，导致安全问题的发生率有逐年上升的趋势，有些安全事件对学生本人及家庭和学校造成了无法弥补的损失。

一、社会实践中的人身安全

人身安全至关重要，在实践过程中要格外注意人身权，不仅要对个人自身的生命权、身体权、健康权格外地注意，还要对自身的隐私权或其他人格利益进行保护，具体而言，要注意以下几方面。

1. 避免单独行动。个人实践过程中，应当尽量避免单独行动，要随时与带教人员、学校或家长保持联系。

2. 不做过激行为。进行实训的学生大多都正值青春期，在一些情况下难免会产生不满，易与人发生冲突，在实训过程中应尽量低调行事，听取他人的意见。

3. 遵守法律法规及相关规范。外出时要自觉遵守法律法规，这不仅是对自身合法权益的保护，也是对他人合法权益的尊重。

4. 要注意携带常用药品。在进行实训过程中可能会遇到一些紧急情况或意料之外的危险，提前准备好常用的药品有助于学生在遇到类似情况时能有条不紊地处理问题。

二、社会实践中的交通安全

交通安全是实践实训出行中需要注意的重要部分之一，学生在前往实训地与返校途中，都需要使用交通工具。为确保人身安全，避免交通事故，学生在外出过程中应做到以下几点。

1. 遵守法律法规，尤其要重视交规。在出行中要认真遵守相关规定，这不仅有助于减少事故发生的概率，也有助于事故发生后的追责，是对自身利益的一种切实保护。

2. 关注外出天气。有的实训地在相对偏远地区，因此要关注当地天气，尽量避免在雨、雪与冰雹等恶劣天气的情况下出行。

3. 注意出行工具安全。不乘坐无车牌、无行驶证与无运营资格的车辆，应当尽量乘坐正规车站的公共交通或在轮渡口购买正规的车票、船票。

4. 关注交通状况，不做危险行为。在乘车过程中不要把头、手伸出窗外；下车时应等车辆停稳，同时注意公路上的交通状况。

5. 妥善处理交通事故。若不幸发生交通事故，应当及时联系交通安全管理部门与学校，妥善处理交通安全事故。

三、社会实践中的饮食安全

在实践过程中大学生应当时刻注意饮食卫生安全，预防食物中毒，防止病从口入。在饮食方面应做到以下几点。

1. 保持良好的卫生习惯。饮食安全不仅关乎外界的食品质量，同时与自身的饮食卫生习惯也有重要关系，不良的卫生习惯会把病菌带入人体内。例如，饭前不洗手，并使用手直接接触食物。

2. 选择新鲜安全的食品。在一些企业事业单位实习的学生，避免不了要在外面购买食品，在购买食品时，要注意查看外观、形状、气味等多方面信息，检查是否有腐败变质的现象。尤其是一些地方性零食，不要只看其外表，更要关注生产日期、保质期、生产单位的名称、地址等。不买三无食品。

3. 生吃瓜果蔬菜要认真清洗，确保清洗干净。有的地区有生吃蔬菜的习惯，蔬菜与瓜果在生长的过程中不仅会沾染寄生虫卵、细菌，还会残留农药、杀虫剂等，如果不清洗干净，食用后很可能引发食物中毒或其他严重的食源性疾病。

四、社会实践中的财产安全

大学生在劳动实习中经常会遇到与财产安全有关的问题。这些财产安全问题大体可分为盗窃、抢劫、诈骗等。这些问题不仅存在于顶岗实习、勤工助学和社会实践活动中，在大学生日常生活和学习中也均有涉及。

1. 防盗窃

无论是宿舍、图书馆、车间、办公室还是浴室及其他地方，若发现物品被盗，应立即联系校方或者警察，要保持头脑清醒。例如，回宿舍、办公室时，如果发现门窗被暴力打开，或者玻璃被打碎，室内物品被盗等情况，要第一时间联系校方或者警方。及时保护好现场，不要自己随意翻动、破坏现场。

（1）及时报案。发现被盗，要立刻报告学校保卫部门或公安机关，请他们第一时间来到现场进行调查了解。

（2）保护现场。要保护好犯罪嫌疑人留下的犯罪现场，任何人不要进入室内，以便公安人员在现场提取犯罪嫌疑人留下的痕迹。

（3）随机应变。进入房间时，若恰逢盗贼作案，在自己无法制止犯罪嫌疑人的情况下，应该首先保证自身安全，不惊动犯罪嫌疑人，若情况紧急应高声呼喊同学、保安前来支援，共同将犯罪嫌疑人擒获。在没有他人帮助的情况下要与犯罪嫌疑人保持一定距离，谨防犯罪嫌疑人行凶伤人，必要时可随手拿起身边的棍子、板凳、砖头等进行自卫。

（4）配合公安保卫工作。发生盗窃案件后，要配合公安保卫部门查破案件；如果发现存折或汇款单丢失，要马上到银行挂失。

2. 防诈骗

诈骗是指以非法占有为目的，用虚构事实或者隐瞒真相的方法骗取款额较大的公私财物的行为。学生群体因生活环境单一、社会阅历较浅而具有独立性差、好奇心强、识别力差的特点，也正因为如此，许多诈骗组织和个人将目标转向大学生，致使许多大学生的财产受到损失，严重影响了社会的稳定与和谐。大学生一旦发现自己被骗，要及时抽身止损，采取以下措施降低损失。

（1）细致留心除疑虑。发现自己可能上当受骗时，在与对方交往时，应细心观察其一言一行、一举一动，看对方神态表情是否自然镇定，举止动作是否慌张，言语是否前后一致，所持证件是否真实可靠，以此来消除自己的疑虑或为以后提供证据做准备。如果有必要，可以找同学、老师或相关人员商量，听取他人的意见，千万不能粗心大意、马马虎虎。

（2）巧妙周旋找破绽。如果在交往过程中怀疑对方可能是实施诈骗的犯罪分子，应巧妙周旋，采取一定的谈话技巧。交往期间应旁敲侧击，以便从交往中发现对方的破绽，来验证自己的怀疑，在进一步交流之前，千万不可与对方有财物往来。

（3）从容镇定巧脱身。如果在与对方周旋的过程中发现陷入骗局，不要慌张，也不要与对方争吵，以防对方与你断绝联系，镇定下来，找借口使对方放松警惕，诱导对方暴露一些基本信息，以便给警方留下线索。

（4）理智冷静做善后。如果不法分子已经得手而逃，应该尽快调整心态，及时向公安机关报案，而不是自怨自艾，贻误破案时机。在报案后，应积极配合公安机关与学校，积极提供犯罪嫌疑人的相关线索，包括犯罪嫌疑人的电话信息、身份证件、文字资料等，这些都是学校和公安机关抓获犯罪嫌疑人、挽回损失的重要线索。

3. 防抢劫

抢劫是行为人以暴力胁迫或其他方法强行抢走他人财物的行为。抢劫具有较大人身危险性，往往转化为凶杀、伤害、强奸等其他严重危及人身安全的案件，严重侵犯学生的财产及人身权益，威胁大学生的生命安全，造成大学生生命健康及精神上的损害。广大大学生只有提高自我保护能力和增强自我保护意识，才能避免自己成为受害对象，并在危急时刻优先保护自己的生命安全。

（1）不带大量现金。财务主要是不法分子抢劫最主要的目标，要将现金及时存入银行，学费最好通过银行转账向校方支付，平时只带少量的零花钱。若必须携带大量现金，一定要贴身放置，不要向他人炫耀。

（2）外出结伴而行。不法分子实施抢劫的对象多为独行者，因此，外出时应结伴而行，避免独行晚归。深夜尽量不要单独出行，特别是女生，外出时最好有同学同行，或者携带防卫工具。

（3）在遇到歹徒时应冷静应对，且不可采取嘲笑、辱骂等方式刺激歹徒，以免危及人身安全，尽量保护好自身，大多数的抢劫行为多是觊觎受害者的财物。

（4）牢记校规校纪。不法分子多爱在夜间活动，深夜晚归、外出或通宵不归要保护好自身的安全，自觉遵守学校纪律。

拓展阅读

12 省市 150 余名大学生身陷信贷诈骗

对人们而言，“校园贷”已不是一个陌生的词汇，利用“校园贷”诈骗的情况也开始出现。日前，吉林长春警方破获一起特大“校园贷”诈骗案，涉案学生多达 150 余人。犯罪嫌疑人是如何作案的？为何百余名大学生深陷其中？案件暴露出哪些问题？请看记者调查。

在长春市公安局朝阳分局的问询室中，22 岁的郑义春在记者面前掉下了眼泪。因涉嫌参与一起“校园贷”诈骗案，郑义春日前被长春市公安局逮捕，目前正处于取保候审阶段。

“现在回想起那两个月，只能用‘疯狂’来形容。”小郑追悔莫及。2016 年 6 月，他在朋友圈中看到一则消息：“专业办理大学生贷款，最快 48 小时放款，缺钱的同学请加下面的微信……有惊喜……”然而，让他意想不到的是，等待他的并不是“惊喜”，而是一个无底的黑洞。

当时，郑义春马上通过微信联系上了同为大三学生的王乐君，对方告诉他，只要提供身份证号、手机号和辅导员的联系方式，就可以在 2 天之内得到 2000 元，王乐君还说，他们是通过“名校贷”和“优分期”两个平台拿钱的，并且“内部有人”，可以屏蔽信息，不用还款。“贷款不用还，还是头一回听说。”小郑有些犹豫。但经过两天思想斗争，他决定赌一把。在王乐君的指引下，小郑很快在“名校贷”和“优分期”两个校园贷平台注册了账号，48 小时之后，他的账户中一下子出现了一个大数目：1.8 万元。

按照约定，小郑自留了 2000 元，将其余 1.6 万元转给了王乐君。刚开始小郑心里并不踏实，“但几天后，当我再用自己的账号登录这两个平台时，网站显示‘该账号不存在’。”小郑心里的石头落下了，原来王乐君没有骗自己，真的能把贷款信息屏蔽了。

“王乐君说，如果愿意，可以当他的代理人，每发展一个同学，我就能拿 1000 元提成。”郑义春说，抱着“有钱大家一起赚”的想法，他立马将这条“生财之道”分享给了几个高中“老铁”，为打消朋友的疑虑，小郑都会加上一句“我也办了，真的没问题”。此后两个月，郑义春一共发展了 20 多个下线，下线又继续发展下线，按照逐层提成的方式，他一共获利 5 万余元。

与郑义春相同的是，王乐君也是被同学推荐入伙的。在发现这条“生财之道”后，王乐君一发不可收拾，接连发展了 50 余名下线，从中获利 9 万余元。2016 年 8 月，因为“业绩突出”，小王在该项目“全国总代理”李继东的介绍下，在长春见到了“幕后老板”张弦。“我当时觉得我遇到命中‘贵人’了。”王乐君说，张弦当场送给他一辆价值 10 万余元的汽车作为奖励，并鼓励他继续好好干，“我当时觉得我这是在创业，根本联想不到‘诈骗’。”

五、社会实践中的人际交往安全

大学生在人际交往过程中应使用正确的交往技巧，避免因交往而引发安全问题。具体而言就是：

1. 注意礼貌。与人交流时应注意礼貌，态度要诚恳，语调尽量平缓。

2. 态度谦逊。在与人交谈时，应当注意倾听对方的陈述并认真做好积累，态度要谦逊。

3. 换位思考。遇到不顺心的事情或者受到不公正的待遇时要学会换位思考，及时调整心态，不要闹情绪与互相谩骂，更不能打架斗殴，制造纷争。

第四节　实验室安全

实验室是学生在校期间滞留时间相对较长的地方，但是实验室中的设备、仪器、药品在使用、保存时都有一定的危险性，稍不留神就会发生割伤、触电、中毒、烫伤、着火和爆炸等意外事故，或者危及个人和他人人身安全，或者损害国家、学校财产。

一、实验室安全事故的发生原因

实验室发生事故的原因包括人为因素与环境因素两个部分。

（一）人为因素

实验室出现安全事故的人为因素包括学生自身问题、实验室诸多存在管理漏洞与校方的安全教育缺失。

1. 在实验过程中，部分学生安全意识淡薄，准备不充分。在实验和实习过程中心理素质较弱，前期准备不充分，在发生事故时慌不择路，不知所措；对于安全的操作方法不了解或不熟知实验室的安全规则；或者因为图方便或心存侥幸不顾安全规则，这些都是发生安全事故的主要原因。

2. 实验室存在诸多管理漏洞。某些学校实验室管理松懈，安全管理机构不完善，安全制度没有得到很好的贯彻和落实。指导教师安全意识不强，不了解学情，在实验过程中没有逐步讲解可能出现的安全隐患，或者学生做实验时不在场，从而对学生的安全和实践结果造成不好的影响。

3. 安全教育缺失。一些学校的安全教育流于形式，只存在于课堂之中，对于真正的操作规范以及危险应对情况，学校教师却不实际演示，导致学生遇到危险时不知道该如何规避。

（二）环境因素

1. 环境恶劣。如照明、通风效果不佳，噪声污染严重等。

2. 实验设备较差。如缺乏适当的安全防护装置，缺乏检修设备，工具老化、品质差，车窗操作不灵，实验室不符合消防安全要求等。

二、实验室安全事故的预防措施

预防安全事故要从实验室管理与学生两个方面入手，多管齐下。

（一）树立实验室安全意识

在进入实验室之前，必须认真学习实验室规则，增强安全意识，并把这些意识付诸实践。例如，动手做实验前检查自己的实验步骤是否合理，实验过程中所用药剂是否会产生有害化学反应（是否会释放有害气体，是否会产生有害残渣、废水）；若实验产生危险废物则该如何处理；该使用的防护工具是否到位，手套是否佩戴；等等。这些细节往往能避免一些惨剧的发生。

（二）做好实验首尾工作

在实验前，首先应详细了解实验室的逃生通道，掌握不同灭火器、灭火毯和淋浴器的位置及使用方法。在进行实验前，首先应详细了解实验室的逃生通道；其次，应详细了解实验内容，理解实验原理及具体操作，减少危险的发生，降低风险系数。在实验结束后，要洗净双手，消灭安全隐患。将实验“三废”（废水、废气、废渣）进行妥善处理，清扫易燃纸屑等杂物。

（三）遵守安全制度

为明确实验室的安全管理和纪律，确保实验室开展的各项检测工作能在安全、健康的环境条件下运作，确保人身安全，各实验室均有《实验室安全管理制度》等相关规定。首次进入实验室的实验人员应接受实验室安全教育。

所有实验必须按操作规程进行。凡有危险性的实验必须在实验室主任（或教师）的监护下进行，不得随意操作。在实验过程中，实验人员不得擅自离开岗位。

实验室应配备相应种类和数量的消防器材与设施，由专人管理，使其保持良好的备用状态，发现短缺或失效应立即报告保卫部门，予以补充或更换。实验室工作人员应掌握基本的灭火方法，会使用所配备的消防器材和消防设施，能根据不同原因引发的火情采取相应的灭火措施。

大学生应遵守实验室的一切规章制度，听从教师的指导，保持实验室整洁、安静。实验前必须认真预习，明确实验目的、原理和方法，熟悉仪器设备的性能及操作规程，做好实验前的各项准备工作。在实验过程中，要严格遵守操作规程，仔细观察，详细记录，注意安全。实验结束后，应及时切断水源、电源、气源，检查仪器设备、工具及材料，做好实验室的整理、卫生工作。

三、实验操作的基本常识

实验操作的基本常识包括实验员穿戴使用常识，一般药剂使用常识，易燃易爆和具有腐蚀性、有毒药品使用常识。

1. 实验员穿戴使用常识。进入实验室必须穿戴白色的工作服，以便及时发现身上是否溅有化学药品；做实验时要戴护目镜和防护手套；在进行危险实验时应戴防毒面具；做有辐射危险实验时应穿防护服。

2. 一般药剂使用常识。首先试剂不能用手触碰；试剂的量应按照实验资料中的规定进行使用；瓶塞应夹在手指中或者倒置于桌上，用完试剂后，一定要把瓶塞盖严；不要把瓶塞和滴管乱放，以免在瓶盖塞和放回滴管时错放，污染试剂；倒取溶液时，标签应朝上，以免签被药剂侵蚀。

3. 易燃易爆和具有腐蚀性、有毒药品使用常识。不允许把各种化学药品任意混合，以免发生意外事故。可溶性溶剂均不能用直火加热，在使用和处理这些化学品时必须在没有火源且通风的实验室中进行。

四、实验事故的应对方法

一旦不慎发生实验事故，要保持头脑冷静，做好防护，将实验事故的损失降至最低。

1. 注意防护

（1）呼吸防护。确认发生毒气泄漏或者化学品危险事故后，应马上用手帕、餐巾纸、衣物等随手可及的物品捂住口鼻。身旁若有水或饮料，把手帕等浸湿，最好能及时戴上防毒面具、防毒口罩。

（2）皮肤防护。尽可能戴上手套，穿上雨衣、雨鞋等，或用床单、衣物遮住裸露的皮肤。如果已备有防化服等防护装备，要及时穿戴。

（3）眼睛防护。尽可能戴上各种防护眼镜，眼睛是人身体上相对脆弱的部位，要注意保护。

2. 迅速撤离

判断毒源与风向，沿上风或者侧上风路线朝着远离毒源的方向撤离。到达安全地点后，要及时脱去被污染的衣服，用流动水冲洗身体，特别是暴露在外的部分。

3. 尽快救治

发现有人员伤亡时，迅速拨打 120 急救电话，将受伤人员及早送至医院救治。受伤人员在等待救援时应保持情绪冷静，避免剧烈运动，以免心肺负担加重而导致病情恶化。

被忽视的隐患：高校实验室安全事故背后

南京航空航天大学实验室爆燃事故发生后，高校实验室管理再度引发关注。

新京报记者调查发现，高校实验室安全事故频发，其原因是淡薄的安全意识、简陋的硬件环境、滞后的保障制度，以及永远在抢进度出成果的科研压力。

尽管高校和主管部门普遍有完整的实验室安全管理规范，“很多操作规范都是拿血换来的”，也对相关实验人员设置有准入制度，但实际操作中，安全员配备不足，以及“赶进度”带来的科研压力，也使得部分高校实验室存在管理粗放、流程不规范等问题。多位科研人员指出，保障高校实验室的安全，是科研环境里的安全意识观念问题。

中南大学资源与安全工程学院副院长黄锐认为，高校的科研工作和安全工作绝不可剥离开来，需要建立高校安全管控机制，同时从制度上为年轻科研人员提供充足的安全保障。

频繁拉响的警报

2021 年 10 月 24 日，南京航空航天大学将军路校区一实验室发生爆燃，共造成 2 人死亡，9 人受伤。据南京消防通报，事故原因正在调查中。目前，现场救援工作已全部结束。

这已经是 2021 年以来，公开报道的至少第四起高校实验室安全事故。3 月 31 日，中国科学院某研究所一实验室发生爆炸，一名研究生当场死亡；7 月 13 日，南方科技大学某实验室发生火情，一名博士后实验人员头发着火，被诊断为轻微烧伤；7 月 27 日，中山大学药学院某实验室博士生冲洗烧瓶时发生炸裂，玻璃碎片刺破手臂动脉血管，幸无生命危险。

实际上，在国家乃至学校层面，对于实验室的管理与运行均有严格规定。

新京报记者获得的一份《南京航空航天大学实验室安全手册》显示，按照规定，实验人员在进入实验室之前应参加相应的安全教育和培训，通过考核后方可进入实验室学习和工作；若从事特种设备作业和特种作业，应经过专业培训，取得从业资质后才能从事相关工作。实验人员应认真遵守学校及实验室的各项规章制度和仪器设备操作规程，并做好安全防护。

此外，学生应在老师指导下进行实验研究，不得单独从事易燃、易爆、高压、有毒、有害等危险性实验。

2019 年 6 月，教育部印发的《关于加强高校实验室安全工作的意见》（以下简称《意见》）指出，高校实验室体量大、种类多、安全隐患分布广，包括危险化学品、生物、易制毒制爆材料等，重大危险源和人员相对集中，安全风险具有累加效应。《意见》要求构建学校、二级单位、实验室三级联动的实验室安全管理责任体系；建立安全风险评估制度，实验室对所开展的教学科研活动要进行风险评估等。

思考与讨论

1. 你身边的助学岗位有哪些？
2. 学生在社会实践时都存在哪些危险？
3. 实验时学生应当如何保护自身安全？

附　录

附录一　大中小学劳动教育指导纲要（试行）

为深入贯彻习近平总书记关于教育的重要论述，全面贯彻党的教育方针，落实《中共中央 国务院关于全面加强新时代大中小学劳动教育的意见》，加快构建德智体美劳全面培养的教育体系，制定本指导纲要。

一、劳动教育性质和基本理念

（一）劳动教育性质

劳动是创造物质财富和精神财富的过程，是人类特有的基本社会实践活动。劳动教育是发挥劳动的育人功能，是对学生进行热爱劳动、热爱劳动人民的教育活动。当前实施劳动教育的重点是在系统的文化知识学习之外，有目的、有计划地组织学生参加日常生活劳动、生产劳动和服务性劳动，让学生动手实践、出力流汗，接受锻炼、磨炼意志，培养学生正确劳动价值观和良好劳动品质。

劳动教育是新时代党对教育的新要求，是中国特色社会主义教育制度的重要内容，是全面发展教育体系的重要组成部分，是大中小学必须开展的教育活动。它具有鲜明的思想性，必须将马克思主义劳动观贯彻始终，强调劳动是一切财富、价值的源泉，劳动者是国家的主人，一切劳动和劳动者都应该得到鼓励和尊重；倡导通过诚实劳动创造美好生活、实现人生梦想，反对一切不劳而获、崇尚暴富、贪图享乐的错误思想。具有突出的社会性，必须加强学校教育与社会生活、生产实践的直接联系，发挥劳动在个人与社会之间的纽带作用，引导学生认识社会，增强社会责任感；同时注重让学生学会分工合作，体会社会主义社会平等、和谐的新型劳动关系。具有显著的实践性，必须面向真实的生活世界和职业世界，引导学生以动手实践为主要方式，在认识世界的基础上，获得有积极意义的价值体验，学会建设世界，塑造自己，实现树德、增智、强体、育美的目的。

（二）劳动教育基本理念

1. 强化劳动观念，弘扬劳动精神。将劳动观念和劳动精神教育贯穿人才培养全过程，贯穿家庭、学校、社会各方面。注重让学生在学习和掌握基本劳动知识技能的过程中，领悟劳动的意义价值，形成勤俭、奋斗、创新、奉献的劳动精神。

2. 强调身心参与，注重手脑并用。把握劳动教育的根本特征，让学生面对真实的个人生活、生产和社会性服务任务情境，亲历实际的劳动过程，善于观察思考，注重运用所学知识解决实际问题，提高劳动质量和效率。

3. 继承优良传统，彰显时代特征。在充分发挥传统劳动、传统工艺项目育人功能的同时，紧跟科技发展和产业变革，准确把握新时代劳动工具、劳动技术、劳动形态的新变化，创新劳动教育内容、途径、方式，增强劳动教育的时代性。

4. 发挥主体作用，激发创新创造。关注学生劳动过程中的体验和感悟，引导学生感受劳动的艰辛和收获的快乐，增强获得感、成就感、荣誉感。鼓励学生在学习和借鉴他人丰富经验、技艺的基础上，尝试新方法、探索新技术，打破僵化思维方式，推陈出新。

二、劳动教育目标和内容

（一）总体目标

准确把握社会主义建设者和接班人的劳动精神面貌、劳动价值取向和劳动技能水平的培养要求，全面提高学生劳动素养，使学生：

树立正确的劳动观念。正确理解劳动是人类发展和社会进步的根本力量，认识劳动创造人、劳动创造价值、创造财富、创造美好生活的道理，尊重劳动、尊重普通劳动者，牢固树立劳动最光荣、劳动最崇高、劳动最伟大、劳动最美丽的思想观念。

具有必备的劳动能力。掌握基本的劳动知识和技能，正确使用常见劳动工具，增强体力、智力和创造力，具备完成一定劳动任务所需要的设计、操作能力及团队合作能力。

培育积极的劳动精神。领会“幸福是奋斗出来的”内涵与意义，继承中华民族勤俭节约、敬业奉献的优良传统，弘扬开拓创新、砥砺奋进的时代精神。

养成良好的劳动习惯和品质。能够自觉自愿、认真负责、安全规范、坚持不懈地参与劳动，形成诚实守信、吃苦耐劳的品质。珍惜劳动成果，养成良好的消费习惯，杜绝浪费。

（二）主要内容

主要包括日常生活劳动、生产劳动和服务性劳动中的知识、技能与价值观。日常生活劳动教育立足个人生活事务处理，结合开展新时代校园爱国卫生运动，注重生活能力和良好卫生习惯培养，树立自立自强意识。生产劳动教育要让学生在工农业生产过程中直接经历物质财富的创造过程，体验从简单劳动、原始劳动向复杂劳动、创造性劳动的发展过程，学会使用工具，掌握相关技术，感受劳动创造价值，增强产品质量意识，体会平凡劳动中的伟大。

服务性劳动教育让学生利用知识、技能等为他人和社会提供服务，在服务性岗位上见习实习，树立服务意识，实践服务技能；在公益劳动、志愿服务中强化社会责任感。

（三）学段要求

1. 小学

低年级：以个人生活起居为主要内容，开展劳动教育，注重培养劳动意识和劳动安全意识，使学生懂得人人都要劳动，感知劳动乐趣，爱惜劳动成果。指导学生：（1）完成个人物品整理、清洗，进行简单的家庭清扫和垃圾分类等，树立自己的事情自己做的意识，提高生活自理能力；（2）参与适当的班级集体劳动，主动维护教室内外环境卫生等，培养集体荣誉感；（3）进行简单手工制作，照顾身边的动植物，关爱生命，热爱自然。

中高年级：以校园劳动和家庭劳动为主要内容开展劳动教育，体会劳动光荣，尊重普通劳动者，初步养成热爱劳动、热爱生活的态度。指导学生：（1）参与家居清洁、收纳整理，制作简单的家常餐等，每年学会1～2项生活技能，增强生活自理能力和勤俭节约意识，培养家庭责任感；（2）参加校园卫生保洁、垃圾分类处理、绿化美化等，适当参加社区环保、公共卫生等力所能及的公益劳动，增强公共服务意识；（3）初步体验种植、养殖、手工制作等简单的生产劳动，初步学会与他人合作劳动，懂得生活用品、食品来之不易，珍惜劳动成果。

2. 初中

兼顾家政学习、校内外生产劳动、服务性劳动，安排劳动教育内容，开展职业启蒙教育，体会劳动创造美好生活，养成认真负责、吃苦耐劳的劳动品质和安全意识，增强公共服务意识和担当精神。让学生：（1）承担一定的家庭日常清洁、烹饪、家居美化等劳动，进一步培养生活自理能力和习惯，增强家庭责任意识；（2）定期开展校园包干区域保洁和美化，以及助残、敬老、扶弱等服务性劳动，初步形成对学校、社区负责任的态度和社会公德意识；（3）适当体验包括金工、木工、电工、陶艺、布艺等项目在内的劳动及传统工艺制作过程，尝试家用器具、家具、电器的简单修理，参与种植、养殖等生产活动，学习相关技术，获得初步的职业体验，形成初步的生涯规划意识。

3. 普通高中

注重围绕丰富职业体验，开展服务性劳动和生产劳动，理解劳动创造价值，接受锻炼、磨炼意志，具有劳动自立意识和主动服务他人、服务社会的情怀。指导学生：（1）持续开展日常生活劳动，增强生活自理能力，固化良好劳动习惯。（2）选择服务性岗位，经历真实的岗位工作过程，获得真切的职业体验，培养职业兴趣；积极参加大型赛事、社区建设、环境保护等公益活动、志愿服务，强化社会责任意识和奉献精神。（3）统筹劳动教育与通用技术课程相关内容，从工业、农业、现代服务业以及中华优秀传统文化特色项目中，自主选择1～2项生产劳动，经历完整的实践过程，提高创意物化能力，养成吃苦耐劳、精益求精的品质，增强生涯规划的意识和能力。

4. 职业院校

重点结合专业特点，增强职业荣誉感和责任感，提高职业劳动技能水平，培育积极向上的劳动精神和认真负责的劳动态度。组织学生：（1）持续开展日常生活劳动，自我管理生活，提高劳动自立自强的意识和能力；（2）定期开展校内外公益服务性劳动，做好校园环境秩序维护，运用专业技能为社会、为他人提供相关公益服务，培育社会公德，厚植爱国爱民的情怀；（3）依托实习实训，参与真实的生产劳动和服务性劳动，增强职业认同感和劳动自豪感，提升创意物化能力，培育不断探索、精益求精、追求卓越的工匠精神和爱岗敬业的劳动态度，坚信“三百六十行，行行出状元”，体认劳动不分贵贱，任何职业都很光荣，都能出彩。

5. 普通高等学校

强化马克思主义劳动观教育，注重围绕创新创业，结合学科专业开展生产劳动和服务性劳动，积累职业经验，培养创造性劳动能力和诚实守信的合法劳动意识。使学生：（1）掌握通用劳动科学知识，深刻理解马克思主义劳动观和社会主义劳动关系，树立正确的择业就业创业观，具有到艰苦地区和行业工作的奋斗精神；（2）巩固良好日常生活劳动习惯，自觉做好宿舍卫生保洁，独立处理个人生活事务，积极参加勤工助学活动，提高劳动自立自强能力；（3）强化服务性劳动，自觉参与教室、食堂、校园场所的卫生保洁、绿化美化和管理服务等，结合“三支一扶”、大学生志愿服务西部计划、“青年红色筑梦之旅”、“三下乡”等社会实践活动开展服务性劳动，强化公共服务意识和面对重大疫情、灾害等危机时主动作为的奉献精神；（4）重视生产劳动锻炼，积极参加实习实训、专业服务和创新创业活动，重视新知识、新技术、新工艺、新方法的运用，提高在生产实践中发现问题和创造性解决问题的能力，在动手实践的过程中创造有价值的物化劳动成果。

三、劳动教育途径、关键环节和评价

（一）劳动教育途径

将劳动教育纳入人才培养全过程，丰富、拓展劳动教育实施途径。

1. 独立开设劳动教育必修课

在大中小学设立劳动教育必修课程。中小学劳动教育课平均每周不少于 1 课时，用于活动策划、技能指导、练习实践、总结交流等，与通用技术和地方课程、校本课程等有关内容进行必要统筹。职业院校开设劳动专题教育必修课，不少于 16 学时；主要围绕劳动精神、劳模精神、工匠精神、劳动组织、劳动安全和劳动法规等方面设计。普通高等学校要将劳动教育纳入专业人才培养方案，明确主要依托的课程，可在已有课程中专设劳动教育模块，也可专门开设劳动专题教育必修课，本科阶段不少于 32 学时；课程内容应加强马克思主义劳动观教育，普及与学生职业发展密切相关的通用劳动科学知识，并经历必要的实践体验。

2. 在学科专业中有机渗透劳动教育

中小学道德与法治（思想政治）、语文、历史、艺术等学科要有重点地纳入劳动创造人本身、劳动创造历史、劳动创造世界、劳动不分贵贱等马克思主义劳动观，纳入歌颂劳模、歌颂普通劳动者的选文选材，纳入阐释勤劳、节俭、艰苦奋斗等中华民族优良传统的内容，加强对学生辛勤劳动、诚实劳动、合法劳动等方面的教育。数学、科学、地理、技术、体育与健康等学科要注重培养学生劳动的科学态度、规范意识、效率观念和创新精神。

职业院校要将劳动教育全面融入公共基础课，要强化马克思主义劳动观、劳动安全、劳动法规教育。专业课在进行职业劳动知识技能教学的同时，注重培养“干一行爱一行”的敬业精神，养成吃苦耐劳、团结合作、严谨细致的工作态度。

普通高等学校要将劳动教育有机纳入专业教育、创新创业教育，不断深化产教融合，强化劳动锻炼要求，加强高等学校与行业骨干企业、高新企业、中小微企业紧密协同，推动人才培养模式改革。专业类课程主要与服务学习、实习实训、科学实验、社会实践、毕业设计等相结合开展各类劳动实践，注重分析相关劳动形态发展趋势，强化劳动品质培养。在公共必修课中，要进一步强化马克思主义劳动观教育、劳动相关法律法规与政策教育。

3. 在课外校外活动中安排劳动实践

将劳动教育与学生的个人生活、校园生活和社会生活有机结合起来，丰富劳动体验，提高劳动能力，深化对劳动价值的理解。

中小学每周课外活动和家庭生活中劳动时间，小学 1 至 2 年级不少于 2 小时，其他年级不少于 3 小时；职业院校和普通高等学校要明确生活中的劳动事项和时间，纳入学生日常管理工作。

大中小学每学年设立劳动周，采用专题讲座、主题演讲、劳动技能竞赛、劳动成果展示、劳动项目实践等形式进行。小学以校内为主，小学高年级可适当安排部分校外劳动；普通中学、职业院校和普通高等学校兼顾校内外，可在学年内或寒暑假安排，以集体劳动为主，由学校组织实施。高等学校也可安排劳动月，集中落实各学年劳动周要求。

4. 在校园文化建设中强化劳动文化

学校要将劳动习惯、劳动品质的养成教育融入校园文化建设之中。要通过制定劳动公约、每日劳动常规、学期劳动任务单，采取与劳动教育有关的兴趣小组、社团等组织形式，结合植树节、学雷锋纪念日、五一劳动节、农民丰收节、志愿者日等，开展丰富的劳动主题教育活动，营造劳动光荣、创造伟大的校园文化。

要举办“劳模大讲堂”“大国工匠进校园”、优秀毕业生报告会等劳动榜样人物进校园活动，组织劳动技能和劳动成果展示，综合运用讲座、宣传栏、新媒体等，广泛宣传劳动榜样人物事迹，特别是身边的普通劳动者事迹，让师生在校园里近距离接触劳动模范，聆听劳模故事，观摩精湛技艺，感受并领悟勤勉敬业的劳动精神，争做新时代的奋斗者。

（二）劳动教育关键环节

各地和学校要注重围绕劳动教育的目标和内容要求，从提高劳动教育的效果出发，把握劳动教育任务的特点，抓住关键环节，选择适宜的劳动教育方式。

1. 讲解说明。围绕劳动为什么、是什么问题，有重点地进行讲解，让学生懂得劳动的意义和价值。加强劳动观念、劳动纪律、劳动相关法律法规的正面引导，指明轻视劳动特别是轻视普通劳动的危害，让学生明辨是非。加强劳动知识技能的讲解，让学生认清事理，掌握实践操作的基本原理、程序、规则，正确使用工具的方法和技术。讲解要与启发思考、示范、练习等结合起来。

2. 淬炼操作。围绕如何做的问题，注重示范与练习，让学生会劳动。强化规范意识，注重从最基本的程序学起，严守规则，避免主观随意。强化质量意识，注重引导学生关注细节，每个步骤、环节都要精准到位。强化专注品质，注重引导学生对操作行为的评估与监控，做到眼到、手到、心到，有始有终。

3. 项目实践。围绕劳动能力的培养，让学生完成真实的、综合的任务，经历完整劳动过程。注重劳动价值体认，引导学生从现实生活中发现需求，选择和确定劳动项目。强化规划设计意识，充分发挥学生的主动性、积极性、创造性，引导学生对项目实践进行整体构思，综合运用所学知识、技术，不断优化行动方案。强化身体力行，锤炼意志品质，敢于在困难与挑战中完成行动任务。

4. 反思交流。围绕劳动价值意义的建构，引导学生总结、交流，促进学生形成反思交流习惯。指导学生思考劳动过程和结果与社会进步、个体成长的关联，避免停留在简单的苦乐体验上。组织学生交流分享劳动的体验和收获，肯定具有积极意义的认识，纠正观念上的偏差。将反思交流与改进结合起来，使学生在劳动中获得成长。

5. 榜样激励。围绕劳动的精神追求，树立典型，激发劳动热情。注意遴选、树立多类型榜样，不仅要选大国工匠、劳动模范，还要选身边劳动表现优异的普通劳动者和同学。指导学生从榜样的具体事迹中领悟他们的高尚精神和优良品质，明确要求学生在日常劳动实践中努力向榜样看齐。

（三）劳动教育评价

将劳动素养纳入学生综合素质评价体系。以劳动教育目标、内容要求为依据，将过程性评价和结果性评价结合起来，健全和完善学生劳动素养评价标准、程序和方法，鼓励、支持各地利用大数据、云平台、物联网等现代信息技术手段，开展劳动教育过程监测与纪实评价，发挥评价的育人导向和反馈改进功能。

1. 平时表现评价

要在平时劳动教育实践活动中及时进行评价，以评价促进学生发展。要覆盖各类型劳动教育活动，明确学年劳动实践类型、次数、时间等考核要求。关注学生在劳动教育活动中的实际表现，注重从行为表现中分析把握劳动观念形成情况。以自我评价为主，辅以教师、同伴、家长、服务对象、用人单位等他评方式，指导学生进行反思改进。要指导学生如实记录劳动教育活动情况，收集整理相关制品、作品等，选择代表性的写实记录，纳入综合素质档案，作为学生学年评优评先的重要参考。

2. 学段综合评价

学段结束时，要依据学段目标和内容，结合综合素质档案分析，兼顾必修课学习和课外劳动实践，对劳动观念、劳动能力、劳动精神、劳动习惯和品质等劳动素养发展状况进行综合评定。建立诚信机制，实行写实记录抽查制度，对弄虚作假者在评优评先方面一票否决，性质严重的应依法依规严肃处理。在高中和大学开展志愿者星级认证。高中学校和高等学校要将考核结果作为毕业依据之一。推动将学段综合评价结果作为学生升学、就业的重要参考。

3. 开展学生劳动素养监测

将学生劳动素养监测纳入基础教育质量监测、职业院校教学质量评估和普通高等学校本科教学质量评估。可委托有关专业机构，定期组织开展关于学生劳动素养状况调查，注重学生劳动观念、劳动能力、劳动精神、劳动习惯和品质等的监测。发挥监测结果的示范引导、反馈改进等功能。

四、学校劳动教育的规划与实施

（一）整体规划劳动教育

学校是劳动教育的实施主体，应根据国家相关规定，结合当地和本校实际情况，对劳动教育进行整体设计、系统规划，形成劳动教育总体实施方案。方案要明确劳动教育目标内容、课时安排、主要劳动实践活动安排、劳动教育过程组织与指导及考核评价办法等。同时要基于学生的年段特征、阶段性教育要求，研究制订“学校学年（或学期）劳动教育计划”，对学年、学期劳动教育实践活动做出具体安排，特别是规划好劳动周等集中劳动，细化有关要求。使总体实施方案和学年（或学期）活动计划相互配套、衔接，形成可持续开展的劳动教育实施方案。

学校在劳动教育规划时要注意处理以下几个方面的关系。

1. 理论学习和实践锻炼的关系

理论学习和实践锻炼都是劳动教育的必要内容。理论学习重在让学生理解和掌握“劳动创造了人本身”“劳动创造世界”等历史唯物主义基本理论主张以及劳动相关法律、法规、政策，作为行动的指南。实践锻炼重在将所学知识转化为真正有用的实际本领，形成良好的劳动习惯，弘扬劳动精神。规划劳动教育时，要两者兼顾，坚持以实践锻炼为主，切实保证每一个学生都有必要的劳动实践经历，不能只是口头上喊劳动、课堂上讲劳动。要通过学生实践前的计划构想、实践中的观察思考和实践后的反思交流，加深对有关思想理论、法规政策的理解，实现理论学习和实践锻炼的统一。

2. 劳动教育与其他教育活动的关系

在开足专门劳动教育必修课的同时，中小学劳动教育必修课实践环节中与综合实践活动的社会服务、设计制作、职业体验重叠部分，可整合实施。职业院校、普通高等学校劳动教育中学生生产劳动和服务性劳动可以通过专业实习、实训、创新创业等实践环节完成，日常生活劳动可以通过学生管理落实。

3. 劳动的传统形态与新形态的关系

将日常生活劳动教育贯穿大中小学始终。在安排生产劳动和服务性劳动项目时，中小学要以使用传统工具、传统工艺的劳动为主，引导学生体会劳动人民的艰辛与智慧，传承中华优秀传统文化，兼顾使用新知识、新技术、新工艺、新方法的劳动。职业院校、普通高等学校要注重结合产业新业态、劳动新形态，选择现代农业、工业、服务业项目，提升创造性劳动能力。

（二）劳动教育的组织实施

1. 实施机构和人员

学校要建立健全劳动教育组织实施的工作机制。明确主管校领导，设置机构或明确相关部门负责劳动教育的规划设计、组织协调、资源整合、师资培训、过程管理、总结评价等。

要建立专兼职相结合的劳动教育教师队伍。根据学校劳动教育需要，明确劳动教育责任人，进行劳动教育规划、组织实施、评价等，配齐劳动教育必修课教师，保持教师队伍的相对稳定性。要充分发挥教职员工特别是班主任、辅导员、导师的作用，利用少先队、共青团、党组织以及学生社团等各方面的力量，合力开展劳动教育实践活动。充分利用家长及当地人力资源，聘请相关行业专业人士担任劳动实践指导教师。

2. 劳动安全风险防范与管理

学校要把劳动安全教育与管理作为组织实施的必要内容，强化劳动安全意识，建立健全安全教育与管理并重的劳动安全保障体系。

要依据学生身心发育情况，适度安排劳动强度、时长，切实关注劳动任务及场所设施的适宜性。科学评估劳动实践活动的安全风险，认真排查、清除学生劳动实践中的各种隐患。在场所设施选择、材料选用、工具设备和防护用品使用、活动流程等方面制定安全、科学操作规范，强化劳动过程每个岗位的管理，明确各方责任，防患于未然。制定劳动实践活动风险防控预案，完善应急与事故处理机制。要特别关注劳动过程中的卫生隐患，按照疾控、卫生健康部门及行业有关规定，采取相应措施，切实保护学生的身心健康。鼓励购买劳动教育相关保险。

3. 建立协同实施机制

中小学要推动建立以学校为主导、家庭为基础、社区为依托的协同实施机制，形成共育合力。学校要通过家长会、家长学校、社区宣讲、网络媒体等途径，引导家长树立正确的劳动观；明确家长的劳动教育责任，让家长主动指导和督促孩子完成家庭、社区劳动任务；学校要与相关社会实践基地共同开发并实施劳动教育课程。

职业院校、普通高等学校要建立学校负责规划设计，行业企业社会机构主要负责业务指导，建立双方共同管理的劳动教育实施机制。通过建立劳模工作室、技能大师工作室，设置荣誉教师、实务导师岗位等，多渠道引入社会力量参与学校劳动教育。要联合社会力量，共建共享稳定的劳动实践基地、校外实习实训基地、各类型创新创业孵化平台，多渠道拓展劳动实践场所。

五、劳动教育条件保障与专业支持

地方教育行政部门要切实加强对劳动教育工作的组织领导，明确机构和人员承担区域推进劳动教育的职责任务，切实加强条件保障、专业支持和督导评估，整体提高大中小学劳动教育质量和水平。

（一）条件建设

1. 丰富和拓展劳动实践场所

地方教育行政部门要统筹规划和配置劳动教育实践资源，满足学校多样化劳动实践需求。充分利用现有综合实践基地、青少年校外活动场所、职业院校和普通高等学校劳动实践场所，建立健全开放共享机制，特别是充分利用职业院校实训实习场所、设施设备，为普通中小学和普通高等学校提供所需要的服务。可安排一批土地、山林、草场等作为学农实践基地，确认一批厂矿企业作为学工实践基地，认定一批城乡社区、福利院、医院、博物馆、科技馆、图书馆等事业单位、社会机构、公共场所作为服务性劳动基地。推动学校充分利用校内学习、生活有关场所，逐步建好配齐劳动技术实践教室、实训基地，丰富劳动教育资源。

2. 加强师资队伍建设

要明确劳动课教师管理要求，保障劳动课教师在绩效考核、职称评聘、评先评优、专业发展等方面与其他专任教师享受同等待遇。推动中小学、职业院校与普通高等学校建立师资交流共享机制，发挥职业院校教师的专业优势，承担普通学校劳动教育教学任务。建立劳动课教师特聘制度，为学校聘请具有实践经验的社会专业技术人员、劳动模范等担任兼职教师创造条件。

高等学校要加强劳动教育师资培养，有条件的院校可开设劳动教育相关专业。把劳动教育纳入教育行政干部、校长、教师、辅导员培训内容，开展全员培训，强化劳动意识、劳动观念，提升劳动教育的自觉性。对承担劳动教育课程的教师进行专项培训，提高劳动育人意识和专业化水平。

3. 健全经费投入机制

各地要统筹中央补助资金和自有财力，多种形式筹措资金，加快建设校内劳动教育场所和校外劳动教育实践基地，加强学校劳动教育设施建设，建立学校劳动教育器材、耗材补充机制。学校可按照规定统筹安排公用经费等资金来开展劳动教育，也可采取政府购买服务方式，吸引社会力量来提供劳动教育服务。

（二）加强专业研究和指导

1. 加强劳动教育研究与指导

在全国教育科学规划、教育部人文社会科学研究项目中支持劳动教育研究。地方教育行政部门鼓励和支持相关机构设立劳动教育研究项目。设立一批试验区或试验学校，注重开展跟踪研究、行动研究。举办论坛讲座，营造良好学术氛围。

各级中小学教研机构要配备劳动教育教研员，组织开展专题教研、区域教研、网络教研，通过协同创新、校际联动、区域推进，提高劳动教育整体实施水平。鼓励高等学校依托有关专业机构开展劳动教育教学研究。

2. 组织开展劳动教育课程资源研发

基于劳动教育教学的实际需要，省级教育行政部门明确中小学劳动实践指导手册编写要求，体现“一纲多本”，满足不同地区学校的多样化需求，负责组织审查。职业院校可组织编写以劳动精神、劳模精神、工匠精神为专题读本，由编写院校或委托专业机构进行审查。鼓励学校、学术团体、专业机构等收集整理反映劳动先进人物事迹和精神的影视资料，组织研发展示劳动过程、劳动安全要求的数字资源，梳理遴选来自教学一线的典型案例和鲜活经验，形成分学段、分专题的劳动教育课程资源包，促进优质资源的共享与使用。

（三）督导评估与激励

1. 加强对学校劳动教育实施情况的督查

把劳动教育纳入教育督导体系，完善督导办法。对地方各级人民政府和有关部门保障劳动教育情况进行督导。对学校劳动教育开课率、学生劳动实践组织的有序性、教学指导的针对性、保障措施的有效性等进行督查和指导。督导结果要向社会公开，以此作为衡量区域教育质量和水平的重要指标，作为对被督导部门和学校及其主要负责人考核奖惩的依据。

2. 建立健全劳动教育激励机制

在国家级、省级教学成果奖励中，将劳动教育教学成果纳入评奖范围，对优秀成果予以奖励。依托有关专业组织、教科研机构等开展劳动教育经验交流和成果展示活动，激发广大教师实践创新的潜能和动力。积极协调新闻媒体传播劳动光荣、创造伟大思想，大力宣传劳动教育先进学校、先进个人。

附录二
中共中央 国务院
关于全面加强新时代大中小学劳动教育的意见
（2020 年 3 月 20 日）

为构建德智体美劳全面培养的教育体系，现就加强新时代大中小学劳动教育提出如下意见。

一、充分认识新时代培养社会主义建设者和接班人对加强劳动教育的新要求

（一）重大意义。劳动教育是中国特色社会主义教育制度的重要内容，直接决定社会主义建设者和接班人的劳动精神面貌、劳动价值取向和劳动技能水平。长期以来，各地区和学校坚持教育与生产劳动相结合，在实践育人方面取得了一定成效。同时也要看到，近年来一些青少年中出现了不珍惜劳动成果、不想劳动、不会劳动的现象，劳动的独特育人价值在一定程度上被忽视，劳动教育正被淡化、弱化。对此，全党全社会必须高度重视，采取有效措施切实加强劳动教育。

（二）指导思想。以习近平新时代中国特色社会主义思想为指导，全面贯彻党的教育方针，落实全国教育大会精神，坚持立德树人，坚持培育和践行社会主义核心价值观，把劳动教育纳入人才培养全过程，贯通大中小学各学段，贯穿家庭、学校、社会各方面，与德育、智育、体育、美育相融合，紧密结合经济社会发展变化和学生生活实际，积极探索具有中国特色的劳动教育模式，创新体制机制，注重教育实效，实现知行合一，促进学生形成正确的世界观、人生观、价值观。

（三）基本原则：

——把握育人导向。坚持党的领导，围绕培养担当民族复兴大任的时代新人，着力提升学生综合素质，促进学生全面发展、健康成长。把准劳动教育价值取向，引导学生树立正确的劳动观，崇尚劳动、尊重劳动，增强对劳动人民的感情，报效国家，奉献社会。

——遵循教育规律。符合学生年龄特点，以体力劳动为主，注意手脑并用、安全适度，强化实践体验，让学生亲历劳动过程，提升育人实效性。

——体现时代特征。适应科技发展和产业变革，针对劳动新形态，注重新兴技术支撑和社会服务新变化。深化产教融合，改进劳动教育方式。强化诚实合法劳动意识，培养科学精神，提高创造性劳动能力。

——强化综合实施。加强政府统筹，拓宽劳动教育途径，整合家庭、学校、社会各方面力量。家庭劳动教育要日常化，学校劳动教育要规范化，社会劳动教育要多样化，形成协同育人格局。

——坚持因地制宜。根据各地区和学校实际，结合当地在自然、经济、文化等方面条件，充分挖掘行业企业、职业院校等可利用资源，宜工则工、宜农则农，采取多种方式开展劳动教育，避免“一刀切”。

二、全面构建体现时代特征的劳动教育体系

（四）把握劳动教育基本内涵。劳动教育是国民教育体系的重要内容，是学生成长的必要途径，具有树德、增智、强体、育美的综合育人价值。实施劳动教育重点是在系统的文化知识学习之外，有目的、有计划地组织学生参加日常生活劳动、生产劳动和服务性劳动，让学生动手实践、出力流汗，接受锻炼、磨炼意志，培养学生正确劳动价值观和良好劳动品质。

（五）明确劳动教育总体目标。通过劳动教育，使学生能够理解和形成马克思主义劳动观，牢固树立劳动最光荣、劳动最崇高、劳动最伟大、劳动最美丽的观念；体会劳动创造美好生活，体认劳动不分贵贱，热爱劳动，尊重普通劳动者，培养勤俭、奋斗、创新、奉献的劳动精神；具备满足生存发展需要的基本劳动能力，形成良好劳动习惯。

（六）设置劳动教育课程。整体优化学校课程设置，将劳动教育纳入中小学国家课程方案和职业院校、普通高等学校人才培养方案，形成具有综合性、实践性、开放性、针对性的劳动教育课程体系。

根据各学段特点，在大中小学设立劳动教育必修课程，系统加强劳动教育。中小学劳动教育课每周不少于 1 课时，学校要对学生每天课外校外劳动时间作出规定。职业院校以实习实训课为主要载体开展劳动教育，其中劳动精神、劳模精神、工匠精神专题教育不少于 16 学时。普通高等学校要明确劳动教育主要依托课程，其中本科阶段不少于 32 学时。除劳动教育必修课程外，其他课程结合学科、专业特点，有机融入劳动教育内容。大中小学每学年设立劳动周，可在学年内或寒暑假自主安排，以集体劳动为主。高等学校也可安排劳动月，集中落实各学年劳动周要求。

根据需要编写劳动实践指导手册，明确教学目标、活动设计、工具使用、考核评价、安全保护等劳动教育要求。

（七）确定劳动教育内容要求。根据教育目标，针对不同学段、类型学生特点，以日常生活劳动、生产劳动和服务性劳动为主要内容开展劳动教育。结合产业新业态、劳动新形态，注重选择新型服务性劳动的内容。

小学低年级要注重围绕劳动意识的启蒙，让学生学习日常生活自理，感知劳动乐趣，知道人人都要劳动。小学中高年级要注重围绕卫生、劳动习惯养成，让学生做好个人清洁卫生，主动分担家务，适当参加校内外公益劳动，学会与他人合作劳动，体会到劳动光荣。初中要注重围绕增加劳动知识、技能，加强家政学习，开展社区服务，适当参加生产劳动，使学生初步养成认真负责、吃苦耐劳的品质和职业意识。普通高中要注重围绕丰富职业体验，开展服务性劳动、参加生产劳动，使学生熟练掌握一定劳动技能，理解劳动创造价值，具有劳动自立意识和主动服务他人、服务社会的情怀。中等职业学校重点是结合专业人才培养，增强

学生职业荣誉感，提高职业技能水平，培育学生精益求精的工匠精神和爱岗敬业的劳动态度。高等学校要注重围绕创新创业，结合学科和专业积极开展实习实训、专业服务、社会实践、勤工助学等，重视新知识、新技术、新工艺、新方法应用，创造性地解决实际问题，使学生增强诚实劳动意识，积累职业经验，提升就业创业能力，树立正确择业观，具有到艰苦地区和行业工作的奋斗精神，懂得“空谈误国、实干兴邦”的深刻道理；注重培育公共服务意识，使学生具有面对重大疫情、灾害等危机主动作为的奉献精神。

（八）健全劳动素养评价制度。将劳动素养纳入学生综合素质评价体系，制定评价标准，建立激励机制，组织开展劳动技能和劳动成果展示、劳动竞赛等活动，全面客观记录课内外劳动过程和结果，加强实际劳动技能和价值体认情况的考核。建立公示、审核制度，确保记录真实可靠。把劳动素养评价结果作为衡量学生全面发展情况的重要内容，作为评优评先的重要参考和毕业依据，作为高一级学校录取的重要参考或依据。

三、广泛开展劳动教育实践活动

（九）家庭要发挥在劳动教育中的基础作用。注重抓住衣食住行等日常生活中的劳动实践机会，鼓励孩子自觉参与、自己动手，随时随地、坚持不懈地进行劳动，掌握洗衣做饭等必要的家务劳动技能，每年有针对性地学会 1 至 2 项生活技能。鼓励学校（家委会）和社区等组织开展学生生活技能展示活动。学生参加家务劳动和掌握生活技能的情况要按年度记入学生综合素质档案。鼓励孩子利用节假日参加各种社会劳动。家庭要树立崇尚劳动的良好家风，家长要通过日常生活的言传身教、潜移默化，让孩子养成从小爱劳动的好习惯。

（十）学校要发挥在劳动教育中的主导作用。学校要切实承担劳动教育主体责任，明确实施机构和人员，开齐开足劳动教育课程，不得挤占、挪用劳动实践时间。明确学校劳动教育要求，着重引导学生形成马克思主义劳动观，系统学习掌握必要的劳动技能。根据学生身体发育情况，科学设计课内外劳动项目，采取灵活多样形式，激发学生劳动的内在需求和动力。统筹安排课内外时间，可采用集中与分散相结合的方式。组织实施好劳动周，小学低中年级以校园劳动为主，小学高年级和中学可适当走向社会、参与集中劳动，高等学校要组织学生走向社会、以校外劳动锻炼为主。

（十一）社会要发挥在劳动教育中的支持作用。充分利用社会各方面资源，为劳动教育提供必要保障。各级政府部门要积极协调和引导企业公司、工厂农场等组织履行社会责任，开放实践场所，支持学校组织学生参加力所能及的生产劳动、参与新型服务性劳动，使学生与普通劳动者一起经历劳动过程。鼓励高新企业为学生体验现代科技条件下劳动实践新形态、新方式提供支持。工会、共青团、妇联等群团组织以及各类公益基金会、社会福利组织要组织动员相关力量、搭建活动平台，共同支持学生深入城乡社区、福利院和公共场所等参加志愿服务，开展公益劳动，参与社区治理。

四、着力提升劳动教育支撑保障能力

（十二）多渠道拓展实践场所。大力拓展实践场所，满足各级各类学校多样化劳动实践需求。充分利用现有综合实践基地、青少年校外活动场所、职业院校和普通高等学校劳动实践场所，建立健全开放共享机制。农村地区可安排相应土地、山林、草场等作为学农实践基地，城镇地区可确认一批企事业单位和社会机构，作为学生参加生产劳动、服务性劳动的实践场所。建立以县为主、由政府统筹规划配置中小学（含中等职业学校）劳动教育资源的机制。进一步完善学校建设标准，学校逐步建好配齐劳动实践教室、实训基地。高等学校要充分发挥自身专业优势和服务社会功能，建立相对稳定的实习和劳动实践基地。

（十三）多举措加强人才队伍建设。采取多种措施，建立专兼职相结合的劳动教育师资队伍。根据学校劳动教育需要，为学校配备必要的专任教师。高等学校要加强劳动教育师资培养，有条件的师范院校开设劳动教育相关专业。设立劳模工作室、技能大师工作室、荣誉教师岗位等，聘请相关行业专业人士担任劳动实践指导教师。把劳动教育纳入教师培训内容，开展全员培训，强化每位教师的劳动意识、劳动观念，提升实施劳动教育的自觉性，对承担劳动教育课程的教师进行专项培训，提高劳动教育专业化水平。建立健全劳动教育教师工作考核体系，分类完善评价标准。

（十四）健全经费投入机制。各地区要统筹中央补助资金和自有财力，多种形式筹措资金，加快建设校内劳动教育场所和校外劳动教育实践基地，加强学校劳动教育设施标准化建设，建立学校劳动教育器材、耗材补充机制。学校可按照规定统筹安排公用经费等资金开展劳动教育。可采取政府购买服务方式，吸引社会力量提供劳动教育服务。

（十五）多方面强化安全保障。各地区要建立政府负责、社会协同、有关部门共同参与的安全管控机制。建立政府、学校、家庭、社会共同参与的劳动教育风险分散机制，鼓励购买劳动教育相关保险，保障劳动教育正常开展。各学校要加强对师生的劳动安全教育，强化劳动风险意识，建立健全安全教育与管理并重的劳动安全保障体系。科学评估劳动实践活动的安全风险，认真排查、清除学生劳动实践中的各种隐患特别是辐射、疾病传染等，在场所设施选择、材料选用、工具设备和防护用品使用、活动流程等方面制定安全、科学的操作规范，强化对劳动过程每个岗位的管理，明确各方责任，防患于未然。制定劳动实践活动风险防控预案，完善应急与事故处理机制。

五、切实加强劳动教育的组织实施

（十六）加强组织领导。在党委统一领导下，各级政府要把劳动教育摆上重要议事日程，出台相关政策措施，切实解决劳动教育实施过程中的重大问题，做好督促落实。省级政府要加强劳动教育工作的统筹协调，明确市地级、县级政府及有关部门加强劳动教育的职责，推动建立全面实施劳动教育的长效机制。

（十七）强化督导检查。把劳动教育纳入教育督导体系，完善督导办法。对地方各级政府和有关部门保障劳动教育情况以及学校组织实施劳动教育情况进行督导，督导结果向社会公开，同时作为衡量区域教育质量和水平的重要指标，作为对被督导部门和学校及其主要负责人考核奖惩的依据。开展劳动教育质量监测，强化反馈和指导。

（十八）加强宣传引导。引导家长树立正确劳动观念，支持配合学校开展劳动教育。加强劳动教育科学研究，宣传推广劳动教育典型经验。积极宣传企事业单位和社会机构提供劳动教育服务的先进事迹。注重挖掘在抗疫救灾等重大事件中涌现出来的典型人物和事迹，大力宣传不畏艰难、百折不挠、敢于担当的高尚品格。鼓励和支持创作更多以歌颂普通劳动者为主题的优秀作品，大力宣传辛勤劳动、诚实劳动、创造性劳动的典型人物和事迹，弘扬劳动光荣、创造伟大的主旋律，旗帜鲜明地反对一切不劳而获、贪图享乐、崇尚暴富的错误观念，营造全社会关心和支持劳动教育的良好氛围。

参 考 文 献

[1] 吴顺. 工匠精神：传承与创新[M]. 北京：中共党史出版社，2018.

[2] 王芸. 大学生创新思维训练教程[M]. 上海：同济大学出版社，2018.

[3] 逯改，淦爱品. 匠心筑梦：大学生眼中的劳模[M]. 上海：上海交通大学出版社，2018.

[4] 新时代公民道德建设实施纲要[M]. 北京：人民出版社，2019.

[5] 周丽妲，董晓晨. 大学生安全教育[M]. 上海：同济大学出版社，2019.

[6] 何卫华，林峰. 大学生劳动教育理论与实践教程[M]. 厦门：厦门大学出版社，2019.